· 北京市社会科学基金项目

· 北京市教育委员会社科计划重点项目（项目编号：SZ20180015008）

传统出版融合发展的路径与对策研究

王关义 等◎著

INTEGRATION
AND DEVELOPMENT OF
TRADITIONAL
PUBLISHING

人民出版社

目　录

绪　论

文化是一个国家、一个民族的精神和灵魂，是开启人类社会文明进程的钥匙，是推动经济增长的引擎，推动文化产业成为国民经济的支柱性产业，繁荣社会主义文化，建设文化强国是步入新时代党中央确定的重大战略。当今社会，伴随着技术进步和互联网的发展，文化已渗透到经济社会发展的方方面面。习近平总书记在党的十九大报告中指出：要"坚定文化自信，推动社会主义文化繁荣兴盛"。"没有高度的文化自信，没有文化的繁荣兴盛，就没有中华民族伟大复兴。要坚持中国特色社会主义文化发展道路，激发全民族文化创新创造活力，建设社会主义文化强国。"[①] 因此，繁荣文化事业和文化产业，推动传统出版融合发展是适应技术进步、满足读者多样化需求的必然选择，也是生动鲜活的出版实践向理论界提出的一项重大课题。

一、出版活动：人类社会活动记录和传播的载体

人类进行出版活动的历史源远流长，自古以来，出版物就代表着社会的主流文化，代表着国家意志。在以印刷技术为基础的传统出版业态下，出版业务流程常常被概括为"编、印、发"。人的思想是通过语言、创作作品（包

---

① 习近平：《决胜全面建成小康社会　夺取新时代中国特色社会主义伟大胜利——在中国共产党第十九次全国代表大会上的报告》，人民出版社 2017 年版，第 40、41 页。

括文字及其他各种类型的作品）等形式来表达的，作品则是通过"采集、加工、销售"等流程来展现的，内容创作者、生产者和读者之间，形成完整的基于内容的生产运营体系。因此，出版活动可以简化为由创作、生产和传播等环节构成的完整体系。

从历史角度考察，出版业的诞生与人类的信息记录、信息传承、信息传播等需要是密不可分的。造纸术、印刷术的完善使得信息的及时记录、传承和大范围传播成为可能，这是出版业赖以生存的客观需要和技术基础。从这个意义上讲，出版业自诞生之日起，即与信息技术密不可分，可以说是造纸术和印刷术催生了出版业。

出版的本质是传播知识、传递信息、传承文化，尽管历史上由于技术的不断进步和变革，出版物的载体形式发生了多次变化，但出版业属于内容产业的本质却始终没有变化，涉及不同意识形态和价值观的传播，因而出版业也属于信息产业。从信息产业的内涵划分来看，可分为信息技术产业和信息内容产业，而出版业属于信息内容产业的重要组成部分。

考察人类出版活动发展的历程，学术界有专家将其归纳为传统出版、数字化出版、数据化出版、信息化出版和知识化出版五种业态，认为这五种出版业态，是从不同侧面看出版，互相融合，不可分割。

二、出版业：我国文化产业的重要组成部分

就文化产业发展情况看，自2003年中央大力推动文化体制改革、促进文化产业加快发展以来，2009年通过了《文化产业振兴规划》，标志着文化产业已上升为国家的战略性产业。改革开放以来，伴随着人民生活水平的提高，文化消费需求不断扩大，对文化产品的需要日益迫切，文化产业对国民经济增长的贡献率不断上升，已成为新时代经济增长的新引擎，在促进国民经济转型升级和提质增效、扩大就业、巩固和坚定文化自信、增强中华文化影响力等方面发挥了重要作用。统计资料显示，2010年，我国文化产业

增加值为 11052 亿元，占 GDP 的 2.75%，而到 2017 年，全国文化产业增加值为 34722 亿元，占 GDP 的比重提高到 4.23%，全国文化产业从业人员达到 2138 万人，较 2004 年的 873.26 万人增加了 1.45 倍。2010 年，文化产业增加值首次突破 1 万亿元，用了整整 8 年时间。此后，保持跨越式发展的强劲势头，从 1 万亿元到 2013 年的 2 万亿元，用了 3 年时间；从 2 万亿元到 2016 年的 3 万亿元，也只用了 3 年时间。目前，北京、上海、广东、江苏、浙江等省市文化产业增加值占 GDP 的比重已远远超过 5%，文化产业已发展成为国民经济的支柱性产业。

出版业是文化产业的核心部分，统计资料显示，新闻出版业的收入总量占我国文化产业的 65%，出版业引领着我国文化产业的大发展，是文化体制改革和产业发展的排头兵。新中国成立 70 多年来，尤其是改革开放 40 多年来，与社会主义市场经济体制改革的总体目标相一致，我国出版业管理体制也进行了一系列重大改革，从解放思想、转变观念，到体制机制改革，再到转型升级和融合发展，出版产业属性和出版企业市场主体地位已经确立，我国出版业从初期的"书荒"到如今的"书海"，发生了翻天覆地的变化。

相关研究显示：1978 年，我国只有 105 家出版社，年出版图书仅 14987种，总印数 37 亿册，国有图书发行网点 8600 多个。而到 2017 年，全国出版新版图书 25.5 万种，重印图书 25.7 万种，新闻出版产业规模、效益稳步提升，全国出版、印刷和发行服务（不含数字出版）实现营业收入 18119.2亿元，拥有资产总额 22165.4 亿元，利润总额 1344.3 亿元；2018 年，全国拥有 585 家出版社，出版图书超过 50 万种，总印数 100.09 亿册（张），其中新版图书 24.71 万种，总印数 25.17 亿册（张），出版物销售总额 3704 亿元，实体书店发行网点 22.5 万家，全国能够销售的图书已经达到 230 多万种；2018 年，全国有 21 家出版集团资产总额超过 100 亿元，其中江苏凤凰出版传媒集团有限公司、安徽出版集团有限责任公司、江西省出版集团公司、湖南出版投资控股集团有限公司、浙江出版联合集团有限公司、安徽新华发行

（集团）控股有限公司和中国出版集团公司等 7 家集团资产总额、主营业务收入和所有者权益均超过百亿元。"全球出版 50 强"榜单自 2007 年开始首次发布，之后每年更新。2019 年"全球出版 50 强"发布，中国出版集团公司、中国科技出版传媒股份有限公司、江苏凤凰出版传媒股份有限公司、中南出版传媒集团股份有限公司、中原出版传媒投资控股集团有限公司 5 家中国出版企业上榜。从这些数据上看，中国已成为世界上出版总量最大的国家，已是名副其实的出版大国。

三、传统出版融合发展：大趋势

随着科学技术的进步，互联网日益普及，人们的阅读习惯也发生根本的转变，传统出版和新兴出版融合发展已成为世界范围内出版业发展的大趋势。

关于媒体融合发展，早在 20 世纪 80 年代，美国马萨诸塞州理工大学教授普尔就提出了"媒介融合"的学说，主要是指各种不同种类的媒介通过重组，呈现出多功能交叉融合一体化的发展趋势。关于媒体融合的概念，理论界有广义和狭义之分。广义的媒体融合是指范围较广，不仅包括内容方面的融合，而且还包括传播方式、媒介性能、版权等其他方面的融合。狭义的媒体融合是指不同种类的媒介形态之间的"融合"，通过一系列的化学式的反应，进而产生全新的媒介形态。媒体融合是一种新模式，是在信息化传播渠道的输送下，把出版、广播、电视、电话等传统媒体与智能移动端还有电脑网络等新媒体传播方式相结合。传统媒体与新媒体之间进行有效融合，创造出新的信息传播方式，在媒体融合的驱使下，传统出版转型并与新兴出版融合发展的步伐也在加快。

传统出版融合发展是建立在移动互联网技术基础上的从内容生产到传播技术，从产品形态到信息服务的多方位变革。当今时代，媒体智能化快速发展，包括全程媒体、全息媒体、全员媒体、全效媒体等在内的全媒体时代已经到来，以互联网技术为基础的新媒体发展迅速。伴随着互联网、大数据、人工智能等新技术及其应用的不断深入，出版业态更加多元，电子书出版、互联网出版、手机出版、动漫网游出版等新的出版业态，成为新兴出版业的重要组成部分，传统出版在新技术的冲击下发生着一系列变化，总的趋势是向着融合化方向发展。

（一）出版融合的内涵

1. 出版融合的内涵

关于"出版融合"概念的界定，学术界尚存在不同的看法，概括起来可表述为：是指包括图书、报纸、期刊杂志等纸质出版在内容、平台、技术、渠道、管理等方面利用数字化、网络化、信息化等技术进行的交叉融合，是将纸质出版与多媒体出版相结合，进而形成的一种"化学式反应"，进而达到传媒质的飞跃。新兴出版载体包括移动智能终端（包括手机、平板、电子书）等多种网络终端。

出版融合的主体是指出版单位或相关企业，融合的客体是出版物。出版业是依托内容生存的产业，内容为王是出版业的本质。新兴出版丰富了出版传播形式，具有海量存储、更新迅速、获取便捷和人机交互等传播优势，传统出版拥有优质的内容资源，可源源不断为新兴出版提供内容支持，新兴出版可利用其传播优势把传统内容传播得更远、更广，传统出版和新兴出版各自的优劣势，构成了两者融合互补的前提。传统出版与新兴出版的融合发展，既不是纯粹的技术创新，也不是纯粹的内容创新，而是内容生产与技术进步一体化的综合创新。

出版融合的方面是立体的，同时也是交叉的。具体包括内容、渠道、平台、经营、管理等多方面、全方位、深层次的相互渗透与融合，通过融合发展实现出版内容、技术应用、平台终端、经营管理模式、人才队伍的共享融通，形成一体化的组织结构、管理机制和传播体系。

2.出版融合发展的动力

推动出版融合发展的动力主要依靠技术进步。互联网技术的迅速发展，使得出版生态、出版格局、传播方式、受众地位都发生了深刻的变化，推动了出版的转型与融合发展，数字技术等高新技术所催生的新兴出版正在对传统出版形成强大的冲击，传统出版必须跟上新兴出版发展的步伐，同时新兴出版的发展也必须扎根于传统出版，实现共生共长共荣。

3.出版融合发展的环境

出版融合发展的环境可从政府相关政策、行业生存压力和市场消费者需求三个方面来考虑。出版融合发展的环境从外部看是国际范围内出版行业发展的大势所迫，从内部看是出版业自身生存和持续发展的内在需要。从市场需求方面分析，互联网等新技术的发展培养和改变了用户的阅读和学习习惯，呈现出个性化、多样化、差异化、碎片化等特点，传统出版一方面难以满足用户对电子书、网络小说、网络报等新兴出版的新需求，另一方面也难以满足读者对图书等纸质出版物有特色的个性化需求，这些变化对出版物市场提出更高需求。面对出版物需求市场的细分，要做到内容产品细分与聚合，进行精准传播与定制，实现读者全方位覆盖的出版，就需要加快传统出版与新兴出版融合发展的进程，为市场提供优质的多样性产品，满足用户差异化需要。

总结近年来新兴出版发展的历程，总体上可归纳为三个阶段：一是电子出版时代；二是以互联网为代表的出版时代；三是以数字出版为代表的新兴出版和传统出版融合发展阶段。新兴出版业态的蓬勃发展，为传统出版发展带来了新的挑战，对出版企业的转型升级提出了新的更为具体的要求，有力带动着出版业的融合发展。在出版融合发展的路径方面，技术融合是传统出版与新兴出版融合的内在原因和前提，以互联网为代表的信息技术，使传统出版与新兴出版之间技术性壁垒逐渐消失，形成了共同的技术基础，为二者融合提供了条件，可采取利用传统出版孵化诞生新兴出版业态，利用传统出版资源促进新兴出版业态和传统出版融合发展、互动发展等方式。

（二）传统出版与新兴出版的关系

1. 传统出版

对于出版的认识，不同的时代背景下有着不同的界定。传统图书出版行业可以说是第二产业生产制造业和第三产业服务业的有机结合。传统图书出版行业从狭义上来说，是指纸质出版物的生产加工和销售。从广义方面来说，传统出版包括图书选题的策划、内容的编辑、校对、排版、印制和发行等各个环节。

2. 新兴出版

"新兴出版"概念是在新媒体迅猛发展的宏观背景下提出的，产生的基础是传统的内容表现形式和传播方式发生了重大改变，导致出版行业产业结构和服务模式发生了巨大的变革。对于传统出版行业来说，面对新兴媒体的迅猛发展，传统出版如何在互联网技术日益普及的时代背景下谋求新的发展，这已成为传统出版业生存和长远发展中面临的关键问题，所以，在信息技术、互联网技术不断发展的现代社会中，加速传统出版与新兴出版的有机融合关系到出版业的未来走向。

2015 年，原国家新闻出版广电总局和财政部联合发布《关于推动传统出版和新兴出版融合发展的指导意见》，此后，理论界对于"新兴出版"的内涵和概念界定仍然处于探讨阶段。根据搜集、阅读和整理相关研究文献，可将新兴出版定义为：新兴出版是指在信息技术日趋普及和迅猛发展的背景下，运用互联网思维，基于数字技术，对新出现的手机出版、网络出版、自出版等多种新型出版方式的统称，也可称为"数字出版"。

3. 传统出版与新兴出版的关系

随着数字技术、信息技术和网络技术的全面发展，产业之间边界日益模糊，产业融合发展已成为现代产业发展的必然趋势。出版融合发展是出版领域一场重大而深刻的变革，也是推动出版业革新和焕发新的生机的重要路径。习近平总书记强调，推动媒体融合发展，要坚持一体化发展方向。传统出版和新兴出版的融合发展，不是简单的此消彼长的关系，而是在一定条件下此长彼长的态势，如同空气和水一样；传统出版和新兴出版不是相互替代关系，不是谁主谁次，而是二者融为一体、合而为一，你中有我、我中有你；不是谁强谁弱，而是优势互补，是共生共存、融合发展的关系。

总体来看，传统出版更多的是强调纸质媒体，其优势在于内容资源、编辑团队等方面。传统出版业一定要发挥自身优势，借助新兴出版的多元化出版传播形式及广泛的顾客群，在内容创新、版权维护的基础上，积极把握融合发展中的新机遇，借助新技术手段，打破传统出版单一的呈现方式和传播手段，让新技术成为实现出版价值最大化的有效手段；新兴出版的优势在于技术流程与运营平台，包含的内容更新更广泛，更关注基于新兴的各种新媒介，尤其是数字媒介，新兴出版也迫切需要传统出版提供大量的优质内容，同时，新兴出版产生的价值还可反哺传统出版，促使传统出版能够产生更大的、更优质的内容资源和内容平台。传统出版与新兴出版双方应发挥各自优势，融合发展，生产出优秀的新兴复合出版产品。传统出版和新兴出版融合发展，要坚持先进技术为支撑、内容建设为根本，在内容、渠道、平台、经营、管理等方面实现深度整合，着力打造融合发展的现代出版体系，最终形成良性发展的、共生共赢的新的出版生态圈。

（三）以数字出版为核心的新兴出版业态异军突起

伴随着信息社会时代的到来，新兴出版的影响越来越大，政府主管部门推动的力度也在不断加大，相关政策举措持续出台，极大地推动出版业转型升级和融合发展。"数字出版"的概念在中国出现最早可追溯到 2006 年，在《国家"十一五"时期文化发展规划纲要》中，中央正式提出要发展数字出版产业的号召。

2010 年 8 月，原国家新闻出版总署发布《关于加快我国数字出版产业发展的若干意见》。2014 年 4 月，原国家新闻出版广电总局和财政部联合发布《关于推动新闻出版业数字化转型升级的指导意见》，从政策层面上进一步明确了转型升级的总体要求和数字出版产业发展的主要任务和总体目标。2016 年，"数字出版"作为新兴文化产业首次列入国家"十三五"发展规划纲要之中。2017 年 3 月，原国家新闻出版广电总局和财政部联合出台《关于深化新闻出版业数字化转型升级工作的通知》，为新闻出版业数字化转型升级和融合发展指明了方向，数字出版发展势头迅猛。

经过十多年的持续发展，传统出版与新兴出版融合发展的步伐不断加快，数字出版盈利模式日渐清晰，数字出版内容投送平台呈现多样化，数字终端产品日趋丰富，数字出版保障体系不断完善，数字出版产业发展态势良好。相关研究数据显示，2012 年，我国数字出版产业总收入为 1935.49 亿元；2016 年，这一数字跃升到了 5720.85 亿元，4 年间，产业规模累计增长了 1.96 倍；2017 年数字出版实现营业收入 7071.93 亿元，较 2016 年增长 23.6%。其中，互联网广告、移动出版、在线教育、网络游戏收入位居前列，传统书报

（单位：亿元）

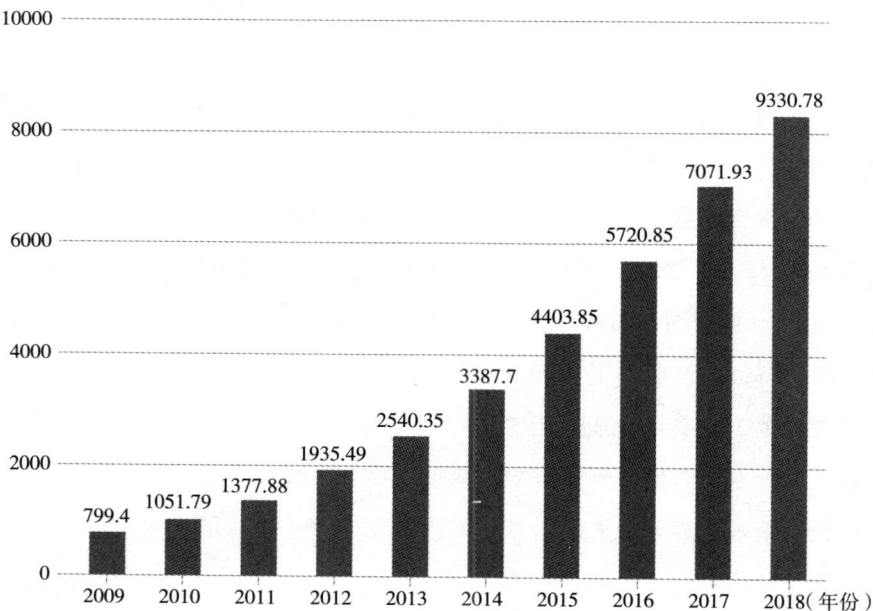

图 0-1　中国数字出版行业收入规模

（单位：亿元）

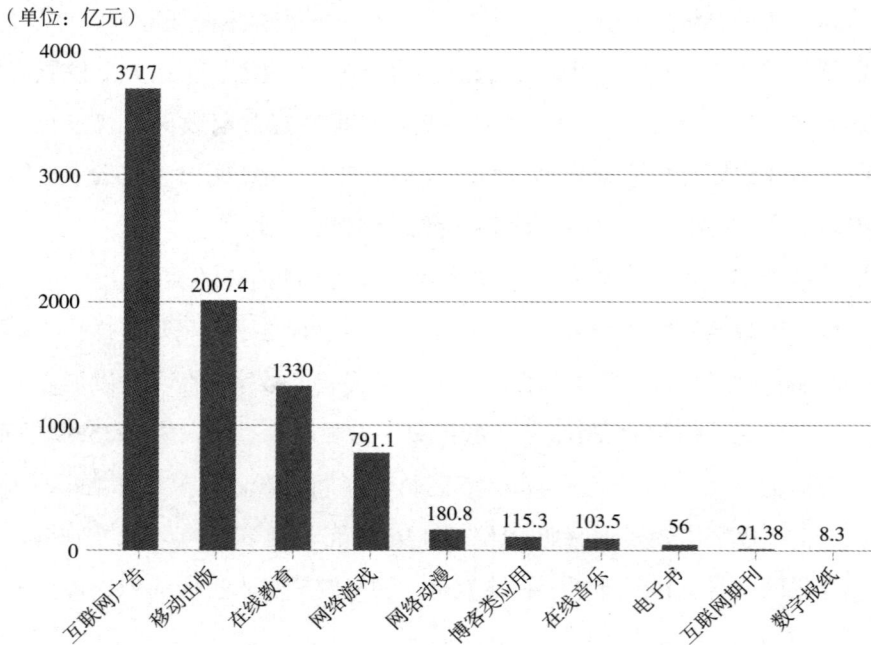

图 0-2　中国数字出版行业细分市场收入规模

刊数字化收入占比持续下降。当年中国移动阅读市场规模达到 153.2 亿元，增速 29.2％。另据中国新闻出版研究院发布的《2018—2019 中国数字出版产业年度报告》显示，2018 年国内数字出版产业整体收入为 8330.78 亿元，比 2017 年增加 17.8％，其中移动出版收入为 2007.4 亿元、在线教育收入为 1330 亿元、互联网广告收入为 3717 亿元，而以传统出版为基础的互联网期刊（21.38 亿元）、电子书（56 亿元）、数字报纸（8.3 亿元）3 个板块合计不超过百亿元，这意味着数字出版产业中，资本和流量已经完成了结构性偏移，大量资本和海量数据被集中在移动出版、在线教育和互联网广告 3 个板块。数字出版作为出版业与信息技术深度融合的产物，已成为推动我国出版业转型升级和融合发展的重要力量。

从整个社会范围看，全社会数字化阅读接触率显著提升，随着人工智能、大数据、物联网等技术的高速发展，消费升级不断催生新需求，不同领

域之间的融合壁垒逐渐被打破，业态复合化趋势逐渐明显，出版融合迈向
纵深发展，传统出版与新兴出版正在从过去的产品融合、渠道融合，逐渐
演变为平台融合、生态融合，迈向合二为一的一体化发展新阶段。统计资

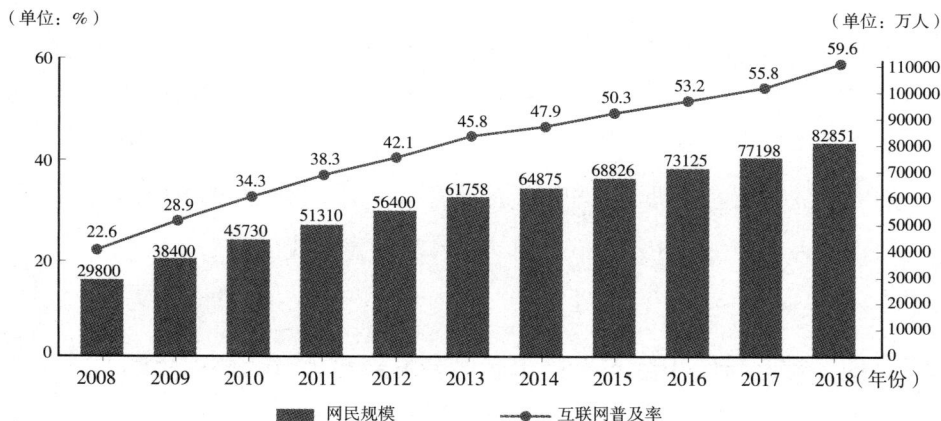

图 0-3　网民规模和互联网普及率

数据来源：中国互联网络信息中心：第 43 次《中国互联网络发展状况统计报告》，
2019 年 2 月。

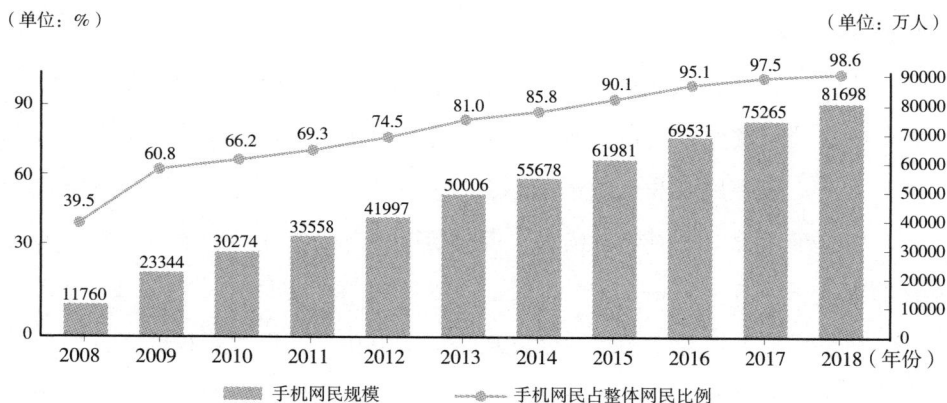

图 0-4　手机网民规模及其占整体网民比例

数据来源：中国互联网络信息中心：第 43 次《中国互联网络发展状况统计报告》，
2019 年 2 月。

料显示，我国数字化阅读接触率在 2009—2015 年的 7 年间由 24.6% 上升到 64.0%，提升了近 40 个百分点，带动数字出版产业快速发展。2017 年 12 月，我国网民规模达 7.72 亿人，互联网普及率达到 55.8%，超过全球平均水平（51.7%）4.1 个百分点，超过亚洲平均水平（46.7%）9.1 个百分点。2019 年 2 月 28 日，中国互联网络信息中心（CNNIC）发布的第 43 次《中国互联网络发展状况统计报告》显示，截至 2018 年 12 月，我国网民规模为 8.29 亿人，其中手机网民占比达 98.6%，互联网普及率达 59.6%。充分展现出这一新兴产业的蓬勃生机，互联网快速地融入中国经济社会的方方面面，深刻地改变了人们的生产生活方式，这也意味着信息时代的到来。

四、推动传统出版与新兴出版融合发展已上升为国家战略

传统出版融合发展是一场重大而深刻的变革，是一个长期发展的过程，也是适应新时代出版业整体素质提升的表现。迄今为止，新兴出版经历了三个发展阶段。

第一，电子出版时代。20 世纪 90 年代开始，以光盘等为代表的数字媒介进入广大用户的家庭。

第二，以互联网为代表的出版时代。大体上从 2000 年左右开始，以互联网的普及与发展为代表，出版新业态逐渐显现。

第三，数字出版和传统出版融合发展新时代。大体上是从 2005 年开始的，在这个过程中，内容与技术、行业与行业之间、产业服务等的融合趋势日趋明显。

从世界范围来看，出版融合发展是一次以技术创新为引领的传统出版的变革，出版融合发展是大势所趋，这不仅是整个时代变革的要求，而且也是出版业适应技术变革、适应大众阅读趋势新变化的迫切需要，是推动出版业持续健康发展的重要抓手。

从国内发展历程来看，党的十八大以来，以习近平同志为核心的党中央

审时度势，顺应发展潮流，作出了一系列推动传统媒体和新兴媒体融合发展的战略部署，坚定不移推进媒体融合发展。

2013年11月12日，党的十八届三中全会通过的《中共中央关于全面深化改革若干重大问题的决定》中，提出要推进文化体制机制创新，强调要完善文化管理体制，整合新闻媒体资源，以改革创新精神加快推动传统媒体与新兴媒体融合发展。

2014年8月，中央全面深化改革领导小组第四次会议审议通过了《关于推动传统媒体和新兴媒体融合发展的指导意见》，提出要遵循新闻传播规律和新兴媒体发展规律，强化互联网思维，坚持传统媒体和新兴媒体优势互补、一体化发展。推动媒体融合发展，坚持以先进技术为支撑、内容建设为根本，推动传统媒体和新兴媒体在内容、渠道、平台、经营、管理等方面的深度融合，着力打造一批形态多样、手段先进、具有竞争力的新型主流媒体，建成几家拥有强大实力和传播力、公信力、影响力的新型媒体集团，形成立体多样、融合发展的现代传播体系。要顺应互联网传播移动化、社交化、视频化的趋势，积极运用大数据、云计算等新技术，发展移动客户端、手机网站等新业态，利用互联网技术实现弯道超车，利用微博、微信技术拓宽社会化传播渠道，以新技术引领媒体融合发展、驱动媒体转型升级。

2015年3月31日，原国家新闻出版广电总局和财政部联合发布《关于推动传统出版和新兴出版融合发展的指导意见》，明确指出，"变革和融合传统出版和新兴出版生产经营模式，建立健全一个内容多种创意、一个创意多次开发、一次开发多种产品、一种产品多个形态、一次销售多条渠道、一次投入多次产出、一次产出多次增值的生产经营运行方式，激发出版融合发展的活力和创造力"。从转型升级到融合发展，出版业的发展目标和任务步入了新阶段。

2018年11月14日，中央全面深化改革委员会第五次会议审议通过了《关于加强和改进出版工作的意见》，触及出版领域更深层次的问题，强调要加强内容建设，深化改革创新，完善出版管理，着力构建把社会效益放在首位、社会效益和经济效益相统一的出版体制机制。

2019 年 1 月 25 日，中央政治局进行第十二次集体学习，主题是"全媒体时代和媒体融合发展"，习近平总书记发表《加快推动媒体融合发展　构建全媒体传播格局》的重要讲话，深刻阐明媒体融合发展的时代大势，就推动媒体融合向纵深发展、做大做强主流舆论提出明确要求，强调推动媒体融合发展、建设全媒体成为我们面临的一项紧迫课题，强调要深刻认识新媒体传播的革命性效应，遵循新闻传播规律和新兴媒体发展规律，因势利导，趋利避害，坚持竞争优胜、多元优化、安全优先、技术优势的原则。要坚持导向为魂、移动为先、内容为王、创新为要，在体制机制、政策措施、流程管理、人才技术等方面加快融合步伐，建立融合传播矩阵，打造融合产品，坚定不移推动媒体深度融合。

习近平总书记这一系列重要论述和党中央作出的重大部署，为传统出版融合发展提供了根本遵循、注入了强劲动力，在全新传媒格局下，推进传统出版与新兴出版的融合发展，不但是提升出版业整体实力和核心竞争力的重要路径，也是出版业适应国家重大战略需求、推动出版业自身可持续发展的迫切需要。

第一章 传统出版融合发展的意义及相关研究分析

推动出版融合发展是顺应科技进步和互联网发展的客观需要，也是实现出版业高质量发展的重要途径。当前，我国发展成为世界出版大国，但还不是出版强国，出版业发展过程中存在着"有高原，无高峰"、高库存率、国际竞争力弱等问题。要解决这些问题，为人民提供更多优秀的出版物以满足人民日益增长的美好生活需要，出版业亟须由高速增长转向高质量发展轨道。由此，探讨出版融合发展的实现路径与对策，从而推动出版业向高质量发展范式转换，具有重大的现实意义，迫切需要深入探究。

首先，本章比较系统地探讨推动传统出版融合发展的重要意义。一方面，传统出版融合发展具有迫切性。传统出版融合是顺应阅读习惯改变的内在要求，能够为传统出版实现可持续发展提供方向。另一方面，融合发展是传统出版未来发展的必然要求。传统出版业融合是推进国家战略实施的重要举措，是出版业实现高质量发展的基本路径，是出版单位实现可持续发展的关键途径。其次，本章对相关研究进行分析，主要包含以下内容：出版概念相关研究分析，媒介融合概念、策略研究分析，媒介融合视角下出版融合相关研究分析，出版融合驱动因素相关研究分析，出版融合的模式、发展战略、实现路径、发展趋势的相关研究分析。

第一节 推动传统出版融合发展的意义

一、传统出版融合发展的迫切性

（一）传统出版融合是顺应阅读习惯改变的内在要求

随着数字技术的发展，数字产品的不断更新，越来越多的人接触数字化阅读，数字化阅读率大幅提升。相关数据显示，2018 年我国成人接触数字化阅读的人数占比为 76.2%，比 2017 年提升 3.2 个百分点，较 2016 年提升了 8 个百分点，较 2015 年提升了 12.2 个百分点。① 从 2008 年至 2018 年，我国成年国民的数字化阅读方式接触率共提升了 51.7 个百分点，呈现连续 10 年逐年上升的趋势。可以发现，数字化阅读已经成为当前阅读的主流方式。

（单位：%）

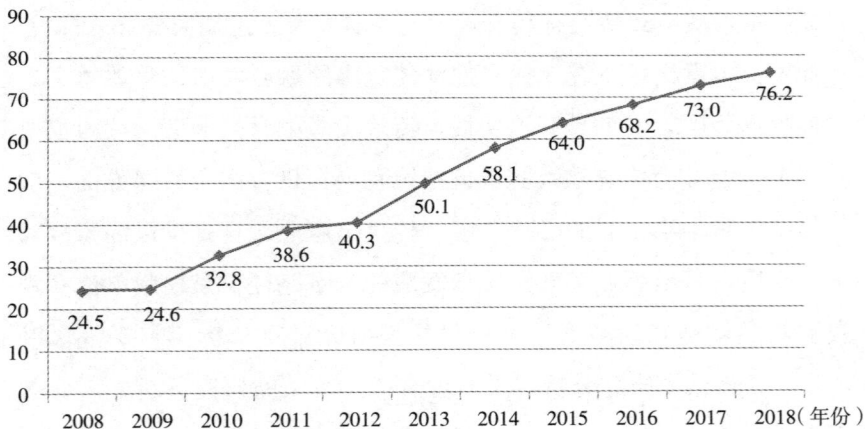

图 1-1　2008—2018 年我国成年国民数字化阅读方式接触率

数据来源：中国新闻出版研究院：第十六次全国国民阅读调查。

---

① 参见刘彬：《第十六次全国国民阅读调查结果公布：数字化阅读方式的接触率为 76.2%，纸质阅读率增长放缓》，《光明日报》2019 年 4 月 19 日。

需求特征决定供给决策，读者阅读行为决定出版业产品与服务供应形态，决定了出版业未来发展的方向。在数字化阅读率大幅提升的情境下，传统出版产业需要探讨新型数字化出版载体，将新型出版业态与传统出版业态形成有效融合，从而提升出版业为读者提供高质量出版产品的能力，更好地满足人民日益增长的美好生活需要，更好地推动人的全面发展、社会的全面进步。

（二）传统出版融合为传统出版发展注入新动能

通过对比分析 2014 年至 2018 年我国新闻出版业营业收入（不含数字出版）的增速与我国文化产业增加值增速，可以发现，我国文化产业增加值增速持续高于我国新闻出版业营业收入增速（不含数字出版）。2016—2018 年，我国新闻出版业营业收入（不含数字出版）的增长速度呈现持续下降趋势。2018 年，我国新闻出版业营业收入（不含数字出版）的增速为 3.10%，相较于 2017 年下降了 1.4 个百分点，相较于 2016 年下降了 5.9 个百分点。

我国新闻出版业营业收入（不含数字出版）增速连续 2 年低于同年我

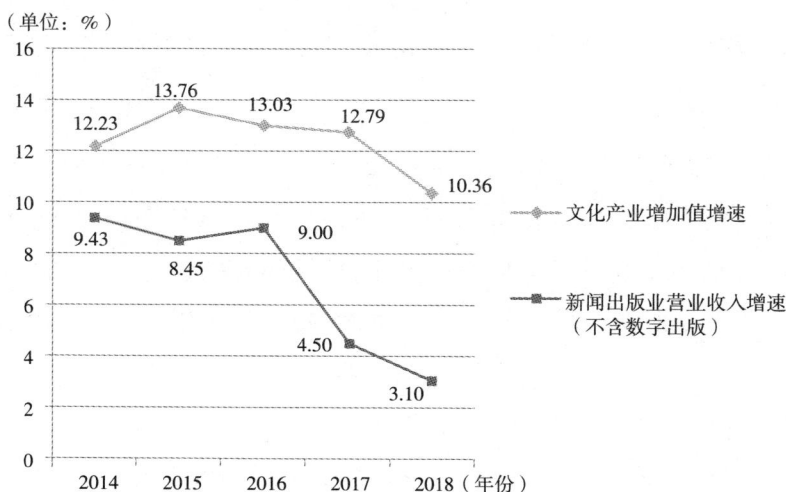

图 1-2　2014—2018 年我国文化产业增加值增速与新闻出版业营业收入增速（不含数字出版）对比图

国国内生产总值增速。2017 年，我国新闻出版业营业收入（不含数字出版）的增速为 4.50%，明显低于当年我国国内生产总值增速（6.8%）。2018 年，我国新闻出版业营业收入（不含数字出版）的增速为 3.10%，更是低于同年我国国内生产总值增速（6.6%）。

（单位：%）

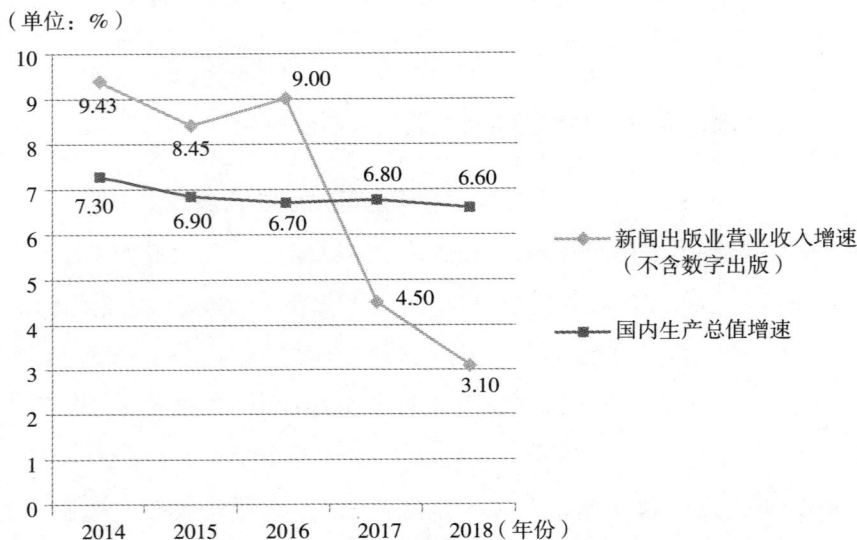

图 1-3 2014—2018 年我国国内生产总值增速与新闻出版业营业收入增速（不含数字出版）对比图

我国传统纸质出版的盈利能力陷入瓶颈。分析我国出版产业利润情况可见，2018 年，我国出版、印刷和发行服务利润总和 1296.1 亿元，同比下降 3.6%。其中，期刊利润总额 26.8 亿元，同比下降 2.0%；报纸利润 33.0 亿元，同比降低 12.2%；印刷复制总量利润总额 835.23 亿元，同比下降 1.74%。

从产业规模角度分析，产业生产值除图书呈现一定增长外，期刊、报纸等均处于持续下降趋势。2018 年，我国纸质期刊出版的总印张为 126.75 亿印张，比 2017 年下降 7.25%；2017 年，我国纸质期刊出版的总印张为 136.66 亿印张，比 2016 年下降 10.06%。2018 年，我国报纸出版的总印张为 927.9 亿印张，比 2017 年下降 13.78%；2017 年，我国纸质报纸出版的总印张为

1076.24 亿印张，比 2016 年下降 15.07%。

通过上述分析可以得出，我国新闻出版业经营总体进入瓶颈期，亟须寻找新动能驱动新闻出版业持续发展。与此同时，我国数字出版产业呈现快速发展态势，数字出版收入规模持续增长，相关数据显示，2018 年我国数字出版业实现收入达 8330.78 亿元，同比上升 17.8%。全媒体发展已成为必然趋势，在这种情势下，传统新闻出版机构需要积极适应新技术发展态势，应用人工智能、5G、AR/VR、区块链等新技术创新产品与服务，加大推进融合发展力度，探索出版产业新业态，提升新闻出版产业发展能力。

二、传统出版融合发展的必然性

（一）传统出版融合是推进国家战略实施的重要举措

从国家战略层面来看，推进出版业融合发展具有重大的战略意义。一是实现中华民族伟大复兴中国梦的重要举措。习近平总书记在中共中央政治局第十二次集体学习时强调，推动媒体融合发展、建设全媒体已经成为我们面临的一项十分紧迫的课题。习近平总书记指出要运用信息革命成果，推动媒体融合向纵深发展，做大做强主流舆论，巩固全党全国人民团结奋斗的共同思想基础。推进出版业融合发展是重要战略举措，能够为进一步实现"两个一百年"奋斗目标、实现中华民族伟大复兴的中国梦提供强大的精神力量和舆论支持。二是推进文化强国战略的必经之路。出版业是文化产业的重要组成部分。深入推进出版业融合向纵深发展，是贯彻落实文化强国战略的重要抓手。推进出版业实现融合发展，能够推进我国文化产业可持续、高质量发展，进一步推动社会主义文化大发展大繁荣，从而对决胜全面建成小康社会，夺取新时代中国特色社会主义伟大胜利具有重大而深远的意义。

（二）传统出版融合是出版业实现高质量发展的基本路径

从促进出版业发展层面来看，探讨推进出版业融合发展的路径与对策，有利于出版业实现高质量发展。

第一，传统出版业融合发展是实现出版业高质量发展的重要路径。当前，我国已是出版大国，但还不是出版强国。出版产业仍存在"有高原，无高峰"，缺乏创意，质量参差不齐，高库存率，国际影响力低等问题。出版产业迫切需要由高速增长范式转向高质量发展范式。融合发展是实现高质量发展的重要途径。本书能够为出版企业的转型升级发展提供指导，为出版企业实现融合发展提供可操作的指导建议，有助于针对出版业融合发展的支撑体系建设提供对策建议，对管理部门制定扶持和鼓励政策提供一定支持，从而有利于扎实推进出版业由高速增长轨道向高质量发展轨道转型。

第二，推进传统出版业融合发展有利于推进出版业实现可持续发展。出版业融合发展是出版业适应新时代发展的必然要求。信息技术的发展正在改变人们的日常生活、工作、学习习惯，对出版业生存与发展提出了巨大的挑战。网络化与数字化的全方位深入，推动传统出版业进入内容生产、商业模式、组织架构、商业生态系统的转型期。出版生产早已突破有形的"编、印、发"模式，纸质印刷的地位受到新兴出版的空前挑战。内容承载形式更加多样化，数字介质和网络成为编辑与发行依托的新渠道。新兴商业模式不断涌现，业态繁多，使出版业的边界不断扩大与模糊。在市场与技术的双重驱动下，出版机构必然需要积极谋划融合发展战略布局，尽早准确定位自身在融合发展大潮中的定位，制定并落实适宜本企业发展的战略与策略。

（三）传统出版融合是出版单位实现可持续发展的关键途径

本书对出版机构融合发展路径与战略进行深入的探究，相关成果可以为促进出版机构转型发展提供参考依据。人工智能、大数据等新兴技术的发展对传统出版机构的生存形成了巨大的压力，同时也赋予传统出版机构新的发展契机。传统出版机构必然需要走融合发展之路。当前，传统出版机构在融合发展实践中，遇到很多阻碍，比如，人才结构失衡、吸引力弱化、高端人才匮乏，原有机制体制的制约等。这些问题已经严重阻碍了传统出版机构的融合发展进程。因此，为了推动出版机构更快、更好地转向融合发展，实现可持续、高质量发展，需要深入探究融合发展的内在机制与路径，提出相关发展战略与策略以及相应的政策保障体系，从而解决制约出版企业融合发展的人才资本匮乏、制度因素阻碍等问题，推进出版机构实现融合发展。

第二节　出版融合发展的相关研究分析

一、出版概念的相关研究分析

（一）出版概念界定的相关研究分析

通过分析已有文献可以发现，出版的概念可谓种类繁多。随着出版实践的不断发展，对于出版的理解随之衍化，学术界对出版概念进行了大量的界定。本小节对代表性定义进行了整理，如表 1-1 所示。

表 1-1　学术界对出版概念的界定

代表作者	概念要点
张志强（2007）	出版是将文字、图像或其他内容进行加工、整理，通过印刷等方式复制后向社会广泛传播的一种社会活动。
罗紫初（2014）	所谓出版，就是将经过加工提炼的知识信息产品，通过某种方式大量复制在一定的物质载体上，并进行广泛传播的过程。

续表

代表作者	概念要点
师曾志（2006）	出版是将文字、图画、声音、图像、数字或符号等信息知识记录在一定介质上，并进行复制、向公众传播的行为。
林穗芳（1990）	选择文字、图像或音响等方面的作品或资料进行加工，用印刷、电子或其他复制技术制作成为书籍、报纸、杂志、图片、缩微制品、音像制品或机读件等以供出售、传播。现代出版工作包含编辑、制作、发行、管理等环节。
边春光主编《出版词典》	现代的出版包括编辑加工、复制、发行三个方面。
出版专业职业资格考试辅导用书《出版专业基础》（中级）	出版是指编辑、复制作品并向公众发行的活动。
张文红（2016）	出版是信息、知识的生产与传播。
吴赟、闫薇（2018）	出版是一种将不同主体创造的知识加以组织、加工、建构，并发布在公共载体上的社会互动行为。

（二）出版不同细化概念的相关研究分析

当前，学术界对出版细化概念包括现代出版、传统出版以及数字出版的界定较多，笔者对代表性概念界定进行了综述与分析。关于传统出版，张力平（2018）、王雪岭（2014）、薛铭洁（2018）、曹继东（2016）等学者进行了一系列定义，普遍的观点认为传统出版的主要特征是以纸质为物质媒介对内容进行传播。张力平（2018）认为传统出版是以出版社和报社等为出版发行单位，生产以纸媒为载体的书报等。根据王雪岭（2014）的研究观点，传统出版的材料介质是纸张，通过利用传统印刷术，将内容物化到物质媒介上进行纸质出版，这就是传统出版。具有明确的物质形态是传统出版的一大特征，且具有实物可保存性。薛铭洁（2018）以我国国家统计局《国民经济分类代码表》的定义为主要参考对象,将传统出版定义为:"以纸张为媒介出版、印刷和发行产业,主要包括期刊、报纸和书籍。"[①] 有研究结果认为从资源和内容两方面分析,传统出版拥有战略优势(曹继东,2016)。

部分学者和机构对数字出版进行了界定,如徐丽芳(2007)、王雪岭(2014)、《中国数字出版产业报告》等,可以发现,学者们普遍将数字出版的特征描述为借助信息技术以光、电、磁等新介质的内容传播。王雪岭(2014)认为数字出版之所以能够受到广大读者的关注和青睐是因为它作为一种新兴出版方式,具有一种新事物独有的魅力。徐丽芳(2007)认为利用计算机等设备对出版物进行使用和传播,并且通过二进制代码把加工、制作以及发行传播形成的信息资源储存在一定介质,如光、电、磁等,进一步实现出版及传播,就构成了数字出版。王雪岭(2014)将数字出版界定为:利用数字技术,将图像、视频、音频等信息以代码形式储存在信息库中,通过筛选、编辑、加工,根据市场需求最终以网络、光盘等形式投放市场。这一过程就是数字出版。《中国数字出版产业报告》提出,数字出版包括数字化出版和新型数字媒体等,是基于互联网、数字终端等新媒体技术的数字内容出版形式。

另有部分学者对现代出版和新兴出版进行了界定。李中锋(2017)认为现代出版可以为消费者获取更加美好的阅读感受,即动态的、相交互的、立体的、无限的,而这一切都需要通过数字技术来实现。吴耀根(2018)认为现代出版充分利用智能化和数字化手段,传播全新知识思维,是一种智慧型的知识服务。薛铭洁(2018)根据相关资料将新兴出版定义为:"以信息技术进步为基础,运用互联网思维产生的一系列媒体出版方式,包括数字出版、网络出版、大数据出版、手机出版等无纸化出版方式。"

---

① 薛铭洁:《推进传统出版与新兴出版融合发展》,《传播与版权》2018 年第 3 期。

（三）传统出版与新兴出版区别的相关研究分析

对于传统出版与新兴出版的区别与划分，莫林虎和周晟璐（2015）认为两者之间存在较大不同。纸质出版主要目的在于创造精英文化以及积累知识，并且生产出相应纸质产品。大众出版、专业出版、教育出版构成传统出版的三个组成部分。当前，在新兴出版领域中，手机出版、网络文学和网络游戏的发展态势最好，在新兴出版当中占据主要地位，三者合计达到总体的一半。而这些板块娱乐性强，深受年轻人青睐。随着大众精神生活质量的提升，近年来，更高层次的电子书、高端内容的手机出版、数字教育出版的增长幅度也不容小觑。①

童之磊和王婷（2016）认为就传统出版和新兴出版的概念而言，它们最重要的区别在于所依赖的介质。② 传统出版更强调具有实物形态的媒介，如纸；新兴出版更加关注近年来兴起的新媒介，尤其是数字媒介。由于传统出版和新兴出版有媒介上的区分，所以两者不是相互替代的关系，共生共存、融合发展才是传统出版和新兴出版走向繁荣的必由之路。王俊琴（2017）认为传统出版和新兴出版的划分标准主要有两条：一是从生产力的角度划分，出版物的生产方式、物质形态和内容呈现的变化都属于出版技术的进步，技术的进步会促进出版生产力的大变革。二是从生产关系的角度划分，盈利模式等关系的变化会促进出版的产业运作模式发生本质变化。③ 与立足于出版史划分其阶段所不同的是新兴出版只需要满足两条划分标准中的一条，于是按照这一划分标准，数字出版（同时满足两条标准）毫无疑问属于新兴出版。而近年来涌现的众筹出版、众包出版、自出版等都是基于互联网产生的（满

---

① 参见莫林虎、周晟璐：《善用财政支持手段促进出版融合发展》，《中国出版》2015年第 20 期。

② 参见童之磊、王婷：《传统出版和新兴出版融合发展的新生态》，《中国出版传媒商报》2016 年 1 月 12 日。

③ 参见王俊琴：《传统出版与新兴出版融合的哲学思考》，《传播与版权》2017 年第 11 期。

足之一）也都可以划分为新兴出版的范畴。综上所述，我们可以看出新兴出版与传统出版是一个相对的概念，新兴出版的内涵除了利用先进的技术进行出版产业大变革之外，还包括运用高科技（先进生产力）对传统出版产业模式（落后生产关系）的改良。[①]

二、媒介融合概念、策略相关研究分析

（一）媒介融合历史演化相关研究分析

新闻传播领域中的 Convergence 一词通常来说有四种翻译法：融合，汇流，整合，聚合（宋昭勋，2006）。《现代汉语词典》中，融合被解释为几种不同的事物合成一体。韦氏字典当中融合被界定为一种整合行动，联合和趋向一致。约非（Yoffie，1997）将融合界定为从结构上逐渐合为一体，通过数字技术这条纽带，使不同特质的产品到一起。《现代汉语词典》认为汇流指水流或人潮的会合。整合被认为是集结不同的意见或事物，重新统合，成为新的整体。聚合的含义主要是指事物聚焦到一起。通过对上述几个相近概念的比较和分析，可以发现，Convergence 与媒体整合、媒体融合的含义更为贴切（宋昭勋，2006）。宋昭勋（2006）进一步补充认为：在实际应用当中，需要结合具体语境将 Convergence 进行翻译。比如，结合所有权变动，可以将其翻译成"合并"、"媒体所有权合并"；结合媒体之间的合作，可以将其翻译为"联合"、"媒体战术性联合"；在技术情境下，可以将其翻译为"整合或融合"、"媒体科技整合／融合"。[②]

早在 1978 年，媒介融合的雏形就已呈现。尼葛洛庞帝建立了一个三个圆的融合模型，三个圆依次表示"出版印刷工业"、"计算机工业"和"广播

[①]　参见王俊琴：《传统出版与新兴出版融合的哲学思考》，《传播与版权》2017 年第 11 期。

[②]　宋昭勋：《新闻传播学中 Convergence 一词溯源及内涵》，《现代传播（中国传媒大学学报）》2006 年第 1 期。

电影工业"，这一模型表明媒介融合在最初阶段就与印刷出版业密切相关。美国学者伊契尔·索勒·普尔（Ithiel De Sola Pool）对于融合（Convergence）一词的推广与普及具有极大的功劳（高登，2003）。伊契尔·索勒·普尔（1983）首次提出了"媒介融合"，他认为不同的媒介如邮政、电话和电报等点对点通信，以及新闻、广播和电视等等大众通信的界限正在变得模糊。即在互联网的驱动下，传统媒介和新媒体以电子、数字的形式融合在一起，关系不断调整的过程。

在媒介融合背景下，不同媒介之间的融合是出版业必然将要面对的趋势，媒介融合为出版的融合提供了理论依据和可行的现实路径。普尔于1983年提出"传播形态聚合"（The Convergence of Modes）。普尔关于融合的观点认为：致使向来具有明确边界的不同传播形态产生聚交融合的主要原因是数码电子科学技术的发展。美国学者罗森博格在19世纪中期提出"技术融合"理念。技术融合的含义为：在未来，同一项生产技术会成为多种产业共同的技术支撑。亨利·詹金斯（2006）的著作《融合文化·新旧媒介的冲撞》集结了作者多年来媒介文化研究的精粹，书中首次定义了"融合文化"这个概念，该书用三个概念搭建起了全书的框架，这三个概念分别是媒介融合、参与性文化、集体智慧。① 该书作者认为融合文化是新时代"新旧媒介碰撞"的场地。

（二）媒介融合概念相关研究分析

关于媒介融合，学者们给出了不同界定，包含的视角很多，较为典型的比如，技术融合、所有权融合、产业融合、结构融合。

在韦氏字典中，媒介融合包含技术融合、结构融合、互补性和竞争性融合、战略性融合和产业结构融合等。李奇·高登（Rich Gordon，2003）对新闻传播学中Convergence所表达的含义进行了分类，包含媒体战术性联

---

① 参见王蕾：《亨利·詹金斯及其融合文化理论分析》，《东南传播》2012年第9期。

合、媒体所有权合并、媒体科技融合、新闻叙事形式融合、媒体组织结构性融合等。Negroponte（1973）将"媒介融合"定义为是在计算机网络发展到一定阶段后，依靠网络与特定终端将数字信息进行传播，在不同媒体间建立互换与互联。伊契尔（1983）将"媒介融合"定义为不同媒介呈现出的多功能一体化。

Nachison（2001）认为媒介融合是在战略、文化、操作层面将印刷、动画、音频、视频等媒体间形成联盟。Doyle（2002）将"媒介融合"定义为电子通信技术、计算机技术和媒体的融合。章于炎、乔治·肯尼迪和弗里兹·克罗普（2006）认为"媒介融合"是整合或利用单一所有权或混合所有权制的广播电子媒体、报社等，增加信息平台数量，促进稀缺媒体资源的优化配置，是大众传播中的一个项目或一个逐渐发展的过程。①

高钢和陈绚（2006）认为媒介融合是指信息传播的功能结构、信息传播的技术手段以及信息传播的形态模式的界限在媒介发展的过程中发生了改变。② 媒介融合的特征包含多媒体信息在同一平台上实现能量互补；各类媒体的信息能量发生交换；信息传播者与接受者之间的信息能量产生交互；外部其他产业为传媒产生的能量提供支持。黄春平和余宗蔚（2010）认为媒介融合是以媒介产业为向心、以融合为生产方式的新型信息生产形态。它是与信息的生产、传播、应用相关的多个产业。鲍立泉（2010）将媒介融合定义为由数字传播技术的多种形态的新旧媒介融合交汇，将多种功能实现一体化，将网络、内容与终端形成融合。彭兰（2010）研究认为媒介融合从狭义视角来看，其实质是不同形态的媒介联合起来，共同衍生出新型形态的媒介。另外，媒介融合也指传媒业界内部不同形态的媒介进行重新组合，由此组建成超级大型的传媒集团。从广义层面来看，媒介融合是指所有媒介相关要素之间形成有序的汇集、联结以及融合的状态和过程，包括技术、经济、

---

① 参见章于炎、乔治·肯尼迪、弗里兹·克罗普：《媒介融合：从优质新闻业务、规模经济到竞争优势的发展轨迹》，《中国传媒报告》2006 年第 3 期。

② 参见高钢、陈绚：《关于媒体融合的几点思索》，《国际新闻界》2006 年第 9 期。

政治、社会与文化五个维度的融合，涉及媒介形态融合、媒介功能融合、传播手段融合、资本所有权融合、组织结构融合等。

邓瑜（2011）认为媒介融合是媒介的多种系统即内容、终端、网络、规制的融合，以及媒介主体的身份融合。丁柏铨（2011）将"媒介融合"界定为在业务/操作层面、物质/工具层面、理念/意识层面等诸多方面由新媒体及其他相关因素所促成的媒介之间相互交融的状态。孟建、赵元珂（2006）研究认为："媒介融合主要有两种表现形式，一是为应对激烈的市场竞争，打造核心竞争力，在传媒业进行跨界整合与并购，借此组建大型的跨媒介传媒集团；二是由媒介技术当中的旧技术与新技术之间进一步融合，产生新的传播渠道，乃至创造出一种不同于之前的媒介形态。"[1] 王菲（2007）认为媒介融合是在现代化新型数字技术条件下，内容、网络、终端围绕需求共同衍生，从而构成的媒介形态演变过程。[2]

张宏（2012）从媒介技术、产业融合两个层面对媒介融合的概念进行诠释。并且对媒介融合视角下数字出版的含义进行了分析。从媒介技术融合视角，纸质出版只依靠印刷媒介进行内容传播，而新媒体的出现，出版内容的传播途径得到了新的扩展和聚合。在传统纸质出版向数字化出版转变的过程中，出版企业利用新技术对出版内容进行采集、编辑加工、集成和发布，通过对数字出版内容和科技进行整合与合并以及多元媒体化，从而让出版物实现了媒体化以及立体化，最终通过多元载体传播，使得内容具有"多媒介性"特征与"多功能性"特征。[3] 媒介的产业融合是一个传媒公司或集团跨领域且同时拥有多种媒介形式和媒体组织，如报刊、广播、电视、互联网等，也可以指传统媒介之间形成的联立。主要形式是传统媒介（比如报纸、广播

---

① 孟建、赵元珂：《媒介融合：粘聚并造就新型的媒介化社会》，《国际新闻界》2006年第7期。

② 参见王菲：《媒介大融合：数字新媒体时代下的媒介融合论》，南方日报出版社2007年版，第28页。

③ 参见张宏：《媒介融合与数字出版——关于数字出版内在基本模式及路径寻找的另一个视角》，《出版广角》2012年第1期。

等）与新型媒介（数字、互联网）之间的融合。按照媒介产业融合的基本理念，数字出版产业是传统媒介与新媒介发生融合之后，内容所得到呈现的新形式，也指不同的数字媒介形式，和由此衍生的组织运营模式，它是不同媒介产业融合的结果。

Nachison（2001）认为融合媒介是指在战略、文化和操作层面，多媒体包括印刷、视频、音频、数字媒体之间的合作。Fidler（1997）认为印刷和出版业、广播和动画业、电脑三领域将会逐步融合。Nachison（2001）研究认为"媒介融合"涉及不同媒介之间的相互合作与联盟。蔡雯教授发表了一系列有代表性的"媒介融合"相关研究成果。她认为"在数字技术与网络传播推动下，通过新介质各类型媒介可以真正实现汇聚和融合。"这也是融合媒介值得重视的另一层含义。[1]"融合新闻"促使新闻传播正在发生变化，包括新闻信源结构与新闻传播主体、新闻媒介组织结构与工作流程、新闻载体性能与新闻传播方式，并探讨了媒介融合对新闻传播带来的挑战。她还分析了媒介融合发展对于新闻资源开发的影响和作用，认为大众的角色和权利发生了变化，具体来说，受众从习惯性面对群体转变为具有自主选择权的能够掌控多种信息终端的群体，这是传统媒体与新兴媒体融合带来的最本质的变化。[2] 并且，她的研究对媒体融合存在的问题进行了分析。周鸿铎（2005）从媒介形态、媒介机构、媒介资本三方面研究了"媒介整合"相关内容，认为"媒介整合"的本质是具有差异性特质的文化、机构文化和经营模式及理念、潜在规制和运作方式的磨合乃至融合。

（三）媒介融合策略相关研究分析

学者们围绕"媒介融合"的发展阶段、影响因素、应对策略等进行了大量研究。

---

① 参见蔡雯：《媒介融合前景下的新闻传播变革——试论"融合新闻"及其挑战》，《国际新闻界》2006 年第 5 期。

② 参见蔡雯：《媒体融合：面对国家战略布局的机遇及问题》，《当代传播》2014 年第 6 期。

1."媒介融合"阶段研究综述

Jenkins（2001）对"媒介融合"的形式进行了分析，提出从六个方面对媒介融合进行剖析，即技术、组织、社会、经济、文化及全球融合。Gordon（2003）认为媒介融合包含媒体多种不同方面的融合，即所有权、组织结构、策略、新闻叙事、信息搜集。Dailey 等（2005）将报纸、广播、电视和网站之间的新闻生产的融合划分为五个阶段：交互推广、克隆、合作、内容分享、融合。王菲（2007）对媒介融合中的媒介产业、互联网产业、电信产业、电子产业、IT 产业等领域内所发生的生产形态的融合、行业的融合、政策的融合、组织的融合、管理的融合、技术的融合进行了从具体状态呈现到终极哲学意义的探讨。陈浩文（2008）认为媒介融合包括四个方面的融合，即资本、组织、媒介形态、传播手段。石磊（2010）对"媒介融合"的发展阶段进行了探讨，包括在市场作用下以集团兼并代表的资本融合，传播手段的融合，以及媒介形态的融合。葛洪波和胡晨光（2017）分析了媒介融合背景下新闻内容制作与传播的趋势：一是体现在信息来源的无限化；二是体现在新闻采编的合作化；三是体现在新闻表达方式的多元化。

2."媒介融合"的组织应对策略研究综述

彭兰（2009）研究认为媒体组织为了充分应对媒介融合发展的到来，应该做好以下几方面的改革：产品、媒体角色、体制、个体。[1] 彭兰（2006）认为"媒介融合"对传媒业的变革可以划分为："形态融合、市场融合、载体融合、机构融合。"[2] 王莹（2018）对媒介融合背景下传统媒体转型的对策建议包括：一是创新思维模式，推动整合发展；二是聚焦头部内容，拓宽盈利渠道；三是加强技术创新，实现通路化运营。[3] 刘茜和任佩瑜（2013）认为传媒组织的组织战略应以价值创新为主导战略逻辑，以模块化价值为战略

---

① 参见彭兰：《媒介融合方向下的四个关键变革》，《青年记者》2009 年第 6 期。
② 彭兰：《从新一代电子报刊看媒介融合的走向》，《国际新闻界》2006 年第 7 期。
③ 参见王莹：《技术驱动与受众转变：媒介融合视域下传统媒体转型路径研究》，《数字传媒研究》2018 年第 8 期。

基础，以知识整合为战略核心，以实现价值创新为主要目标，以价值模块为基础聚合与固化创新资源，以知识整合为核心整合创新资源。媒体间融合的途径可以通过多个主题的融合实现，即内容、平台、技术、资源、体制行业、理念、人才。贺钊（2015）对媒介融合背景下新闻内容制作与传播策略进行分析，提出发布策略具有以下几种形式，互联网终端包括移动和计算机、社交平台。张金桐和屈秀飞（2019）认为媒体融合是通过对媒体资源和技术资源的优化配置从而实现颠覆性改革和创新的媒体变革的过程，对资源、内容、体制、人才等媒体融合的现实路径进行了研究。① 深度融合的过程就是顺应互联网的发展进程，在媒体变革新趋势和媒体融合新要求的基础上创新和发展，通过相加相融，打造主流新媒体，推动传统媒体适应信息时代，积极寻求发展与变革，形成立体、互动、多元化的新传播格局。② 该研究对媒体融合未来发展路向进行分析，媒体融合的战略目标是构建新型主流媒体，媒体融合的传播引擎是完善媒体智能驱动，媒体融合的发展路向是共建现代传播体系。另有其他一些研究，例如王学文的《媒体融合背景下中国报纸出路研究》、李鹏的《媒聚变：媒介融合背景下报纸转型研究》等对媒介融合背景下的出版业转型发展对策进行研究。葛洪波和胡晨光（2017）分析了新闻内容的制作与传播在融合背景下的创新发展策略。

3.“媒介融合”影响因素研究综述

王菲（2007）研究认为“媒介融合”形成的诱因包括技术诱因、经济诱因、市场诱因。黄金（2011）研究认为政治因素、经济因素、技术因素以及社会和文化因素是驱动“媒介融合”的四个主要动因。并且认为不仅仅有技术或者经济单方面因素对“媒介融合”形成驱动作用，同时存在能够被感知的需要、竞争和政治压力以及社会和技术革新的复杂相互之间作用作为驱动

---

① 参见张金桐、屈秀飞：《媒体融合的演进逻辑、实践指向与展望》，《当代传播》2019年第 3 期。

② 参见张金桐、屈秀飞：《媒体融合的演进逻辑、实践指向与展望》，《当代传播》2019年第 3 期。

因素。邓建国（2010）通过结合西方学者对于"媒介融合"概念进行理论阐述，并且对欧美国家的传媒产业融合发展实践进行考察，综合研究得出结论："媒介融合"最根本的动因是通过"一次创作，跨平台方式"，降低成本，扩大影响，聚合受众注意力，从而实现效益最大化。

三、媒介融合视角下出版融合相关研究分析

在信息技术迅猛发展的推动下，传统的纸质出版迎来了与新媒体、新产业融合的时代。部分学者对传统纸质出版与新媒体、新产业融合的趋势进行了预测和分析。罗杰·菲德勒（2000）提出，"印刷、出版业、广播、动画业和计算机业"将逐渐走向融合。帕特里克·吉宾斯（1983）认为："曾经界限十分明确的产业，如数据处理、出版、电信、广播等之间的界限将越来越模糊化"。① 托马斯·鲍德温等（2000）研究认为计算机、电信、电视等产业将形成聚合，发展成为整合宽带体系。

信息技术尤其是互联网技术发展，改变了传统纸质出版生产与流通方式。艾利克斯·威登（1996）对互联网情境下图书的商业模式进行分析。② 研究显示，当前情况下，图书销售渠道能够迎合并适应互联网时代的要求，而出版业的结构也随着网上图书贸易的发展而改变。因此出版商需要结合互联网背景下发展需要，将自身所扮演的角色和所需提供的功能进行全方位的思考和重新界定，同时需要在多行业的商业实践经验中寻找网上图书贸易的发展新方向。③ 日本学者小林一博（2004）则描述了日本出版业由二战之后的辉煌走向下滑，甚至呈现出"崩溃"的态势，具体表现为

---

① 帕特里克·吉宾斯：《电子出版：多学科的未来媒介融合》，《信息科学杂志》1984年第8期。

② 参见艾利克斯·威登：《图书交易与网络出版：英国的视角》，《融合》1996年第2期。

③ 参见郭毅、于翠玲：《国外"媒介融合"概念及相关问题综述》，《现代出版》2013年第1期。

杂志、图书的销量急剧下滑，市场由饱和转为萎缩。为了改变这个局势，日本印刷企业积极向欧美出版业学习，并且将传统出版同 IT 业相融合，IT 将出版业进行了再造与重铸，日本出版业将在与 IT 业融合的过程中逐步走出当前的困境。威廉·E.卡斯多夫（2007）主编的《哥伦比亚数字出版导论》中认为，合作是数字出版时代的最大特点，数字出版是全媒体出版，是迄今为止人类历史上历史成本最低的出版形态。莱恩·库克（2005）研究认为，传统媒介包括印刷、出版、电视在不断地与互联网实现整合。①

虽然，新技术的发展给传统纸质出版带来很多挑战，但并不意味纸质出版会被完全取代或消亡，很多学者认为两者是同时存在的，并提出一系列应对数字化出版带来挑战的建议。美国学者埃弗里特·E.丹尼斯（2004）在著作《图书出版面面观》中认为，近年来出版界的兼并对出版业产生了一些影响，但并不妨碍图书出版的健康发展，并且吸引了大量的投资，每年出版的图书种类，销售额也在不断增长。约翰·B.汤普森（2005）编写的著作《数字时代的图书》中指出，由数字化引领的科技革命正使图书出版业经历一场大的变革，但它不是全部。行业也在经历社会与经济方面的重要转变，而只有将出版业的数字革命放到更宽广的领域，我们才能够理解它真正的意义。正是在这些认识的基础上，汤普森教授通过对经济和文化实践的出版业的分析，考察了 20 世纪 80 年代以来出版业发生的变化，进而对学术出版和高教出版领域出现的具体变化做了细致的分析。最后，在宏观分析数字技术对出版业影响的同时，就数字技术对学术出版和高教出版的具体影响做了详细的微观分析，提出了重塑图书生命周期以应对数字化挑战的思路。

德国学者 Ballhaus（2010）针对电子书的发展前景，通过市场分析，寻找电子书阅读器和电视图书的发展机遇，并提出相应的发展建议。但他表示，电子书不会完全取代纸质书，未来两者将继续并存。挪威奥斯陆大学的

---

① 参见莱恩·库克：《印刷媒介、电视、互联网的视觉融合：40 年来新闻呈现中的设计变化》，《新媒体与社会》2005 年第 1 期。

黑尔戈和托里（2011）^①认为迄今为止最古老的传播媒介是图书，无论技术环境如何变革，比如数字化改变了传播媒介的很多方面，但是图书仍是媒介的重要形式，想要围绕媒介展开研究，必须首先回归到对图书的关注与研究。^②黑尔戈和托里撰写了《营销者、出版社、编辑者：国际出版的趋势》，分析国际出版业在媒介融合背景下的市场发展趋势。2016年，美国皮尤研究中心发表的关于美国人2016年阅读习惯报告表示，在过去12个月里，美国人中的73%至少看了一本书，65%的人读过一本纸质书。即使智能手机和平板电脑的普及使得电子读物数量增多，但对于大部分美国读者来说，他们仍愿意选择纸质图书。这表明纸质图书和电子书在未来是并驾齐驱的，并不存在谁替代谁的问题。

（一）出版融合概念相关研究分析

出版融合的概念较多，通过综述，我们将现有文献进行归纳、分类，出版融合的概念可以分为以下几类。

一是出版流程视角的研究。曹继东（2016）认为融合出版对出版过程的重构和再造，是对人才、采编、经营管理、品牌、组织结构、营销等环节的重新梳理，是信息时代下的新型现代出版理念。雷秀丽（2018）认为出版融合建立了全新的生产管理体系和运作模式，从根本上改变了传统出版中的生产流程和出版销售模式。

二是出版技术视角的研究。曹继东（2014）认为"融合出版"是一种新兴出版形式。从技术视角分析，首先肯定数字技术对于出版融合发展起推动作用的基础上认识出版事业发展方向，探索出版融合发展的技术逻辑和发展模式。

---

① 参见黑尔戈、托里：《营销者、出版社、编辑者：国际出版的趋势》，《媒介文化社会》2011年第33期。

② 参见郭毅、于翠玲：《国外"媒介融合"概念及相关问题综述》，《现代出版》2013年第1期。

三是多媒体之间融合的视角。例如，尼葛洛庞帝（1976）、安德鲁·纳齐森（2006）都强调不同媒体之间的互联、交互或者联盟。有观点甚至认为在具有各种特质的媒介之间形成聚合的基础上，产生新的媒介形态（杨祖增和张仁汉，2015）。有观点认为数字化将成为主要出版载体（马晓俊，2017）。

四是多维度、多层次的跨界融合。有观点认为出版融合发展设计多层次，包括产业链内部各环节的整合、产业分类层面融合、出版业与其他内容业态、出版业与其他产业（冯宏声，2015）。有研究认为出版业融合涉及多方面内容融合，包括运营主体融合、出版与科技、市场融合、组织融合等（付国乐和黄睿，2015）。另有研究认为出版融合涵盖出版与金融、跨界与平台化融合等（傅伟中，2017）。

（二）出版融合的内涵相关研究分析

1. 出版融合的内涵相关研究综述

学者们对出版融合内涵进行了不同视角的阐述，有从主体层面的分析（许志晖，2011），有从融合涉及的要素层面进行的分析（蒋建国，2015；王兆鹏，2017），有从出版经营模式角度进行的分析（朱松林，2015），有将主体、要素、经营模式结合起来进行的阐释（郭慧，2008）。

一是主体层面的阐释。许志晖（2011）从产业、市场、企业层面对出版融合进行了阐释。从产业层面，新兴媒体领航出版媒体的融合发展，数字出版升级传统出版，高效产业对低效产业形成淘汰。从市场层面，传播和生产相互融合，需求和供给相互融合，消费需求与供给相互融合。从企业层面分析包括互补型融合发展、替代型融合发展、结合型融合发展。李雪芹（2016）认为以数字出版产业为代表的现代出版市场需求涨幅大，发展势头强劲，传统出版想要打破瓶颈期，就需要建立系统的体系促进二者融合发展。

二是要素层面的阐释。蒋建国（2015）认为把习近平总书记重要讲话和中央文件关于融合发展的精神落实到出版业，可以概括为：立足传统出版，发挥内容优势，运用先进技术，走向网络空间。赵杰（2018）认为出版产业在融合发展的进程中，应将传统出版作为基础，进一步应用互联网等新兴技术开发新业务、新事业。王兆鹏（2017）认为媒体融合发展要以内容建设为根本，打造多样化、个性化、对象化的"融合产品"。

三是经营模式视角的分析。有观点认为出版业融合应立足分析顾客需求，以此为基点探讨互联网背景下商业模式的变革以及融合路径（朱松林，2015）。有研究认为互联网发展背景下，传统出版业需要积极与互联网行业融合。需要充分利用新兴技术，如云计算、大数据等推进传统出版业从多角度、全方位开发新发展领域（徐宪江，2016）。有观点认为，当前应以新兴技术为引擎，综合布局传统出版的资源，寻求传统出版发展的同时，积极探寻与现代出版的融合，实现二者的共同发展（李雪芹，2016）。

四是主体、要素、经营模式结合视角的阐述。有研究认为出版融合主要从三个层面实现，即内容资源、机构以及与其他传媒产业的融合（郭慧，2008）。有研究认为想要达到内容、技术、平台与人才之间的融合，需要构建综合性组织架构，建立整合型传播系统、管理机制与经营模式（刘蒙之和刘战伟，2018）。

2. 出版媒介融合的内涵研究综述

出版媒介可以理解为出版内容传播的介质或者生产内容传播介质的组织（曹继东，2016）。广义的"出版媒介融合"是指媒介的不同要素与其不同的载体相融合、合作与汇聚。狭义的"出版媒介融合"被认为是在多种媒介之间建立的聚合，进而打造一套新的媒介形式，例如网络出版等。辛文婷和李宥儒（2010）认为出版传播视角下的"媒介融合"是指传统的纸质媒介在保留其纸质媒介形态情况下，通过使用其他内容资源和多种媒介元素提高纸质图书的经营能力与竞争能力，使出版传播的渠道与方式实现多样化以及不断让图书出版的范围和形式得以拓展。吕进（2010）认为图书出版的媒介融合可以界定为出版社通过联合成为出版传媒集团，从而能够共享资源与信息，在出版内容与形式、阅读方式以及营销手段与策略等出版流程方面进行融合发展。陈驹（2008）认为通过应用其他媒介的传播功能将内容进行传播以及实现互动，即是图书出版媒介的融合。

出版媒介融合的重要表现形态是"跨媒体出版"。刘茂林（2005）将"跨媒体出版"界定为"出版者同时传输相同内容到不同媒体上以满足受众的不同需求的过程"。并且认为，"跨媒体出版的基本特征包含内容数字化与内容个性化"。尹章池和郭慧（2009）研究指出，出版媒介融合可以表现为三种主体融合的形态，即网络、内容与终端。在媒介融合过程中传统媒介与新型媒介既相互竞争，又并行发展，二者处于相互影响、相互渗透、相互挤压的状态。传统出版需要牢牢把握发展主动权，建立用户思维，谨记内容为王的宗旨，发掘新的营销模式，善于利用新媒体技术才能让出版业实现长足的发展。

四、出版融合驱动因素相关研究分析

通过分析已有研究文献，我们发现学术界对出版融合的驱动因素进行了大量研究，包括多个视角。我们对其进行归纳与分类，可以分为以下几个类别。

（一）技术因素驱动相关研究分析

伴随着媒介融合带来的出版行业的巨大变革，技术进步正是这一巨大变革的有力支撑。信息传播技术的创新是驱动媒介融合、裂变与渗透的根本因素（崔保国，1999）。丁柏铨（2011）、肖叶飞（2011）研究显示，技术因素是推动我国媒介融合发展的动因之一。吴文涛和张舒予（2016）研究认为广义的技术创新是致使媒体融合的肇始动因。① 技术是推动出版产

---

① 参见吴文涛、张舒予：《技术创新视角下"媒体融合"动因、内涵及趋向》，《中国出版》2016 年第 14 期。

业融合发展的关键要素。传统媒体需要尝试应用各种新技术，不断探寻传统出版与现代出版之间融合的路径与模式，争取拿到未来竞争舞台的入场券。加之 5G、区块链、虚拟现实、大数据、云平台等新技术的不断发展，不同形式和范式的媒介传播形态的出现，出版融合一定会呈现更加多样的局面。

（二）社会因素驱动相关研究分析

社会变革是推动出版融合的重要因素，网民数量尤其是手机网民数量的迅速上升、阅读方式的转变、消费者群体的转移都加速了出版业市场的变革，也明确了出版业的发展方向。出版业承担着继承和传播中华文化的重任，是文化产业的支柱和基础。文化的产生与发展自始至终都是依赖人去积累、创造、沉淀，最后结出果实，只有创新出版融合路径，才能推动社会主义文化事业的发展，完善出版融合业态。

（三）制度因素驱动相关研究分析

传统出版与现代出版深度融合发展是出版业的发展趋势，这其中少不了政策和制度的驱动。慎海雄（2018）指出主流媒体不能故步自封，要在大众看得到听得到的地方发声，宣扬主流的、正能量的文化。传统媒体需要以积极的态度面对新环境、拥抱新理念，适当应用新技术不断拓展传统媒体发展领域。传统媒体不应该将数字化当成洪水猛兽，只有怀着开放包容的心态才能在融合发展的道路上获得机遇。如果我们拒绝改变，那将是一条死胡同。

近年来，国家高度重视各行业融合发展，先后出台多项政策将媒体融合上升为国家战略，在政策和财政上予以大力支持，而在媒体融合领域当中，出版融合是核心构成，因此，拥抱现代出版，努力探寻并深入推进传统出版与现代出版实质性融合发展是出版业的必由之路。在经济因素方面，中国高举改革开放旗帜，进一步推进市场化，坚持对外开放，所以在当前情况下，出版社在以社会效益作为前提与保障的情况下，也需要获取相应的经济效益。出版企业一定要始终不忘初心、牢记使命，秉持创新、协调、绿色、开放、共享的新发展理念，以创新为引擎，生产更多优秀的文化产品，不断提高创造社会效益与经济效益的能力。

（四）用户需求驱动相关研究分析

学者莱文森提出观点认为，媒介演进遵循"人性化趋势"。该观点认为受众是驱动媒介演进的重要力量。基于传播学中的使用与满足理论，受众决定媒介的传播过程，对媒介的发展具有积极的驱动作用。在使用过程中，只有当前媒介能够满足受众的消费需求的情况下，这种媒介才有可能被受众在后续行为中继续选择。受众的复合式的消费需求与其交互式的互动需求是驱动媒介融合的重要力量。张轶楠（2016）研究认为受众的使用媒介的需求与习惯以及受众的心理需求驱动了电视新闻报道媒介融合变革。刘美玲（2017）研究认为受众需求是驱动媒介融合的根本原因。用户群体的变化是出版融合的重要驱动力，当今世界有40亿网民，中国的网民数量已经达到8.02亿人，文化产品消费者的阅读方式和生活方式的改变，催生传统出版也随之变化，向现代出版转化。信息技术的迅速发展使移动智能终端与人们的生活形影不离，手机网民比重占98.3%。当前，网络媒体对于人们日常生活、学习、工作的重要性与日俱增，是人们获取信息、交流与沟通以及生活与工作等基本生存活动的主要工具。媒体融合和转型升级，正在成为时代的主流。

（五）多方因素综合驱动相关研究分析

在驱动出版融合发展的因素研究方面，陈驹（2008）研究认为驱动出版媒介融合的因素包括出版产业发展改革、读者阅读心理变化、图书传媒化、传媒与消费文化相互之间的作用以及不同媒体功能之间的补充与共同演进。邵菊芳（2009）认为传统出版与网络出版相互融合与结合会促进良好经济效益和社会效益的产生。代玉梅（2011）认为制度和技术是推动中国出版业变革的主要因素，其中，制度因素能够推动出版社从事业单位转变为企业，依靠现代管理制度驱动出版业发展与改革，技术比如数字网络的发展与普及能够推动出版产业的转型升级发展。

杨玲（2013）认为"媒介融合"在出版领域的投射效应，体现为出版媒介的融合发展。出版媒介融合是在政治、经济、社会、文化和技术等因素的共同协作推动作用下不断演进的。曹继东（2016）研究认为"全球意识"与"全球出版"驱动中国出版融合发展，经济因素和商业利益驱动中国出版融合发展，政治因素主导和控制中国出版融合发展方向。关于经济因素与商业利益因素驱动，曹继东研究认为传统出版产业呈现增长迟缓、停滞，乃至萎缩的状态，经济因素和商业利益推动传统出版和新兴出版融合发展，具体表现为：实体书店倒闭潮，传统出版产业增长整体迟缓，融合营销模式兴起，新兴出版产业增长整体向好。

五、出版融合模式相关研究分析

曹继东（2016）认为在全面深化出版体制改革的规制背景下，传统出版和新兴出版融合的发展模式包含全媒体融合、融合出版、关系出版三种基本范型。全媒体融合范式是指以文字、图片、声、光、电、数字等载体和技术手段，对我国出版的内容、渠道和功能进行全面、立体的整合。融合出版范型是指在出版业通过使用新技术，使得传统出版与新兴出版能够实现平台合作，从而为消费者提供融合型出版产品及服务。通过在文化、制度、组织、资本几方面实现融合，而形成的中国出版融合发展模式，核心特征是"融合共赢"。我们通过相关研究分析，进一步将融合发展模式归纳为以下几类。

（一）以机制与治理模式转型为主导的相关研究分析

关系出版范型是中国出版行业以关系为基础，依赖于人性的分享动机，形成的出版社区，进而通过应用现代企业管理制度，通过开展市场定位，有效整合资源实现有效运营。通过打通"传统出版"和"数字出版等新兴出版"两个用户群，开拓新兴出版市场，而形成的一种中国出版融合发展模式。①邱楚芝（2011）的研究显示，我国数字出版业具有三种价值链治理模式，即内容提供商主导、终端设备制造商主导、电信运营商主导。张大伟（2010）认为数字出版的发展极大地推动了全媒体出版模式的进展。②麦尚文（2012）在其专著《全媒体融合模式研究》中剖析了中国报业全媒体融合发展模式的第一个五年即2006—2011年间，中国报业转型的理论逻辑和现实选择研究。在其专著中，从融合研究的"关系"视角，阐释了全媒体重构"新闻"的逻辑与内涵、全媒体融合的理论与实践模式、全媒体的"身份焦虑"与融合文化构建、"关系为王"的理论诠释图式等。

（二）以资本整合模式为主导的相关研究分析

万智、胡娟和李舸（2018）认为出版业转型可以通过整合资源，依托资本平台，创新机制体制，进一步提出外延并购、资产剥离、金融投资、股权激励等几类模式。其中，股权激励，是通过资本运作推动体制机制创新的重要表现。朱丽霞（2017）分析了图书出版媒介融合下的发展模式，需要不断提高图书出版行业从业人员的媒介素养，需要提升图书出版媒介融合的水平和质量，需要科学选择媒介载体。

（三）以盈利模式转型为主导的相关研究分析

詹歆睿（2018）认为，当前各大出版企业紧随媒体融合的大潮，依托自身优势，探索出了一些适合自身的转型发展升级之路，出现了丰富多样的盈利模式。首先，来源于资源全新整合的全媒体产业链盈利模式是重要转型模

---

① 参见曹继东：《传统出版和新兴出版融合发展模式探析》，《出版科学》2016年第3期。

② 参见张大伟：《数字出版即全媒体出版论——对"数字出版"概念生产语境的一种分析》，《新闻大学》2010年第1期。

式。其次，由内容生产向内容服务转变，从而搭建数据库平台盈利模式。这种模式一般适用于学术类的专业出版企业，包含以下特征：内容专业性、资源富足性、查阅方便性。最后，由传统出版跨界发展的资本融合盈利模式，是目前大型传统出版企业转型升级的主流形式，主要包括发掘与自身行业有关领域的内生式跨界发展，与相关领域有影响力企业合作的合作式跨界发展，及传统出版企业通过并购、入股等方式实现跨界发展。[①]

（四）以媒介融合模式为主导的相关研究分析

张宏（2012）从媒介融合视角下分析了数字出版的两种内在基本模式。从媒介技术融合视角下，数字出版本身的流程可被称为媒介技术融合的结果。媒介技术融合下的数字出版基本模式可以表现为：内容资源通过数字媒介技术融合，而后实现数字出版传播。媒介产业融合下的数字出版内在基本模式可以概况为：传统出版通过与新媒介融合（互联网等）形成的新组织和产业媒介联盟，然后实现数字出版，即数字化内容资源的组织内共享并向受众数字传播。

六、出版融合发展战略相关研究分析

（一）转型升级再造战略相关研究分析

转型升级再造战略是指以传统出版业务为基础，纳入数字出版战略与业务，扩大传统出版的原有边界。宋涛（2018）提出传统出版与数字出版融合发展的途径包括：加强优势互补，找准定位；整合资源，加强跨领域合作；加强信息出版行业管理，推行绿色行业发展。阳继波（2018）认为传统出版和新兴出版融合发展应该让"内容"和"渠道"相互捆绑、"人才"和"技术"

---

① 参见詹歆睿：《媒体融合下出版转型发展模式探析》，《出版广角》2018 年第 6 期。

共同带领、让"平台"和"项目"打好配合。

关欣（2018）认为要促进我国传统图书出版与新媒体融合，可从以下方面入手：重新定位与再开发传统图书出版的内容资源价值，建设与开拓传统图书出版业的特色传播平台，改革传统图书出版企业内部的部门组织架构，优化传统图书出版企业的专业技术人才队伍。刘燕（2018）认为中小出版社在融合发展方面，可以升级出版社发展标准，建立健全转型相关制度；进行出版知识资源整合，建立知识数据库；建立自己的网络运营平台，深化与其他网络运营商的合作；将图书产品内容数据化、碎片化，开展多元模式的图书发行模式；转变营销思路，畅通电子商务营销渠道；组建新媒体运营、电子化编辑等高素质团队。

柳亚敏（2018）认为传统媒体强化"融合发展"理念，要更加自觉和主动地适应互联网持续不断、闪变突变的特性，从阵地建设、生态业态、内容共享、传播手段、信息分析、广告运营等方面进行根本性变革和调整。例如，从单一的纸媒报道模式到"三微一端"，让报道更加多元化，使产品更加多样化，从而更好地适应新形势的发展，走上传统媒体与新媒体融合发展的道路。刘岩（2018）认为在推进数字出版与传统出版融合的过程中，传统出版要提高认识，态度积极，制定规划，分步实施；传统出版业需要积累内容资源，并通过数字化手段和技术进行存储；需要探寻建立传统出版与数字出版整合型的销售网络渠道；传统出版要有战略地与数字出版进行融合。

潘志娟（2018）探讨了译林出版社在数字化转型方面的探索和尝试，并从三个方面论述了传统教育出版企业如何应对数字化浪潮的冲击，即发挥内容优势，向知识服务转型；加强与新兴内容企业的合作，创新出版模式；重视人才培养，打造全能型的出版队伍。张桂梅（2018）认为通过以下途径推进融合发展，即借鉴新兴出版的各项优点，将传统出版与新兴出版进行有效融合；通过创新战略变革生产与服务运营。陈燕和胡建华（2018）认为新媒体融合环境下传统出版应该推进内容资源数字化、努力培养复合型出版人才、以合作的形式突破传统出版。

付佳（2018）认为传统出版业应以内容为本，运用战略融合、产业链融合以及技术融合来探索出版业的蓬勃发展之路，把转型升级和创新放在重要位置，以积极的态度面对新的出版环境，构造全新的出版流程，实现出版产业的可持续发展。康倩（2017）认为作为传统出版从业者，在当前情境下，需要不断转变观念，摈弃陈旧的思维方式，不断重新定义自身角色和职责。需要不断提升自身适应数字化环境的能力，通过培训、学习不断提升自己的专业知识储备与综合能力。韩刚立和陈菁（2018）认为内容、渠道和产业（资本）三个维度是实现融合发展的重要理念。其一，融合出版要以内容为王，出版"走出去"的目的是让外国读者更好地认识中国、了解中国，而优质的内容才是这一目标实现的关键。其二，出版企业应根据不同国家和地区读者的阅读倾向和喜好，有针对性地制定营销策略，线上线下相融合，生产适销对路的文化产品，进一步扩大中华文化的影响力。其三，深挖品牌价值，吸引投资，进行市场化、公司化运营，建立新型商业模式，实现出版企业的商业价值。

李淳宁（2018）研究认为可以从以下方面着手实现出版产业融合：首先，提高认识，转变观念，将新知识、新思想融入企业发展的规划设计中；其次，重视高层次人才的培养和引进，进一步优化人才结构，加强领军人才和复合型人才队伍建设；再次，要提高基于新平台的运营能力，企业不仅要面向作者、书店、读者，也要与技术服务商、网络运营商、新媒体等加强联系，在沟通中互惠互利，实现商业价值；最后，坚持并拓展出版企业优势，即坚持把社会效益放在首位，把好导向关、坚持并拓展出版品牌优势、坚持并拓展专业特色优势。

（二）一体化融合发展战略相关研究分析

一体化战略主要是运用新技术突破产业链约束，应用资本运作达到跨界融合的目的。要从全局化出发，坚持开放共享、一体化理念，打破传统出版的思维与运营领域。① 王兆鹏（2017）促进融合发展需要从以下三个方面入手：一是理念融合，所谓理念融合，就是要形成新思维、新观念、新认识，促进出版业适应融合发展的新进程，为推动媒体融合发展奠定基础；二是技术融合，技术是推动媒体融合发展的主要因素，在某种程度上，技术跟内容一样，也是核心竞争力；三是产品融合，媒体融合发展应立足内容建设，赢得内容优势才能获得发展优势。在内容建设上，要着力打造多元化、个性化、对象化的"融合产品"。范军和肖璐（2016）研究显示，目前传统出版企业在激烈的市场竞争环境下面临人才结构失衡、吸引力弱化、高端人才匮乏等问题。要逐步解决传统出版企业人力资源管理问题，需要探索跨界融合的人才管理新方式，主要可以通过实行分层分类的管理机制、建立市场化的薪酬激励方式、探索人才跨界合作培养等办法来实现。

（三）分阶段发展战略相关研究分析

费瑞波（2018）根据不同出版融合阶段提出不同发展路径。在出版业融合发展的开始阶段，可以围绕内容，通过机制和流程创新与变革逐渐朝融合发展方向推进。在中期可以选择布局出版产业链路径，积极促进出版业与大数据、区块链、物联网等前沿数字技术的融合，推动传统出版业与其他媒介产业快速融合，如影视娱乐、动画电影、电子商务等。费瑞波（2018）认为出版产业的融合后期应走创新路径，积极引进新技术和高端人才，增强企业实力，再通过引资和政府优惠政策切实解决出版企业难题，关键要引导和辅助出版业培养和形成一定的创新能力，不断形成核心竞争优势。另外，需要加大政策扶植力度，强化新型出版业的创新与研发能力，以创新驱动发展，以创新谋求发展。②

---

① 参见吴尚之：《积极推进传统出版与新兴媒体融合发展　实现中国出版业繁荣发展的新未来》，《中国出版》2014 年第 17 期。

② 参见费瑞波：《出版产业融合创新研究：价值创造与路径选择》，《出版科学》2018 年第 1 期。

七、出版融合实现路径相关研究分析

已有文献对出版融合实现路径做了大量的研究，实现路径的视角很多。黄先蓉等提出将出版融合的发展路径归结为三种模式：以应用技术为主导进行的渗透型发展路径；以内容主导的交叉型发展路径；以资本主导的重组型发展路径。① 曹继东（2014）认为传统媒体与新媒体的融合发展路径可以归纳为以下几种：文化的融合路径、产业的融合路径、资本的融合路径、技术的融合路径、跨界融合路径。曹继东（2016）将中国出版融合的实现途径提炼为"出版与科技、文化之间形成的融合，出版产业的融合，以及'人'与出版之间的融合"。王豫（2016）认为传统出版与新兴出版融合通过以下方面实现，即资本、编辑出版流程、组织结构、运营主体、技术的融合及渠道与营销之间的融合。我们对文献进行了归纳总结分析，将出版融合实现路径归纳为以下方面。

（一）以业态转型升级为主导的发展路径相关研究分析

曹继东（2014）提出纸媒数字化转型与融合发展的现实路径包括：在纸质出版中通过市场对资源的配置，促进纸媒出版寻找融合发展实现的突破口；纸媒和文化融合发展，助力打造出版核心价值和核心竞争力；纸媒和技术之间的融合发展，实现了传统出版企业业务流程数字化再造；通过资本运作实现上市融资，完善现代企业制度，明确市场主体地位；纸媒出版不同业态之间跨行业、跨地区、跨领域融合发展；纸质出版通过"引进来"与"走出去"融合，借助交流机会，大力提升中华文化的国际影响力。郭向晖（2015）认为传统出版单位可以从以下方面推进与新媒体统合发展：其一是全方位资源融合；其二是多领域业态融合；其三是新思维营销融合。资源融合中，首先是内容资源融合，包括存量内容资源的数字化融合、选题策划的

---

① 参见黄先蓉、刘玲武：《论出版融媒体发展的动因与路径》，《出版广角》2018 年第 2 期。

融合以及数字内容资源在纸质出版的融合应用。其次，在资源融合的范畴中，包含以下资源融合，即专家、编辑、产品平台、组织机构、生产流程的融合。在多领域业态融合中，包括构建数字教育系统解决方案、构建数字学术系统解决方案、构建数字健康全媒体解决方案、构建数字印刷解决方案。在新思维营销融合中，包括全面拓展多样化的数字产品营销渠道，加强对纸质销售渠道的培训转化，加强两个销售体系的融合与进一步协同运营。

夏德元（2018）研究显示，当前有以下方向可供传统出版和现代出版的融合实践进行尝试：一是在互联网思维主导下，始终围绕图书出版布局出版格局，使其成为主要传播媒介，采用互联网思维；二是顺应阅读模式碎片化浪潮，增加更多数字化、移动化阅读资料的供给；三是让网络出版占据优先地位，充分利用大数据平台，将产业链按照逆向方向延伸与展开。汪曙华和曾绚琦（2014）的研究显示出版业应勇于接受挑战和困境，抓住发展机遇，实现转型发展，需要实施数字转型，出版企业将出版产品通过数字化的表现形式进一步通过网络进行传播销售；出版企业需要实现集团化发展；出版业与其他相关产业发生交叉与渗透。杨西京（2014）研究结论认为："剖析传统出版机构内核，传统出版和现代出版的融合并不代表着纸质出版要被抛弃，而是把新媒体的成长植根于传统出版的进化当中，从而达到一体化发展的目标。在融合发展的进程中，出版单位必须占据主导地位。"研究认为融合应该从以下方面入手：其一，实现观念的融合，要在观念和思维上融入互联网思维；其二，要实现内容制作的融合，其关键在于利用数字技术；其三，实现技术的融合；其四，编辑出版流程的融合；其五，实现营销融合；其六，在于组织结构的融合；其七，实现介质融合。

陈超英（2010）提出，传统出版社要想有条不紊地过渡到数字出版，务必要让自身有三个变化，同时控制三种资源，进而搭建两个平台。第一，由"做"还是"不做"向"怎么做"转变，在纸质图书市场逐渐衰落的情况下，传统出版社的视野必须要有前瞻性，同时做到知行合一，落实具体可行的措施。纸上谈兵，畏缩不前，只能在激烈的市场竞争中处于被动的局面。第二，从"单兵作战"变为"强强联合"。第三，提升编辑的自身素质，使其从单一的模式向多媒体复合型进化。与此同时，在纷繁复杂的数据内容中能够筛选并抓住优质的资源、牢牢把控图书的信息网络传播权、掌握一批高水平的作者资源；搭建内容整合平台及搭建营销整合平台是出版社的当务之急。[①] 吴尚之（2014）指出推进传统出版与新兴出版融合发展的思路包括：一是将政策作为向导，为推动出版业融合发展提供有力支撑；二是从内容建设方面立足，成就品牌的力量，要始终坚持"内容为王"，注重提升内容品质，实施精品战略，加强创新，要遵循新媒体传播规律；三是将先进技术作为发展支柱，促进出版业的快速、有利融合；四是应用全局化的格局与视野，努力扩充和增大产业的经营与服务界限。

（二）以内容与产品创新为核心的发展路径相关研究分析

有研究认为，当下出版业应该从内容生产、应用场景、项目运营、品牌等方面着手，提升这些方面的高质量工作的开展，不断创新与开拓，提升产品与服务的高质量供给（陆先高，2018）。万智、胡娟和李舸（2018）研究显示出版业融合发展有多种途径，其中之一是"创意＋出版"，其含义是基于内容资源，打通内容产业内部分业态之间的交互与聚合，提升价值链的价值创造能力。万智、胡娟和李舸（2018）认为"出版＋文化创意"，是以用户为中心，实现 IP 全产业链运营，包括以下几种模式：IP 源头的文学作品、IP 源头的教育内容、IP 源头的专业垂直内容。吴尚之（2014）指出推进传统出版与新兴出版融合发展需要以创新驱动发展，以内容建设为根本，着力打造优质品牌，包括：加强创新，以创新为引擎驱动出版业发展，始终坚持"内容为王"，注重提升内容品质，实施精品战略，充分遵循新媒体传播规律。

张波（2015）总结了我国出版融合发展，认为融合发展体现之一为出版

---

① 参见陈超英：《传统出版社向数字出版跨越的三条路径》，《出版发行研究》2010 年第 7 期。

内容的转换创新。为了达到出版内容的转换创新，就不得不在内容建设和呈现方式上有所建树。从内容建设上来讲，依据媒介平台特点进行特色创作或调整来转变；从呈现方式上来讲，将出版内容中传统的文字信息转换为数字或者视听文本。Murray（2003）认为，20 世纪 90 年代开始的"媒体融合"经历三次浪潮，Murray 所提出的"媒体融合"的三次浪潮实际可以理解为是"媒体融合"的三条进路。其中，第三次是"内容流"，即通过互联网实现一个平台向另一个平台的内容迁移。王兆鹏（2017）认为，媒体融合需要从产品融合入手。说到产品融合，内容发展是媒体融合之基，内容优势是媒体融合之要。如何进行内容建设，发展个性化、多样化、对象化的"融合产品"是必经之路。什么是产品融合，通俗来讲就是要以产品为核心，以新媒体手段为途径，以互联网宣传为延伸从数量和质量上不断推出迎合不同用户需求的媒体产品，从而达到收益最大化。

（三）以技术创新为引擎的发展路径相关研究分析

万智、胡娟和李舸（2018）认为出版业融合发展路径之一是将技术深入融合到出版当中。强调以技术为支撑，不断创新与变革媒体与业态，促进产品与服务的升级，进而不断拓展产业边界。仇文平（2018）分析了传统出版在数字化时代融合发展的途径：建立起新型的思维融合方式、推动优质图书快速数字化、打造严谨的数字出版产业链、创新最优的"互联网＋"出版模式、拓宽更广阔的政策扶持空间。李雪昆（2018）认为，媒体融合的效果一目了然，换句话说，新技术是新媒体之母，同时也指导着新媒体的前进方向。吴尚之（2014）指出推进传统出版的转型发展过程当中，需要将新技术作为引擎，让新技术形成新驱动力；从全局高度、总体化视野将产业的服务边界进行扩充。王豫（2016）梳理了传统出版与新兴媒体融合发展形态，认为在出版融合的过程中，技术融合是重中之重。技术融合是指全方位多层次吸纳并合理利用先进的媒体技术和传播技术，推动新兴媒体的迅速发展，营造新业态。王兆鹏（2017）认为推进融合发展需要从技术融合入手，媒体融合、技术融合、先进技术体系是鱼与水一般的关系，相互依存。从某一方面来讲，技术跟内容同为核心竞争力。

孙赫男（2018）从背景、研究方法、数据分析、实践应用方面对如何建立面向知识服务应用的人工智能研究进行了系统剖析，并深层次地讨论了人工智能技术、专业内容和学术内容的融合方法。通过对 Yewno、沃森医生、德勤"小勤人"三个案例的解析，介绍了知识图谱技术的行业应用方式，以及如何利用专业内容，形成服务社会的人工智能应用。该研究分析了 Yewno 在知识服务模式创新方面的经验：第一，对知识节点的挖掘；第二，形成非常细颗粒度的知识结构；第三，通过摘要性地对信息进行解读，结合知识的可视化思路去创新和开发新产品。王蕊等（2018）分析了出版内容与人工智能的融合与再造路径，包括以下方面：借力智能技术，采集内容迅捷；人机协作模式，优化内容制作；智能精准分析，提升审核效率。郭栋和施红（2018）研究认为在推进人工智能与数字出版融合发展方面，需要转变思路应对人工智能带来的新变革、重视数字出版复合型人才的培养和发展、拓展传播媒介范围等。

莫远明和黄江华（2018）基于 AI（人工智能）在数字出版领域的应用，从 AI+IP（知识产权）+TT（智库）的视角，深入探讨了数字出版融合发展可以凭借的途径。首先，进一步完善基于 AI+IP+TT 的数字出版信息资源体系，构建综合云平台系统。其次，政府应引导与鼓励各地成立 AI+IP+TT 数字出版产业协同创意研发中心。并且通过部门协调一致，充分推进 AI+IP+TT 数字出版产业的聚集区域建设，发挥其战略协同作用。[①]

（四）以渠道与平台发展为引领的发展路径相关研究分析

张波（2015）总结了我国出版融合发展，认为融合发展体现为线上线下一体化发展。其最初的体现形式是书店在互联网冲击下的发展，即线上与线

---

① 参见莫远明、黄江华：《AI+IP+TT 视野下的数字出版融合发展研究》，《出版广角》2018 年第 1 期。

下书店的结合。随后，沿着出版产业链向上延伸，出版社自行搭建的互联网平台，以及借助微博、微信公众号进行推广与促销的形式。有观点认为内容、平台、经营管理、渠道几方面结合发展构成媒体融合的路径，最为根本的是平台的融合（宋建武，2018）。主流媒体平台发展的基础是搭建独立自主的、可控制的互联网平台。有序搭建现代化的传播体系，强化与完善政策的有效供给，着力促进主流媒体掌握与时俱进的核心技术。王豫（2016）梳理了传统出版与新兴媒体融合发展形态，认为营销与渠道融合在实现出版融合的过程中也有着不可替代的作用。渠道与营销融合是指以线上商店为依托，经营数字产品，充分关注并利用新兴媒体营销的方法，从而使得经营业绩达到一个新的水平。Murray（2003）认为，20世纪90年代开始的"媒体融合"所经历的三次浪潮中，第二次是关于媒体的数字化改造，这是实现媒体融合的重要路径之一。

（五）以生产方式转变为主导的发展路径相关研究分析

闫翔和彭天赦（2018）以选题策划、作者服务、呈现形式的选择、图书增值服务、业务升级等五种场景为背景，简要概述了融合出版工作置身于五种场景的情况下可能涉及的思考模式和实践方法。梁思雨、丛挺和程海燕（2018）以知识服务平台为支撑，分析了产品、运营、产业主体的融合。王豫（2016）梳理了传统出版与新兴媒体融合发展形态，认为决定出版融合成败的关键因素之一是编辑出版流程是否能够实现有效融合，从传统的出版流程演变为中央厨房形态的复合型流程。有观点认为，创新能力的提升是实现融合出版迫切需要解决的问题（张彩红，2018）。在出版产业升级的道路上，一方面要充分考虑内容、分发途径、传播、产品、生产的创新；另一方面，需要不断提升产业的传播、导向、竞争和影响能力。信息技术和互联网的飞速发展对出版业形成了巨大冲击，传统出版需要不断探寻数字化转型思路，提升产品与服务的创新能力。出版业需要通过创新内容与技术手段，不断提升数字产品的盈利、营销、服务、创新与可持续发展能力。让数字产品的营销、盈利以及服务能力得到全方位的发展，锻造融合出版的"航空母舰"企业，通过优秀企业带动落后企业，在行业范围内实现资源有效整合，提升整个行业的创新能力、可持续发展能力。

王雪丽、刘蒙之和刘战伟等学者都分别强调了融合发展中互联网思维的应用。王雪丽（2015）认为在融合发展的大趋势下，出版业需要结合互联网思维进行布局，以信息与传播技术为依托，以用户需求为导向，对出版流程进行再造。当然，在这一过程中，要始终坚守出版业的社会属性的底线。刘蒙之和刘战伟（2016）认为强化互联网思维，落实"四个坚持"，即坚持"内容为王"与渠道制胜；坚持人才为本与技术支撑；坚持平台建设与项目带动；坚持市场主导与政府引导。让传统出版业与新兴出版形成有效融合，共同发展，通过双方的交流、互动不断创造新业态与新途径，重构出版产业核心竞争力。张波（2015）研究认为我国出版融合发展的路径之一是实现开发与产出可持续化。开发与产出可持续化成为出版业的常态，让出版业的开发与产出充分形成可持续发展的良性循环，网络主导的新兴出版业会反哺传统出版，与之相对，传统出版是新兴出版的根，为新兴出版的持续开发提供源源不断的生命力。

（六）以体制机制改革为保障的发展路径相关研究分析

吴尚之（2014）指出政策是传统出版和新兴出版融合的指南针，给出版行业的融合发展提供动力。张波（2015）通过分析指出我国出版融合发展的路径之一是实现动态化与兼容化配套监管。动态化监管，具体来说就是与出版融合相关的法律法规不断革故鼎新，监管策略因势利导，而在传统与新兴相容的背景下，配套监管的关键环节是做到统筹新旧出版业和线上与实体的兼容化。王豫（2016）梳理了传统出版与新兴媒体融合发展的形态，认为融合主要包括运营主体、组织结构两方面的融合。运营主体融合，是指凭借广电、三网融合与出版机构职责整合，形成由全媒体构成的企业集群和运营平台。关于组织结构，企业需要在尊重融合规律的基础上，进行组织结构再造，构建有利于充分参与市场竞争以及全媒体一体化发展的高效运营机制。杨西京（2014）研究认为需要从以下方面推进出版融合发展：应当制定融合发展的具体实施及扶持办法；大力扶持电子书；打破出版业跨界融合发展的屏障；重视数字版权管理，编辑出版机制也需要紧跟形势，培养出能够为出版融合和数字出版作贡献的实用型人才。

（七）以资本运营为动力的发展路径相关研究分析

万智、胡娟和李舸（2018）认为出版业融合发展的路径之一是出版＋资源运营。具体来说，该路径是指借助资本运营，能够完成产业内部各细分业态的有效融合，以及出版业与外部其他产业的融合，使得产业资源配置达到更大效率。进一步带动产业结构优化，促进产业更加具有创造力。进一步将资源配置、创造性机制体制和产业结构调整打造成为产业壮大的"三驾马车"。郭向晖（2015）认为传统出版单位可以从资本融合视角推进与新媒体统合发展，整合资本融合包括跨产业并购、开展项目合作、投资新建公司。王豫（2016）结合行业实践，梳理了传统出版向新兴出版转型的演进历程，得到结论认为资本是推动融合发展的重要因素。资本融合是在资本市场上通过参股、并购等资本运作，利用产权的归属来对整个业务进行把控，从而推进融合。Murray（2003）对"媒体融合"的发展历程进行了归纳，认为从20世纪90年代开始的"媒体融合"经历三次浪潮。其中，第一次是通过对主流媒体的直接收购与大规模兼并实现的跨媒体所有权的集团化。

（八）以聚焦专业特性为依托的发展路径相关研究分析

李小燕等（2019）提出未来我国科技期刊的媒体融合发展需要充分应用互联网思维，以满足客户需求为目标，致力于构建一体化全媒体融合发展生态链。李小燕等（2019）认为，集约化或集群化协同发展，集聚优势合力；打造立体化网络平台，创新知识服务模式；构建全媒体产业链，形成跨媒体生态系统；构建传播媒体矩阵，实现立体运营；尝试跨界融合经营，实现利润增长。是我国未来科技期刊媒体融合发展的方向。

陆芳（2018）对科技报刊与新媒体技术融合发展趋势中，科技报刊的能力建设，从以下方面入手：以建设内容为主、用户至上的传播理念；完善政策支持，提供技术保障；加强信息化建设，杜绝形式上的媒体融合；提升编辑人员新媒体出版的能力；借助新媒体加强文化传播。张耀铭（2018）探讨了学术期刊与新媒体融合的模式，包括以下类型：媒体融合的公益性模式，即建设国家级的数字化学术传播平台；媒体融合的市场化模式，即"平台型媒体"；媒体融合的专业化模式，即由学术集刊到学术新媒体；媒体融合的集群化模式，即从学术期刊到学术新媒体。郑润萍（2018）分析了新闻出版与广播电视产业融合的方式，包括：促进平台融合、促进技术融合、促进内容融合、促进影响融合、促进传播模式的创新发展、构建全媒体产业链、关注传媒业内部的利益调整问题。

薛赛男（2017）以《南都娱乐周刊》微信公众号为例探讨了媒介融合视角下传统媒体的微信运营策略，提出启用 UGC 模式，增加服务功能，开设直播板块等建议。徐蕾（2018）对媒介融合背景下《人民日报》数字化转型的过程、转型的内容进行了分析。《人民日报》的发展演化历程可以归纳为以下几个阶段，即报纸网络化、报网融合、新媒体拓展、全媒体覆盖。数字化转型的内容包括技术融合、渠道融合、内容融合、互动融合。并提出加强内容建设，坚守信息高地；精确定位，完善用户体验；增强互动，强化读者黏性；适度经营，保持持续发展等策略。王珊珊（2018）认为一是新媒体的"抢占时机"与传统纸媒的内容生产模式"悬崖化"；二是新兴媒体在娱乐阅读的经营模式方面，与传统纸媒的内容受众"分层化"。并分析了报网融合的类型，包括"添丁进口"型、"家族联手"型、"跨界合作"型。

（九）以业态融合为主导的发展路径相关研究分析

通过分析可以发现，当前关于业态融合视角的路径，有观点认为出版融合发展主要有以下几个方向：行业内部融合，行业和新兴传媒行业的融合，行业和其他行业融合，出版媒介与其他媒介的融合。有研究认为出版业融合路径包含出版与科技之间的融合，出版与文化的融合，出版产业融合以及出版与"人"之间的融合发展。另有研究认为业内融合、跨媒体融合、跨行业融合三种形式是出版融合最常见的三种业态（梁小建，2012）。业内融合是指出版社之间的合并（资源的有效整合），民营出版企业与出版社之间的联盟与合作，国内外出版业协作。跨媒体融合的含义是指出版社与报纸、广播和网络等业态形成的融合。跨行业融合是指出版社多元化经营，以及非传媒业向出版业投资形成的交互式发展。[①]

黄先蓉和刘玲武（2015）对出版传媒业的"跨"融合事件进行进一步的研究，通过跨地区、跨媒体、跨行业、跨所有制兼并从而实现融合式发展。其中，跨地区融合主要是指专业出版社在国外进行收购或成立分社。跨行业融合主要是指出版机构为了实现跨界发展，与其他行业组织建立战略合作伙伴关系，积极投身相关衍生产品与服务的研发、生产与销售。跨媒体融合主要是指传统出版企业通过收购影视企业等途径，涉入影视行业，实现跨界发展。跨所有制融合主要是指国有出版资本与民营出版资本之间通过战略合作实现协作。[②] 有研究认为跨界拓展是我国出版融合发展的基本常态，而非相关性业务跨界、弱相关性业务跨界和强相关性业务跨界是出版业跨界拓展的三种基本类型（张波，2015）。

八、出版融合趋势相关研究分析

（一）出版融合趋势研究综述

罗森博格（Rosenberg，1963）提出了技术融合这一概念，后经过不断

---

① 参见梁小建：《文化强国建设的出版融合路径》，《出版发行研究》2012年第9期。
② 参见黄先蓉、刘玲武：《2015年出版传媒业融合发展的新态势》，《出版广角》2015年第Z1期。

演化，形成了媒介融合概念。罗杰·菲德勒（2011）研究认为，当前人们处在一个全媒体时代，这就意味着传媒业之间的壁垒被打破，越来越多的跨界竞争不断涌现。新兴媒介和其他媒介并不是你死我活的斗争，新媒介的出现也并不代表其他媒介就会完全消亡。新媒介的诞生就好像新生儿，是在传统媒介不断的积累和进化中产生的。在这种进化的过程中，新兴媒介得以迅速成长，传统媒介也能够与时俱进，时刻做出改变，顺应时代潮流，进一步满足消费者的需求。西方学者基于实践观察，将研究的重点放在技术、组织结构、内容资源、文化等方面的融合。1983 年，伊契尔·索勒·浦尔在 *Technologies of Freedom* 中提出"The Convergence of Modes"，译为"传播形态融合"。

尼葛洛庞帝（1978）提出观点认为在世纪之交的重要时刻，印刷出版业、计算机产业和广播电影产业呈现出融合发展的态势。美国学者安德鲁·纳齐森（Andrew Nachison）认为媒介融合是指不同媒体之间在战略、文化与操作层面形成的联盟，这些媒体组织包括传统的印刷、音频等组织，也包括新兴的如互动性数字媒体组织。出版融合是技术、范式和文化因素方面的融合（Jenkins，2001）。这其中，媒介融合的产业涉及传媒、信息服务、通信等行业。有学者认为媒介融合从核心来讲是对用户多样化、差异化需求提供更大可能性与更高水平的满足，而不是对差异化需求的回避与消极应对。媒介融合在不断地实现创新与迭代，传统媒介学习新兴媒介，同时也给新兴媒介提供生命力，让其更具底蕴，两者形成全方位多层次的融合，创造出更具活力和立体的传播功能。

新媒介的出现将会在一段时间内对整个社会发展与进程产生影响（郭庆光，2011）。传统媒介与新兴媒介之间实现融合，早已成为传媒业正在进行的日常实践（聂震宁，2014）。人类社会进入 21 世纪，新技术所催生的新媒介不可避免会侵吞传统媒介的疆土。唐立馨（2014）认为尽管数字出版是时代潮流不可逆转，但传统出版仍然不可或缺。在中国这个幅员辽阔，区域之间的文化经济发展不平衡的国家，短时间内数字出版完全把传统出版挤出历史舞台是不合理也是不可能的，两者应相互学习，在竞争中合作。

（二）媒介融合对中国出版的影响相关研究分析

翁昌寿（2009）研究显示，传统图书受到新型媒体的替代性威胁，这是由于文化消费方式主要是阅读方式产生了代际转移，从而传统出版未来发展方向不可逆转地向数字化转型。周蔚华（2011）研究认为技术是驱动出版媒介融合，进而带来出版业变革发展与演变的关键因素，两者之间呈现互动及螺旋上升的作用关系，通过两者互动，使得出版业格局发生变化，包含出版概念发生改变、出版范式与商业模式发生转变、传播方式发生更替、出版流程出现革新等。邱楚芝（2011）研究显示，数字出版发行平台能够为数字出版价值链创造大量价值，是其主要构成，同时内容资源的地位仍然同传统出版价值链一样重要，是形成数字出版价值链核心竞争力的决定性因素。尹连根和刘晓燕（2013）对广东省某报业集团 21 位一线记者进行深度访谈的研究发现，管理层所进行的融合实践活动，体现出来的主要是"姿态性融合"，不能够实现系统化数字转型工程。普通记者对于技术融合则主要持不合作或不认同的态度。在中国语境下，没有新闻融合与之相匹配的技术融合，不但只是"姿态性融合"，同时也是跛脚的融合。①

姜兆轩（2012）研究认为媒介融合发展趋势下，随着出版业的演化，竞争优势发生革命性变化，五种竞争力也同时都在随之变化。出版业内的已有竞争者如果想要如同过去一样吃独食是不可能的，在当前情势下，想要维护自己的地位，很多情况下需要依赖收购、联合和兼并等方法。伴随着准入标准的逐渐降低。新兴力量在发展上有了更多的机遇。未来，差异化经营将是各方占领优势制高点的重要环节；替代品是关于出版产业发展的重要力量，数字出版产品将对传统出版产品的生存和发展产生严重威胁，数字化转型是出版企业在当今取得竞争先机的关键因素；随着消费者生活、工作方式的多

---

① 参见尹连根、刘晓燕：《"姿态性融合"：中国报业转型的实证研究》，《新闻与传播研究》2013 年第 2 期。

样化，对文化产品的消费呈现多样化特征，这就形成了"长尾经济"，在这种背景下，企业想要取得竞争优势，需要充分应用差异化战略。

（三）中国出版业融合发展趋势相关研究分析

柳斌杰（2011）提出阅读习惯、消费理念、新技术以及世界出版业发展态势都迫切需要我国传统出版实现与数字出版的融合发展。周百义（2019）研究发现，虽然中国出版在融合出版发展方面取得了一定的进展，但是目前仍存在一些问题，包括数字出版的统计是否应单独设立一类还是等同于传统出版？对于此，该研究认为无论传统出版还是数字出版的统计，都应考虑出版的功能与属性，保证统计数据的科学性。该研究认为，目前在融合出版大潮中，传统出版单位遭遇了"冷"，主要体现在收入低、融合出版项目处于投入阶段、开展融合出版的传统出版企业数量较少。新型出版单位呈现了"热"，表现为：一是产品形态不断创新；二是不断运用资本的力量发展壮大；三是新型出版企业多是技术驱动型企业，具有创新基因，对处于风口的融合出版捷足先登。此外，该研究也指出，对于融合出版中人们普遍热衷的知识付费，应当恰当评价其作用与价值。

王雪丽（2015）研究认为，互联网新技术的发展突飞猛进、日新月异，新技术的运用与用户的需求相互促进，新技术的合理使用与用户真实需求相辅相成，微博、微信等新一代产品应运而生。伴随读者在网络的海洋里畅游，新兴出版逐渐接过了传统出版的接力棒。这也要求传统出版在继续继承自身长处的同时勇于开阔，握住网络的"手"，促进融合发展。[①] 顾丽萍（2018）认为，与新兴出版模式相比，传统出版不管是流程、选题还是出版的时间都过于冗长，同时还有着相当高的成本，介质也过于单一。反观新兴的出版介质，电脑、手机、平板等五花八门，充分满足年轻人的需求。张

---

① 参见王雪丽：《互联网思维下传统出版与新兴出版融合发展探析》，《科技传播》2015年第 14 期。

立、王飚和李广宇等（2017）经过调研得出结论认为，随着融合发展的推进，出版机构的融合发展将逐渐步入常态化。

甘慧（2018）认为传统出版业要坚持文化自信，传统出版业不能随波逐流，要充分认识自身长处，并将其合理利用，做到内容创新、版权维护，在新技术的带动下，突破原有的单一的呈现形式，做融合发展的弄潮儿，让新技术成为传统出版不断进步提升的发动机。梁小建（2012）认为，当前我国文化交流全球化与新闻出版国际化话语权缺失，信息传播数字化与新闻出版产业结构失衡，文化需求多样化与新闻出版业态单一，中国需要探索文化强国建设的新路径。① 张新新（2015）认为，当前我国传统出版业在受到西方出版集团进驻、民营企业迅猛发展的双重压力下，需要加快融合发展的步伐。

柳斌杰在 2013 年 3 月 8 日发表于《人民日报》的《坚持深化改革 力促融合发展——如何扎实推进文化强国建设》一文中指出，第三次工业革命所强调的"融合发展"是包括文化在内的人类发展的必然趋势。柳斌杰于2013 年 4 月 28 日在清华大学传媒发展论坛上进一步指出"提升媒体传播力的关键是如何走融合发展的路子。"并提到"传媒融合的背景和特点是指大传媒时代，融合成为主旋律。一是国际与国内传播的融合。二是官方和民间互动的舆论场正在形成。三是网上网下互动。四是媒介的内容和形式相互渗透。""传媒融合包括五个方面：一是传媒与经济的融合；二是传媒与文化的融合；三是传媒与技术的融合；四是传媒与资本的融合；五是传媒业态之间的融合。"柳斌杰于 2014 年 4 月 11 日在中国出版协会六届四次常务理事会议上指出，在出版强国建设中，出版家要做到在融合发展中壮大实力。主要包括古今中外文化内容的融合、技术的融合、业态的融合、产业的融合。②

巢乃鹏和袁光峰（2012）研究表明内容创新战略、渠道创新战略、全媒

---

① 参见梁小建：《文化强国建设的出版融合路径》，《出版发行研究》2012 年第 9 期。

② 参见朱侠：《中国版协召开六届四次常务理事会议，柳斌杰主持并讲话 出版家要履行建设文化强国使命》，《中国新闻出版广电报》2014 年 4 月 14 日。

介整合战略是我国推进媒介融合的三种重要战略。而出版理念和方式的转变，是这些战略实施的前提，也是传统出版业在媒介融合背景下选择基本战略体制的保障。① 有研究认为中国传统出版业融合发展的实现路径包含出版流程再造、拓展数字出版产业链、构建多元化商业模式，以及构建一套包含行政管理、市场服务、知识产权、人才保障的政策体系（张晗，2013）。吴尚之（2014）认为"未来的出版业将是传统出版与新兴出版、内容与科技深度融合的全新业态"②。

---

① 参见巢乃鹏、袁光峰：《媒介融合时代中国出版业的战略选择》，《出版发行研究》2012年第2期。

② 吴尚之：《积极推进传统出版与新兴媒体融合发展　实现中国出版业繁荣发展的新未来》，《中国出版》2014年第17期。

第二章　传统出版融合发展的路径分析

推动传统出版融合发展，是在新时代背景下实现出版业高质量发展、更好地满足人民日益增长的美好精神生活需要的重要途径；是出版业实现高质量发展、适应新技术新市场的必然要求。传统出版融合发展具有可行性，同时也存在一些问题，在可行性分析和问题分析的基础上，对传统出版融合发展的路径进行分析。

第一节　传统出版融合发展的可行性分析

近年来，网络技术、信息技术等都在快速发展，与传统方式相比，人们搜集信息、学习知识的方式更加多元化，获取的信息量更大，获取的知识范围更加宽广。在这一转变中，新兴媒体、新兴出版都给人们的精神生活带来了重要的影响。习近平总书记特别关注媒体融合，对其发展多次作出重要指示，"融合发展关键在融为一体、合而为一"，要求"尽快从相'加'阶段迈向相'融'阶段"。出版融合发展，是在新闻出版领域贯彻落实党中央关于媒体融合发展战略部署的重要举措。传统出版融合发展，是新时代出版业全面深入发展的基础性、战略性工作。传统出版融合发展具有可行性，主要在于：一是有国家政策支持，二是在传统出版企业主体方面具有可行性，三是其他多种因素推动传统出版融合发展。

一、国家政策支持

近 20 年来，数字化、网络化促使新兴出版业态快速发展，传统出版业受到较大的冲击，政府部门制定相关政策措施扶持和推动出版业发展。在各种相关政策的支持下，出版企业也从自身实际出发，加快企业转型。在约 20 年传统出版业发展的过程中，出版企业基本上经历了或正在经历数字出版、转型升级、出版融合和知识服务这四个阶段，其中，知识服务是融合发展的深入与拓展阶段。国家和行业主管部门出台了多项促进传统出版融合发展的政策措施，促进传统出版转型融合，从政策层面为传统出版融合指明了方向，提出了相应的任务和要求。这些政策措施可以大致分为四类：推动传统出版融合发展的规划纲要、推动传统出版融合发展的产业政策、推动传统出版融合发展的措施、其他涉及传统出版融合发展的政策。

（一）推动传统出版融合发展的规划纲要

2016 年和 2017 年，在国家和产业"十三五"规划中，有很多涉及推动传统出版融合发展的规划纲要和内容（见表 2-1）。在"十三五"规划中，包括出版发行在内的文化产业，是国家推动产业融合发展的重要对象。在《"十三五"国家战略性新兴产业发展规划》中，数字创意内容、不同内容形式之间的融合是特别被提及的主题。《国家"十三五"时期文化发展改革规划纲要》特别指出，要推动媒体融合发展。在《新闻出版业数字出版"十三五"时期发展规划》和《新闻出版广播影视"十三五"发展规划》中，融合发展成为新闻出版业发展的重要任务。

表 2-1　推动传统出版融合发展的规划纲要列表

年份	发布部门	政策措施及主要内容
2016	国务院	《中华人民共和国国民经济和社会发展第十三个五年规划纲要》 在"十三五"规划中，数字出版被列为加快发展的新兴产业；要求推动出版发行等传统产业转型升级；推进文化业态创新，大力发展创意文化产业，促进文化与科技、信息、旅游、体育、金融等产业融合发展。
	原国家新闻出版广电总局	《新闻出版业数字出版"十三五"时期发展规划》 全面完成传统新闻出版业数字化转型升级，初步实现传统媒体与新兴媒体融合发展，大力提升数字出版产品质量，基本建成数字出版公共文化服务体系，努力拓展数字出版服务领域等。
	国务院	《"十三五"国家战略性新兴产业发展规划》 强化高新技术支撑文化产品创作的力度，提高数字创意内容产品原创水平，加快出版发行等行业数字化进程，提高网络文学等文化品位和市场价值。鼓励多业态联动的创意开发模式，提高不同内容形式之间的融合程度和转换效率，努力形成具有世界影响力的数字创意品牌。
2017	中共中央办公厅、国务院办公厅	《国家"十三五"时期文化发展改革规划纲要》 推动媒体融合发展；出版发行资源整合；数字出版创新。
	原国家新闻出版广电总局	《新闻出版广播影视"十三五"发展规划》 深化转型、融合发展成为"十三五"时期新闻出版业发展的重要任务。

（二）推动传统出版融合发展的产业政策

2014 年以来，有很多促进传统出版融合发展的产业政策（见表 2-2）。在《关于推进文化创意和设计服务与相关产业融合发展的若干意见》中，国家鼓励包括新闻出版业在内的文化产业与一些重点领域跨产业融合发展。在《关于推动新闻出版业数字化转型升级的指导意见》和《关于深化新闻出版业数字化转型升级工作的通知》中，主管部门对新闻出版业转型升级工作给予指导，为传统出版融合发展提供了基础。在《关于推动传统媒体和新兴媒体融合发展的指导意见》和《关于推动传统出版和新兴出版融合发展的指导意见》中，为出版融合提供了更为具体的指导意见。

表2-2　推动传统出版融合发展的产业政策列表

年份	发布部门	政策措施及主要内容
2014	国务院	《关于推进文化创意和设计服务与相关产业融合发展的若干意见》 鼓励包括新闻出版业在内的文化产业和建筑业、信息业、旅游业等重点领域融合发展。
	原国家新闻出版广电总局、财政部	《关于推动新闻出版业数字化转型升级的指导意见》 明确转型升级的总体要求、主要目标和主要任务。
	中央全面深化改革领导小组	《关于推动传统媒体和新兴媒体融合发展的指导意见》 强调将技术建设与内容建设摆在同等重要的位置，推动传统出版与新兴出版在内容、渠道、平台、经营、管理等方面的深度融合。
2015	原国家新闻出版广电总局、财政部	《关于推动传统出版和新兴出版融合发展的指导意见》 从转型升级到融合发展，出版业的发展目标和任务步入了新阶段；进一步深化出版融合发展，要求把创新内容生产和服务、加强重点平台建设、扩展内容传播渠道、拓展新技术新业态、完善经营管理机制和发挥市场机制作用作为重点任务来完成。
2017		《关于深化新闻出版业数字化转型升级工作的通知》 对新闻出版数字化转型升级工作指明方向，明确任务，为出版融合发展提供基础。

（三）推动传统出版融合发展的措施

2013 年和 2016 年，原国家新闻出版广电总局出台了一些措施推动传统出版融合发展工作落实（见表 2-3）。"数字出版转型示范评估"和"首批新闻出版产业示范项目"通过遴选示范单位、示范项目，为推动传统出版融合发展起到引领作用；《关于加快新闻出版业实验室建设的指导意见》中指出，通过开展新闻出版业实验室建设工作，加强科技引领作用，推动新闻出版业形成创新融合发展模式，加快新闻出版业融合发展。

表 2-3　推动传统出版融合发展的措施列表

年份	发布部门	政策措施及主要内容
2013	原国家新闻出版广电总局	"数字出版转型示范评估" 先后在 2013 年和 2015 年遴选两批共 170 家在图书、报纸、期刊和音像电子领域走在前列的数字出版转型示范单位。
2016		《关于加快新闻出版业实验室建设的指导意见》 推动新闻出版业实验室建设，完善新闻出版业科技创新体系，培养和凝聚高端复合型人才，加快新闻出版业转型升级，创新融合发展模式，提高新闻出版业自主创新能力。
		"首批新闻出版产业示范项目" 遴选首批共 35 个新闻出版产业示范项目，这些项目具有一定示范、引领作用，社会效益、经济效益俱佳，旨在发挥新闻出版改革发展项目库示范引领作用，促进传统出版与新兴出版融合发展。

（四）其他涉及传统出版融合发展的政策

2017 年，国务院出台了《国务院关于进一步扩大和升级信息消费持续释放内需潜力的指导意见》，有涉及推动传统媒体与新兴媒体深度融合的内容；2018 年出台的《关于加强县级融媒体中心建设的意见》中，有涉及媒体融合发展的内容。这些也对传统出版融合发展起了积极的推动作用（见表 2-4）。

表 2-4　其他涉及传统出版融合发展的政策列表

年份	发布部门	政策措施及主要内容
2017	国务院	《国务院关于进一步扩大和升级信息消费持续释放内需潜力的指导意见》 丰富数字创意内容和服务；实施数字内容创新发展工程，加快文化资源的数字化转换及开发利用；构建新型、优质的数字文化服务体系，推动传统媒体与新兴媒体深度融合、创新发展。
2018	中央全面深化改革委员会	《关于加强县级融媒体中心建设的意见》 调整优化媒体布局，推进融合发展，不断提高县级媒体传播力、引导力、影响力。

自 2013 年以来，推动传统出版融合发展的政策措施密集出台。这些政策措施中既有政策指导性文件，为传统出版融合发展指明了方向；又有示范项目等措施，为行业发展培育示范样板，为出版业整体的融合发展提供可借鉴的示范力量。习近平总书记多次对出版融合发展作出重要指示，2019 年1 月，习近平总书记在主持中共中央政治局第十二次集体学习时发表了题为《加快推动媒体融合发展　构建全媒体传播格局》的讲话，在讲话内容中强调全面把握媒体融合发展的趋势和规律，推动媒体融合向纵深发展。在习近平总书记重要讲话精神的指引下，在中央政策措施的基础上，各地方政府和行业主管部门也纷纷出台相关政策或配套措施，在各地方结合实际情况，促进传统出版融合工作落实。传统出版从相"加"走向相"融"，从一般融合加速向深度融合发展。

二、传统出版企业主体方面的可行性

（一）决策层与管理层的出版融合意识增强

传统出版企业的决策层与管理层人员对中央和地方推动出版融合的政策措施有较深的认识，形成一致的行业共识，明确决策者和管理者在出版企业创新发展中的责任与担当，有革新意识和创新观念，能够主动积极地探索适应融合发展要求的企业制度建设与组织结构调整。在开展传统出版融合实践工作中，能够有意识地打破传统出版和新兴出版的界限，探索新的出版行业生态，探寻出版领域提供内容产品和服务的本质，在知识与信息传播的基础上探索出版本质，努力实现对内容资源的深度开发，真正实现"一个内容多种创意、一个创意多次开发、一次开发多种产品、一种产品多个形态、一次销售多条渠道、一次投入多次产出、一次产出多次增值"。

在传统出版企业中，决策层与管理层人员特别关注中央和地方的相关政策，认真学习领悟，以政策文件精神引领企业战略规划；积极整理企业优势资源，系统审视企业在出版融合发展中的关键环节与流程；遇到困难与挑战时，积极向行业示范企业学习，向相关行业企业学习，以积极的心态面对困难与挑战。

决策层与管理层的出版融合意识增强，是传统出版融合机制构建的基础与保障。在决策层与管理层人员的推动下，传统出版企业协调各种融合发展要素的关系，根据企业自身状况制定适合的融合发展机制，在产品开发、销售运营、人才激励、项目合作等方面形成有利于传统出版深度融合的机制。

尽管对于一些传统出版企业来说，构建和施行有效的传统出版融合机制遇到了各种各样的挑战与困难，也许有的传统出版企业只是刚刚组建融合发展的部门，但决策层与管理层所具备的出版融合意识是推动融合发展的重要力量，能够促进传统出版融合发展一步步实现。

（二）传统出版企业具有融合发展的优势

无论传统出版，还是新兴出版，积累和存储文化、教育及服务是出版功能的应有之义。[①] 传统出版在长期发展过程中，以其权威性和专业性得到了市场认可，机构用户和读者对传统出版仍然抱有非常信任的态度。尽管人们的阅读方式和阅读习惯在新媒体时代发生了巨大变化，传统出版物在出版质量、知识掌握程度、保存价值等方面仍然具有新兴出版物不可比拟的优势。尽管新兴出版物如电子书更适合于碎片化阅读，新兴出版物在满足读者的娱乐阅读需求、多元化需求等方面有相对优势，但高质量阅读、知识学习、书香阅读体验等需求仍然需要以传统出版物来满足。电子阅读器中的护眼模式功能、电子书添加书签功能和做笔记功能等，这些使电子书更像纸质书的功能，也从侧面反映出传统出版物不可替代的重要作用。

经过多年的发展，传统出版业形成了相对稳定清晰的产业链条。在产业链上游，出版业包括了内容提供和出版物资供应等；在产业链中游，出版业包括了图书期刊报纸出版、印刷等；在产业链下游，出版业包括了出版物发行（批发零售）等。在传统出版融合过程中，传统出版企业向产业链上下游延伸，运用二维码等技术，通过微博、微信等渠道，与顾客、读者直接进行互动；构建线上线下融合发展的内容传播体系，提升价值创造效率；利用互联网强大的"连接"功能实现产业链上游内容提供方、中游技术提供商、下游内容分销商的积极互联，也给作者、编辑、读者打造了一个知识服务的智能交互网[②]；甚至以内容为核心，以 IP 版权转化为纽带，形成集内容（网络文学）、动漫、游戏、影视、图书出版、有声读物、演艺、文化周边等文、艺、娱于一体的 IP 全产业链。

---

① 参见周蔚华、彭莹：《2018 年北京出版媒体融合发展报告》，《中国出版》2019 年第 18 期。

② 参见贺子岳、孙治鑫：《基于融合出版流程的出版社组织创新研究》，《出版科学》2019 年第 2 期。

将传统出版深度融合，使新时代出版产品在内容积累与保存、知识传递与获取、信息搜索与服务等方面具有更好的表现方式，通过沿产业链发展拓展，充分实现传统出版融合。

（三）传统出版的融合思路日益清晰

传统出版企业在出版融合的实践中，更新融合发展理念，不断进行探索和尝试，厘清融合思路，结合企业自身实际情况开展实践，形成特色化的传统出版融合的阶段性成果。

在教育出版领域，受教育技术、教育资源和市场需求的影响，传统教育出版单位寻求变革发展，利用其在基础教育、高等教育、职业教育等方面的现有资源优势，向市场提供不同类型的教育服务产品，包括数字教材、电子书包、翻转课堂、微课、慕课、在线教育等形式。如，高等教育出版社出版新形态教材，通过"爱课程"网提供在线课程和课程资源共享服务，提供教师网络培训服务等；山东教育出版社通过"小荷听书"有声出版阅读平台为中小学生提供有声读物精品，包括"文学佳作"、"传统文化"、"名家讲坛"等十八大板块；南方出版传媒集团通过"南方云教育平台"提供 AR 教材、虚拟实验室、VR 资源库等产品与服务。

在专业出版领域，知识服务成为专业出版单位进行出版融合的核心。在具体实践方面，一是提供知识服务平台，即整理出版企业现有的资源，以提供知识服务为核心业务，根据出版企业资源的优势和特色，搭建特色化的知识服务平台；二是为用户提供知识深加工服务，即出版企业利用自身优势对其内容资源进行整理与加工，实现知识资源的结构化、系统化，通过知识导航等方式展现相关知识资源，帮助用户提供问题解决方案。如，知识产权出版社通过 CNIPR 专利信息服务平台、企业知识产权管理平台、外观检索系统、专利数据下载系统等提供知识服务；通过知了网提供知识深加工服务，以中国专利公报公开数据为基础展开大数据分析，以分析结果为依据进行专利代理服务机构的匹配和推荐。

在大众出版领域，传统出版企业主要通过以网络文学为核心，开发基于IP资源的全产业链运营模式。一是传统出版企业树立起品牌意识，进行深度的自我开发，基于自身拥有的作者资源、编辑资源等开发同一内容多种形态的出版产品，如纸质书、电子书、有声读物、游戏、动漫等；二是传统出版企业加强与互联网传媒企业合作，以项目合作等形式深度开发内容资源，在图书产品形态的基础上深度开发出动漫、游戏、影视等产品，深度挖掘内容价值。在这种全产业链运营模式中，传统出版企业积极主动地融入产业链，从选题策划、版权运营、版权代理等多方面深度参与，同时加强相关人才的引进与培养。如，天天出版社对曹文轩的文学作品进行深度开发，形成改编后的舞台剧《皮卡》、《远方》、《青铜葵花》、《山羊不吃天堂草》，动画片《火印》等；百花文艺出版社对现有的内容资源进行梳理，再通过与精致影业合作开发创作影视产品。

（四）行业形成对融合型人才需求的共识

经过多年发展实践，传统出版企业积累了大量优秀的内容资源和作者资源，培养了一批优秀的编辑资源，在管理、策划、发行等方面也形成了很多优秀的团队。出版企业中，各部门各层级的人力资源通过策划、编辑、筛选、加工等流程，把内容资源转化为具有文化价值的出版物，传递给消费者和读者。但是，在传统出版融合发展时，面对各种新技术、新媒体应用，总存在人才不足的压力。

在深入融合发展的过程中，出版企业通过各种类型的数据平台建设信息化、标准化的生产模式，促进传统出版从出版物生产发行到提供各种内容服务或数据服务；出版企业通过资产融合实现多种形式的内容产品开发和出版，加速数字化研发，深入进行全媒体开发加工，推动技术成果转化，提高资产利用效率；出版企业聚焦于"IP"整合开发运营，深度开发内容资源，设计多形态的出版产品和衍生品，实现全媒体推广，实现线上线下融合发行，体现出整合联动效应。在上述过程中，出版企业需要了解出版流程、懂技术、懂管理、懂策划、懂发行、了解新媒体、了解社群运营等方面的融合型人才。

具体来看，第一，传统出版融合发展，需要融合型人才承担信息技术开发、数字资源生产加工、数字产品制作等工作，推动数字化平台建设和知识服务系统运营；第二，传统出版融合发展，需要融合型人才建立数据标准化体系、数字项目标准化体系、数字产品标准化体系等，以标准化体系规范融合出版产品生产制作，以标准化体系规范传统出版企业与技术企业合作；第三，传统出版融合发展，需要融合型人才制定发展战略，制定人才激励措施，使传统出版企业能够吸引人才、激励人才、留住人才；第四，传统出版融合发展，需要融合型人才积极开发并推广多种形态的出版产品，包括各种数据库平台、在线学习平台、纸质书、电子书、有声读物、微课、游戏、动漫等；第五，传统出版融合发展，需要融合型人才打通线上线下渠道，整合传统渠道流量、线上流量和自媒体流量，建立会员社群①，运营会员社群等。

三、多种因素推动传统出版融合发展

（一）技术因素

当今时代是一个媒体融合时代，对传统出版企业的创新发展提出了新的要求。互联网技术、大数据技术、云技术和人工智能技术等，是很多行业关注且希望加以应用的新时代技术，出版业同样如此。关注新技术、应用新技术，是传统出版业融合发展的重要推动力量。

第一，通过利用互联网等技术，传统出版企业对现有的内容资源进行整

---

① 参见王鑫、赵毅、赵树金：《"金字塔"式深度出版融合发展的实践探索——以辽宁出版集团为个案专察》，《出版发行研究》2018 年第 12 期。

理和加工制作，形成具有更高附加值的出版产品或服务。使用知识图谱和大数据语义分析技术，对海量知识进行分析整理；通过技术标准化对内容进行数字化和结构化处理加工，对碎片化的内容资源进行语义标注，构建内容资源知识库，以知识库、数据平台等形式向读者提供知识服务。

第二，通过利用互联网等技术，传统出版企业的内容资源有了更加丰富的展现形态，内容承载介质远远超出了纸张的范畴。通过人工智能（AI）、移动智能终端、第五代移动通信（5G）、先进传感器等先进的信息技术，传统出版与互联网、手机、智能终端等新兴媒体结合起来，在生产中资源共享、集中处理，衍生出带有计算机特点的出版产品。[①]产品形态除了纸质书、电子书、数据库、在线课程等，还有有声读物，有传统出版物中自带二维码、扫码听书的形式，有在大型听书平台（如喜马拉雅 APP）发布付费有声读物的形式等；还有自建 APP，通过 APP 提供听书（报刊）、看书（报刊）、学习测试、讲座课程等知识或文化服务。

第三，通过利用互联网等技术，传统出版企业能够建立起基于多媒体、多渠道、多终端的网络传播平台，能够与互联网公司、高新技术企业展开多样化的合作，在合作实践中，逐渐形成新的商业模式。传统出版企业在开展线上平台业务时，围绕为用户提供数字化服务的核心业务，尝试将免费阅读与付费阅读相结合，提高内容制作质量。在提供深度开发内容、具有更多附加值的知识服务产品时，实现读者的知识付费，进而获得盈利。在以高质量的原创内容资源吸引读者后，开发和推广与原创内容相关的衍生品，实现盈利。此外，还可以通过与阅读有关的广告推广来获得盈利。盈利模式的拓展使传统出版企业运营形成了巨大的变革，同时，积极推动传统出版企业的变革创新与转型发展。

第四，通过利用互联网等技术，传统出版企业能够实现数字内容信息的

---

① 参见周蔚华、彭莹：《2018 年北京出版媒体融合发展报告》，《中国出版》2019 年第 18 期。

精准推送，实现对用户个性化需求的满足。传统出版融合发展，把消费者和读者放在核心位置。通过使用大数据、云计算和人工智能等技术，全面把握读者信息，包括读者数据、书报刊数据、资源数据和收益数据等，① 充分挖掘大数据价值，发现读者的个性化需求，有针对性地满足需求；适应网络信息时代读者的社交化和互动化特征，实现《关于推动传统出版和新兴出版融合发展的指导意见》中提到的"既做到按需提供服务、精准推送产品，又做到在互动中服务、在服务中引导，不断增强用户的参与度、关注度和满意度"。

（二）市场因素

2015 年 12 月 25 日，习近平总书记在视察解放军报社时指出，"读者在哪里，受众在哪里，宣传报道的触角就要伸向哪里，宣传思想工作的着力点和落脚点就要放在哪里"，传统出版融合工作也是如此，市场变化、读者行为与特征引导和推动传统出版融合工作的开展。

第一，越来越多的读者使用互联网。根据第 44 次《中国互联网络发展状况统计报告》中的数据，截至 2019 年 6 月，中国网民规模为 8.54 亿人，互联网普及率达到 61.2%，近年来呈持续增长态势（见图 2-1 和图 2-2）。网络作为读者搜索信息、获取知识的途径之一，发挥着重要的作用，网络也是传统出版融合发展时可应用的传播渠道或服务基础。

第二，越来越多的读者使用移动终端上网，在网络应用方面特别偏好网络视频、网络文学、网络音频等。根据第 44 次《中国互联网络发展状况统计报告》中的数据，截至 2019 年 6 月，中国网民使用手机上网的比例达到99.1%，较 2018 年底增加 0.5%。2019 年上半年，在网络应用使用时间方面，除了使用通信类 APP 以外，手机网民使用网络视频、短视频、网络音乐、网络文学和网络音频类应用的时长分列第二到第六位，依次为 13.4%、

---

① 参见刘永坚等：《论现代纸书革命》，《科技与出版》2018 年第 8 期。

（单位：万人）

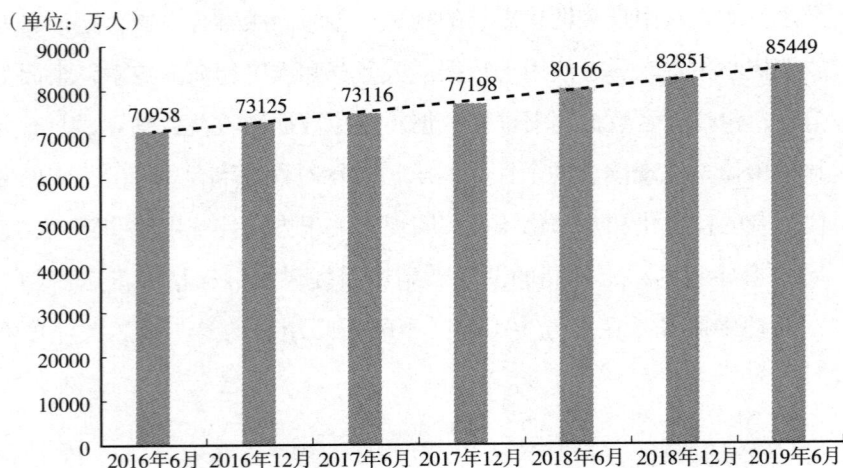

图 2-1 2016 年 6 月—2019 年 6 月中国网民规模

数据来源：中国互联网络信息中心：第 44 次《中国互联网络发展状况统计报告》，2019 年 8 月。

（单位：%）

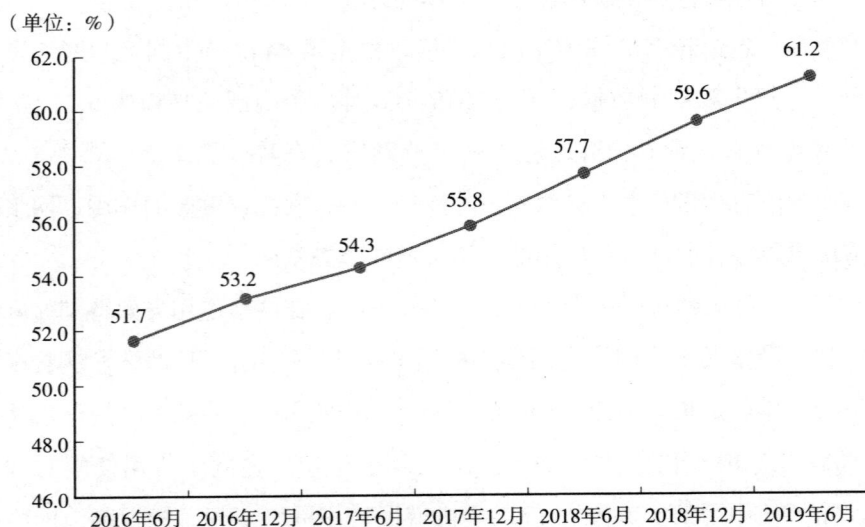

图 2-2 2016 年 6 月—2019 年 6 月中国互联网普及率

数据来源：中国互联网络信息中心：第 44 次《中国互联网络发展状况统计报告》，2019 年 8 月。

11.5%、10.7%、9.0%和8.8%（见图2-3）。这样的文化消费偏好对于传统出版有极大的启发，视频、文学、音频等其实都是建立在内容资源基础上的，网络化、新形态的内容出版物将更易于得到市场、得到读者的欢迎；同时，传统出版企业以其专业性、权威性等优势，提供高质量的新形态出版物，不仅是对市场需求的满足，更能体现出出版企业的文化引领作用，实现企业的社会效益，体现出版业的责任与担当。

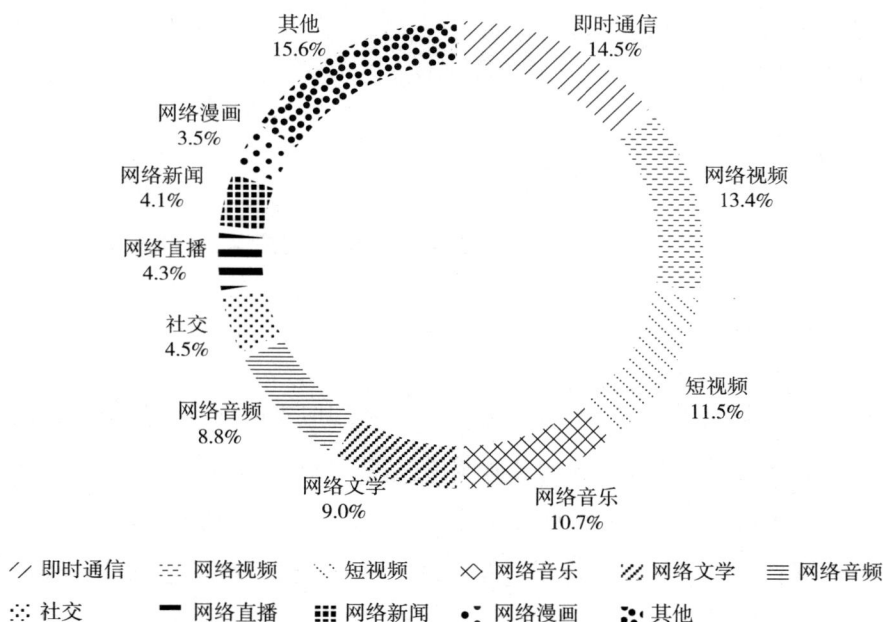

图2-3　2019年上半年中国网民使用各类应用时长占比

数据来源：中国电信，转引自中国互联网络信息中心：第44次《中国互联网络发展状况统计报告》，2019年8月。

第三，越来越多的读者倾向于选择数字化阅读方式，数字化阅读方式接触率逐年提高。根据中国新闻出版研究院2019年4月公布的第十六次全国国民阅读调查结果，2018年，中国成年国民的"数字化阅读方式（网络在线阅读、手机阅读、电子阅读器阅读、Pad阅读等）的接触率为76.2%"，较2017年提高了3.2%。近年来，数字化阅读方式的接触率

（单位：%）

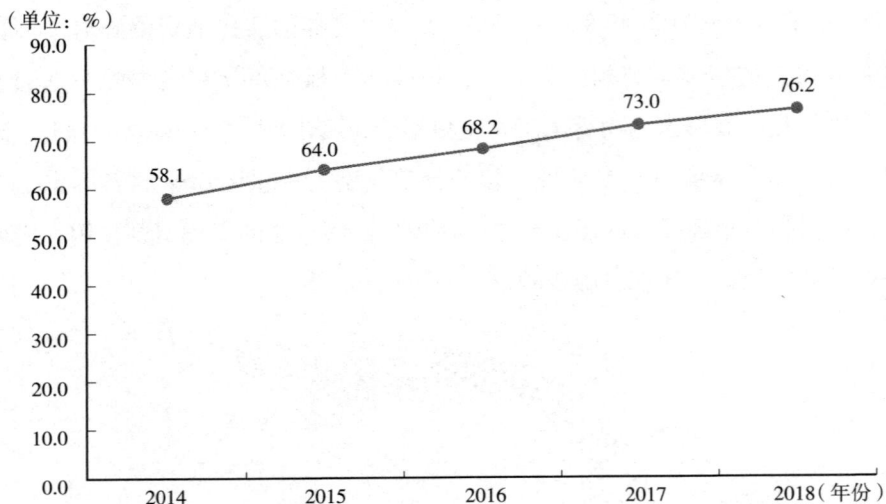

图 2-4 2014—2018 年中国成年国民的数字化阅读方式接触率

数据来源：中国新闻出版研究院全国国民阅读调查课题组，第十二次至第十六次全国国民阅读调查报告，2015—2019 年。

不断提高（见图 2-4）。手机和互联网成为中国成年国民每天接触媒介的主体，纸质书报刊的阅读时长均有所减少。"我国成年国民人均每天手机接触时长为 84.87 分钟，人均每天互联网接触时长为 65.12 分钟，人均每天电子阅读器阅读时长为 10.70 分钟，人均每天接触 Pad（平板电脑）的时长为 11.10 分钟。""在传统纸质媒介中，我国成年国民人均每天读书时间最长，为 19.81 分钟，12.3% 的国民平均每天阅读 1 小时以上图书。"正视读者的数字化阅读偏好，传统出版企业在融合发展过程中，应适应读者的阅读方式变化，提供适应新阅读方式的相关产品和服务，不仅满足和适应读者需求，更要通过提供多样化、高质量的内容产品引领读者需求。

（三）新兴企业因素

2018 年，伴随着数字中国、网络强国战略的持续推进，我国数字出版产业持续快速发展，产业全年收入达到 8300 多亿元。根据《2018—2019 中国数字出版产业年度报告》中的数据，2018 年，"互联网期刊收入达 21.38 亿元，电子书达 56 亿元，数字报纸（不含手机报）达 8.3 亿元，博客类应用达 115.3 亿元，在线音乐达 103.5 亿元，网络动漫达 180.8 亿元，移动出版（移动阅读、移动音乐、移动游戏等）达 2007.4 亿元，网络游戏达 791.1 亿元，在线教育达 1330 亿元，互联网广告达 3717 亿元"（见图 2-5）。数字出版产业规模大，但传统出版企业在其中所占比例很低，大量的互联网公司、高新技术企业都参与到数字出版市场竞争中，以其技术和资金等优势占领了较大市场。对于传统出版企业来说，这些新兴出版企业既是竞争者，能够使传统出版企业感受到变革发展的紧迫感，促使传统出版企业反思自身，由内而外地产生深度融合的动力；这些新兴出版企业又是可能的合作者，能为传统出版企业融合发展提供支持和帮助。

（单位：亿元）

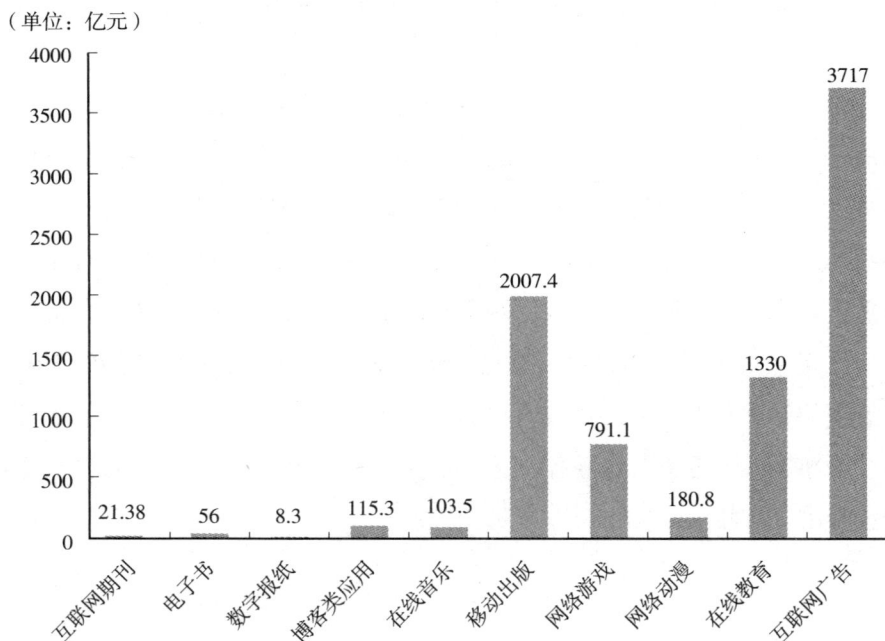

图 2-5　2018 年中国数字出版产业收入规模状况

数据来源：中国数字出版产业年度报告课题组：《2018—2019 中国数字出版产业年度报告》，2019 年 8 月。

第一，新兴企业通过将技术与出版融合，设计新的内容生产方式，实现精准知识服务的供给，对传统出版融合发展具有借鉴意义。例如，湖北武汉的数传集团是一家"互联网＋出版"科技集团，提供媒体融合整体解决方案——RAYS 系统，为出版融合服务。通过二维码连接传统纸质书刊和配套线上衍生内容，形成新的内容生产方式，制作出"现代纸书"产品；在读者扫码后，通过系统抓取读者行为数据，开展精准知识服务与消费互动的定制化服务。

第二，新兴企业通过将技术与出版融合，设计新的读者互动方式，对传统出版融合发展具有借鉴意义。例如，电子书公司 Coliloquy 应用大数据技术迎合读者的个性化阅读需求，运用智能化数据技术全面分析、掌握读者的需求和偏好；在阅读过程中，读者可以自行设计人物角色和情节线索，调整故事发展和结局。① 这种新型互动方式打破了传统出版的局限，通过读者互动制作出定制化出版产品。

第三，新兴企业通过将技术与出版融合，形成新的盈利模式，对传统出版融合发展具有借鉴意义。例如，喜马拉雅 APP 作为有声书平台，拥有市场上 70％的畅销书有声版权，85％的网络文学有声改编权，以及超 6600 本英文原版畅销有声书版权。② 其盈利模式主要包括：通过大数据分析精准投放音频广告，获得广告收入；通过会员付费和知识付费实现内容价值，其中，会员付费形式是以月度、季度、年度为单位提供多种可选择的 VIP 会员套餐，知识付费形式则体现为精品有声产品单独付费；此外，还有通过汇集"明星"或"专家"等资源，通过专业人才的影响力聚集付费用户，实现规模化 IP 运营。

---

① 参见王垚：《数字出版生态体系的构成与完善——2018 年我国数字出版盘点》，《出版广角》2019 年第 3 期。

② 参见王垚：《数字出版生态体系的构成与完善——2018 年我国数字出版盘点》，《出版广角》2019 年第 3 期。

第二节 传统出版融合发展面临的问题分析

传统出版融合经过一段时间的实践，发现其发展仍然面临着一些问题，这些问题可以被划分为宏观环境层面的问题、中观产业层面的问题和微观企业层面的问题。

一、宏观环境层面的问题

（一）融合发展政策呈现出地域差异

自"十二五"时期以来，为促进传统出版业发展，主管部门制定了促进行业转型升级、推动数字出版发展、推动传统出版数字化转型、推动传统出版融合发展等方面的多项政策措施。大量政策措施的出台，使传统出版业发展的政策体系不断完善，对推动传统出版业融合发展起到了重要的作用。

自 2011 年开始部署、2012 年发布《关于开展传统出版单位转型示范工作的通知》以来，传统出版企业转型示范工作持续推进。2013 年，450 多家出版单位申报，从中遴选向数字出版转型的典型示范单位；2015 年，继续开展第二批数字出版转型示范评估工作。遴选出的两批示范单位的转型升级效果明显，对于传统出版企业开展转型升级工作提供了实践经验，为之后的融合发展工作打下了重要基础。

2014 年，《关于推动新闻出版业数字化转型升级的指导意见》为传统出版行业转型升级确定了总体的目标和任务，使转型升级工作具有更明确具体的实践导向。《关于推动传统媒体和新兴媒体融合发展的指导意见》在对媒体融合提供指导的同时，也是出版业在内容、渠道等方面的融合指南。2015年，《关于推动传统出版和新兴出版融合发展的指导意见》更直接地聚焦于出版领域，内容包括"总体要求、重点任务、政策措施、组织实施"，对传统出版融合在发展方向、融合任务、融合路径等方面提供了重要的指导。

进入"十三五"时期以来，数字经济迅猛发展，为出版业转型升级提供了发展的新动能，为出版业融合发展提供了重要路径。2016 年，作为新兴文化产业重要组成部分的"数字出版"被首次列入国家"十三五"发展规划纲要之中；同时，"数字创意产业"被列入"十三五"国家战略性新兴产业，从国家"十三五"战略发展规划层面来看，传统出版业的转型升级和融合发展都有了更具支持性和指导性的宏观环境。

2017 年，原国家新闻出版广电总局和财政部联合出台《关于深化新闻出版业数字化转型升级工作的通知》，全面总结和推广数字化转型升级实践的成果，提高传统新闻出版业的技术应用能力，明确深化出版业开展数字化转型升级的方向和任务。同年，相关部门发布《新闻出版广播影视"十三五"发展规划》，明确了全面推进数字化转型升级目标，明确了"深化一体发展，推动媒体融合取得新突破"、"巩固提升图书、报纸、期刊产业"等任务。

2019 年，科技部、中央宣传部、中央网信办、财政部、文化和旅游部、广播电视总局共同研究制定了《关于促进文化和科技深度融合的指导意见》，引领文化和科技融合，以数字化等技术为基础，重点突破新闻出版等领域应用技术，开发新产品，发展新工艺。

在推动传统出版企业融合发展方面，国家出台了很多相关政策措施，也以项目、示范单位等方式推进传统出版企业融合发展建设。相关的中央政策措施较为全面广泛，在中央政策的基础上，全国各省市地区也在结合自身实际制定相应的政策措施，但是，在具有地方特色、符合地方实际的政策措施方面还存在不足，如某些省份在推进出版融合方面给予的项目扶持还比较少，不能有效推进本地区出版产业转型发展。

（二）出版融合产品的市场变化

在出版市场上，读者阅读是出版融合产品价值体现的核心。以往的阅读多体现为一种静谧而优雅、专注或闲适的活动，人们期望通过阅读提高精神品位，获取知识。但是，在当今社会，由于人们生活节奏的加快、各种新技术新产品的涌现，读者对阅读以及对于出版产品的感知、体验与偏好都在发生变化。

第一，数字化阅读方式持续增长，读者愿意选择多元化的阅读媒介。根据 2019 年 4 月发布的第十六次全国国民阅读调查结果，2018 年我国成年国民的数字化阅读方式（网络在线阅读、手机阅读、电子阅读器阅读、Pad 阅读等）的接触率为 76.2%，比 2017 年上升了 3.2 个百分点。数字化阅读方式接触率持续增长，人们可以选择电脑、手机、平板电脑等多种媒介设备进行阅读。新型阅读媒介与纸质出版物相比，携带和阅读更便捷，存储量更大，下载文档、在线阅读等都很方便。而且，电子资源与纸质书报刊相比，通常获取成本更低。数字阅读模式相对于传统阅读更具有环保性、经济性和便捷性，使人们的阅读理念和阅读偏好更加多元化。

第二，数字化阅读时间不断提高，读者阅读呈现出碎片化阅读的特点。根据第十六次全国国民阅读调查结果，手机和互联网成为我国成年国民每天接触媒介的主体，纸质书报刊的阅读时长均有所减少。调查结果显示，"我国成年国民人均每天手机接触时长为 84.87 分钟，人均每天互联网接触时长为 65.12 分钟，人均每天电子阅读器阅读时长为 10.70 分钟，人均每天接触 Pad（平板电脑）的时长为 11.10 分钟"。碎片化阅读，对于读者学习和记忆独立的知识点，或者读者进行休闲阅读是比较有效也易于接受的方式。依托于数字化阅读的碎片化阅读形式，与现代社会中人们的生活节奏、生活压力的变化相适应。

第三，消费者获取信息、知识的节奏加快。随着知识经济时代的到来，知识的经济性越来越强，这就要求民众更加快速地掌握知识。与传统的纸质图书相比，数字图书等数字阅读内容更能满足人们快速获取知识的需求。数字阅读内容更新更快，消费者使用电子阅读器、手机或平板电脑等终端设备进行数字阅读更方便。因此，从消费者的角度来看，数字阅读内容成为更多消费者的选择。

二、中观产业层面的问题

（一）传统理念制约出版融合发展

在传统出版融合发展的过程中，一些理念制约着融合效率和融合效果。这些传统理念主要包括：第一，在传统出版业，有的企业管理者因循守旧，坚持使用传统出版模式下的出版流程；第二，在传统出版业，有的企业员工固守经验开展工作，坚持使用传统出版模式下的出版流程，对于自身在出版融合过程中的作用缺乏全面的认识；第三，在传统出版业，有的企业尽管具有融合思维基础上的顶层设计，但是顶层设计与企业基层的落实之间存在差距，使出版融合呈现出"口号化"的特点，难以真正实现。

目前，出版业的发展呈现出新的特征，数字技术应用为传统出版业发展注入了新动力。但是，由于传统出版业长期以来形成的体制机制情况，以及行业属性特征等因素，使得传统出版业在面对技术、市场等变化时的反应还不够迅速，转型升级和融合发展方面的探索还不够有力，形成的成果在引领性和创新性方面还可以进一步提升。在出版融合实践过程中，传统出版企业在发展目标与发展理念方面仍然存在不足，融合效果不尽如人意。

部分传统出版企业领导由于体制机制等因素很难在短期内实现融合发展，难以快速建立起适应新的技术、渠道等的管理机制；或者，即使在进行顶层设计时，能够考虑出版融合的发展趋势，形成企业的出版融合战略，但实施成了薄弱环节，"落地"应用难，这样也难以有效地推动传统出版的融合发展。

在传统出版企业内部，虽然员工有对出版融合的认识，但是这种认识程度深浅不一；而且在具有出版融合意识的基础上，出版融合所需的能力又有所差异。当融合意识、融合能力都与传统出版融合的需求有差距时，有的传统出版企业或内部部门本身又有"平均主义"思想、"大锅饭"现象等，这又为传统出版融合的实施增加了阻碍。在这种情况下，缺乏有效的激励措施，或者激励措施难以发挥作用，员工和管理者的积极性难以被调动起来，传统出版融合之路更加困难。

再好的战略规划遇到"难以落地"的问题时也难以展现应有的效果，当领导层与一线执行层之间脱节时，传统出版融合也就难以真正实现。同时，以往的"事业单位"性质在一些传统出版企业身上留有相应的痕迹，工作作风等方面尚未完全转变，人事关系、人力资源考核等方面与拥有核心技术的民营企业等存在差异，从而可能造成传统出版企业的战略层与执行层脱节、延误等，造成出版融合"口号化"的现象。

（二）产业发展规模不平衡不充分

从发展的角度看产业成长，四十多年前，我国的出版社数量约为 105 家，年出版图书品种约为 1.5 万种，国有图书发行网点约为 0.86 万个。2018 年，我国的出版社数量为 580 多家，出版图书品种约为 52 万种（新版图书品种为 24.71 万种），总印数 100.09 亿册（张），出版物发行网点 17.2 万处，出版物发行实现营业收入 3116.3 亿元。作为出版大国，中国名副其实。

根据《2018 年新闻出版产业分析报告》中的数据，"2018 年全国出版、印刷和发行服务实现营业收入 18687.5 亿元，较 2017 年增长 3.1%"；根据《2018—2019 中国数字出版产业年度报告》中的数据，"2018 年国内数字出版产业整体收入规模为 8330.78 亿元，比上年增长 17.8%"。在整个出版业内，以数字出版为代表的新兴出版领域非常活跃，发展迅速，且仍然具有不断发展的潜力。根据《2018—2019 中国数字出版产业年度报告》中的数据发现，互联网广告、移动出版、在线教育、网络游戏处于收入榜前四位，互联网广告、移动出版、在线教育依然保持迅猛的发展势头。

通过把图书、期刊、报纸及其数字化形式（电子书、互联网期刊、数字报纸），还有移动出版、在线教育、网络动漫等多种类型出版板块及收入情况列举对比（见表 2-5），可以发现，移动出版和在线教育是具有突出优势的出版板块，从数据可以看出移动出版和在线教育的巨大市场。尽管传统的图书、期刊和报纸业务在通过数字化形式拓展市场，数字化产品获得一定的市场认可，但是，产业发展规模方面的不平衡仍然清晰可见，产业发展仍然不够充分，传统出版的融合发展之路仍有相当广阔的前景，同时也面临着一定的困难。以数字出版为代表的新兴出版在快速增长，不断使传统出版与新兴出版的差距扩大，在吸引资本和获取市场方面具有强大的优势，为传统出版在融合发展过程中争取资本资源和市场资源带来一定的障碍。

表 2-5　2018 年多种类型出版板块与收入情况

类型	收入（亿元）
图书	937.3
期刊	199.4
报纸	576.0
电子书	56
互联网期刊	21.38
数字报纸（不含手机报）	8.3
移动出版	2007.4
在线教育	1330
网络动漫	180.8

数据来源：《2018年新闻出版产业分析报告》、《2018—2019中国数字出版产业年度报告》。

（三）融合发展所需的人才不足

在传统出版融合发展的过程中，人力资源是最关键的资源，是出版融合的直接创造者。从行业整体来看，融合发展所需的人才不足体现为两个方面：行业现有人才不足；行业潜在人才不足。

从行业现有的人力资源情况来看，第一，在管理人才方面，缺乏懂出版、懂技术、会管理的复合型人才。传统出版融合发展需要创新，需要离开企业发展的舒适区，迎接新技术、新市场的挑战。这对行业、企业的管理人才提出了更高的要求，管理人才需要具备大局意识和专业素养，同时还要具有创新能力和担当精神，能够以战略眼光看待传统出版融合，推进融合事业发展。

第二，在业务人才方面，缺乏具有融合意识的"多面手"编辑。出版融合发展中的编辑，其工作贯穿于内容产品创意、内容产品开发、产品形态确定、销售渠道安排、宣传推广设计、产品价值传递等多个环节和过程。融合发展所需的编辑，需要具有"全媒体、全渠道运营理念"，能够"深度参与内容产品的创作并创新内容服务模式，拓宽多渠道和加强内容推广"。而这样的编辑需要充分熟悉产品运营，能够运用微信、微博等新媒体渠道，需要紧跟时代潮流，了解具有大量用户群的喜马拉雅、抖音等 APP 应用；这样的编辑还要有市场意识、用户思维，了解顾客需求，通过市场调研、顾客互动、信息推送等方式满足用户个性化需求。而行业所需的"多面手"编辑还远远不够。

第三，在技术人才方面，缺乏出版领域的新媒体技术、人工智能技术等方面的新技术人才。一方面，新技术领域的人才培养本就处在起步和发展阶段。如，我国最早于 2003 年有培养人工智能人才的高等教育，"自 2003 年起，北京大学已经培养了智能科学方向本科生 500 多名、研究生上千名，但进入传统出版业领域的人工智能人才少之又少"①，这样的事实对出版融合的技术应用方面提出了挑战，专业技术人才的匮乏对传统出版融合发展带来了阻碍。

（四）融合发展中的技术利用还不够充分

对于传统出版融合发展进程来说，新技术既是重要的推动力，又是融合发展必不可少的构成要素。目前，融合发展中的技术利用还不够充分。

---

① 张海生、吴朝平：《人工智能与出版融合发展：内在机理、现实问题与路径选择》，《中国科技期刊研究》2019 年第 3 期。

第一，新媒体技术应用还不够充分，一是体现在内容产品的展现形式上，二是体现在媒体传播的应用上。在互联网技术和信息技术快速发展的当今时代，信息传播的成本大大降低，信息传播的载体也越发多元化，常见的载体有图片、文字、音频、视频等。但是，体现在出版内容产品方面的主要有两种形式：一种是内容产品由纸介质的图书期刊报纸直接转化为数字化的图书期刊报纸，只是对内容承载和展现形式进行了简单转化；另一种是通过删减内容，调整内容展现形式，实现技术适配，完成差异化终端载体下的内容呈现。但是，不管是上述的哪种方式，技术的应用都还有深度挖掘、充分利用的空间。在媒体传播的应用方面，如果能够应用全媒体运营平台，将有利于实现信息传递的及时性、便捷性和广泛性。但是，内容产品的传播、媒体平台的应用也不足，新媒体技术应用呈现出形式化、同质化的特点。缺乏资金支持、缺乏相应的专业人才队伍等，都大大影响了新媒体技术应用的程度。

第二，人工智能技术应用还不够充分。2017年，越来越多的出版巨头、创业公司和学术机构看到了学术出版数据化与智能化转型的趋势，[①] 与之对比，传统出版企业在发现机会、优先布局方面不占优势。在应用人工智能技术方面，传统出版企业的意识还不够。虽然，有些传统出版企业能够对人工智能技术、大数据技术等与出版融合有一定的认识，也注意到新时代出版业在技术融合方面的发展趋势，有一些创新性的尝试和成果，但是，总体来看，敢于尝试的出版单位占比并不高，出版行业对智能出版发展浪潮的到来并没有做好充分准备。[②] 同时，在出版企业内部，智能技术应用需要产业链中各环节企业或部门通力配合，但是，各利益主体（出版企业、印刷企业、发行企业、企业策划部门、企业市场部门等）通常"各自为战"，缺乏对技

---

① 参见任翔：《学术传播的数据化与智能化：2017年欧美学术出版产业发展评述》，《科技与出版》2018年第2期。

② 参见张海生、吴朝平：《人工智能与出版融合发展：内在机理、现实问题与路径选择》，《中国科技期刊研究》2019年第3期。

术应用效果的整体感知，难以获得协调合作的积极效果。

三、微观企业层面的问题

（一）管理机制改革需要进一步深化

2018 年，有这样三项政策发布：《中央文化企业公司制改制工作实施方案》、《关于加强和改进出版工作的意见》和《图书出版单位社会效益评价考核试行办法》。这些政策持续强化对出版企业改革发展的支撑，推动传统出版融合发展，进一步深化管理机制改革成为必然的途径。

在传统出版融合发展的实践中，尽管很多传统出版企业有变革创新的思想，有推动出版融合发展的意识，有在各级政策措施指导下的战略规划与设计，但是在融合实践和创新发展过程中，僵化的组织文化与变革并不彻底的管理机制带来了阻碍。在很多由事业单位转制为企业的传统出版单位，其组织结构仍然有信息传递缺失、反馈缓慢等问题，其组织文化倾向于因循守旧，基层员工积极性低，对创新活动激励困难。

在传统出版融合发展的实践中，很多出版企业重新审视其组织结构，尝试建立独立的多媒体出版中心或者数字出版中心，从企业内部选拔或从外部招聘具有学习能力、创新能力、多媒体专业技术能力的人才。而对于这样的独立业务单位，如何激励员工、如何促进公平和效率的实现都是比较困难的问题。如果采用民营技术企业或一些新兴出版业态企业的做法，原有的管理机制则会产生制约，缺乏激励制度，仅凭管理层和部分员工自身的工作热情很难维持新业务部门发展，也难以与机制灵活的新兴出版业态竞争。

（二）全版权运营机制尚须进一步探索

在信息技术广泛应用的今天，优秀的内容产品具有非常大的市场潜力，如果能够拓展内容产品的表现形态，不仅能够充分挖掘内容价值，而且能够更好地满足市场需求。例如《人民的名义》，既有纸质书、电子书等形态，也有电视剧形态，每一种形态都受到市场的欢迎。这样的多形态运营方式，使内容产品在社会效益和市场效益方面都得以实现。

传统出版企业要实现融合发展的目标，真正实现一个内容多种创意、一个创意多次开发、一次开发多种产品、一种产品多个形态、一次销售多条渠道、一次投入多次产出、一次产出多次增值的生产服务方式，离不开全版权运营机制的保障。近年来，版权问题越来越受到重视，国务院颁布实施《国家知识产权战略纲要》（2008 年）、《关于加快发展对外文化贸易的意见》（2014 年），中共中央、国务院印发《关于深化体制机制改革加快实施创新驱动发展战略的若干意见》（2015 年），都在强调加强知识产权保护，强调完善知识产权保护相关法规和配套措施。落实到行业企业实践，建立有效的全版权运营机制必不可少。

在出版业实践中，受历史因素和经验因素的影响，出版社纸介质图书的出版权是常见的，而其他类型的内容产品（如电子书、有声读物等）的版权则常常另议。在作者更习惯于授权纸质图书出版的实践环境中，传统出版企业在融合发展的过程中常常处于被动的地位。当缺乏全版权运营机制时，出版企业将很难同时推出多种形式的内容产品（如纸质图书、电子书、有声读物、视频、合作推出影视剧等），或很难进行多渠道、全媒体的营销活动。

目前，传统出版企业在版权方面开始有意识地拓展版权许可范围，关注内容产品的数字版权，注重内容产品的相关衍生权利。但是，一些出版企业在版权资源管理和运营方面存在不足，当版权资源归属不清、版权资源价值挖掘不够、缺乏与出版企业自身定位相符合的版权创意开发等情况出现时，这些问题将阻碍传统出版企业开展融合发展工作。因此，为了实现传统出版融合发展，传统出版企业如何建立并形成有效的全版权运营机制是需要解决的重要问题。

（三）传统出版的融合路径略显单一

目前，传统出版企业在融合发展的道路上已经进行了一些尝试，但是融合路径略显单一，缺乏有企业特色的新型出版融合路径。

通常，传统出版企业由内容策划、内容编辑、发行、版权等几方面构成，在传统的出版模式下，"出版融合"和"媒介融合"还都不够充分。部分传统出版企业在"媒介同步"和"开发同步"两方面来开展出版融合创新工作。

在"媒介同步"方面，传统出版企业聚焦于出版内容，实现出版内容在不同媒介上的同步传播，如同样的出版内容，有纸质图书作为传播媒介，有网络作为传播媒介，还有有声书平台、电影电视剧等作为传播媒介，实现同步传播。在以网络化、信息化为特征的现代社会中，生活节奏快，"媒介同步"适应于现代的市场需求。通过"媒介同步"，好的内容产品更容易进行市场推广，通过满足市场需求更快地得到市场认可。如，广受欢迎的纸质出版物，同时在网络图书销售平台推出电子版，在听书平台推出音频版，同期推出电视剧，以多种媒介同步推广的形式拓展传统产业链。

在"开发同步"方面，传统出版企业聚焦于出版资源，在选题策划、内容编辑、版权开发等多方面实现多渠道、多媒介、多形式的同步制作。在"开发同步"路径中，关键在于把握产业链各环节中的投资收益状况，形成适合的商业模式。例如，由江苏凤凰出版传媒集团斥资打造，集团旗下江苏凤凰科学技术出版社出版的《中国长城志》，在图书运作的同时，该项目与影视领域合作，拍摄相关纪录片。当图书广受欢迎时，同名影视剧（含网剧）、数字版图书、同名有声书等形式同步推出，充分挖掘出版资源价值，以多种形式展示出版内容资源。

在"媒介同步"和"开发同步"之外，传统出版还可以在出版内容、出版资源的基础上拓展或挖掘，尝试形成更具有多样化的融合路径。

第三节 传统出版融合发展的路径分析

传统出版融合发展有其自身的逻辑，其逻辑起点是生产优质内容；而技术在出版融合中的作用，从辅助、"相加"到"相融"。从本质上看，传统出版融合，是内容与技术的深度融合。在传统出版融合路径设计中，有两种思路：一是基于产业融合理论的融合路径设计，二是基于出版融合内涵的融合路径设计。在这两种设计思路的基础上，传统出版企业可选择的出版融合路径共有五种，主要是：第一，纵向融合路径；第二，横向融合路径；第三，内容推动型融合路径；第四，技术推动型融合路径；第五，内容和技术并重型融合路径。

一、传统出版融合发展的逻辑

出版业通过向社会提供出版产品和服务来发挥社会效益和经济效益，在面对市场时，不仅要满足读者需求，更重要的是引导读者需求。出版业通过提供高质量的精神产品和相关服务，引导读者的阅读偏好，提供阅读导向。传统出版深度融合，也是建立在生产和提供优质出版内容基础上的。因此，出版融合的逻辑起点，是生产优质出版内容。[①] 传统出版企业在融合发展的过程中，要明确自身优势，在与互联网内容产品竞争时突出优势。出版融合需要有对版权细化管理的基础，使之成为实现一次开发多种形态、多种价值的前提，推动内容数字化建设，实现内容资源系统化、产品化，形成内容产品和服务体系。

以数字技术、网络技术为代表的各种信息技术在出版业的应用，最初多

---

① 参见徐晨霞、张洪忠：《出版融合视域下出版业的战略取向和顶层设计》，《出版广角》2019 年第 18 期。

是以工具的形式呈现，是辅助出版业变革和转型发展的；随着对出版生态的全面认知展开，出版思维创新，出版业对信息技术的认知更加深入，对技术的应用从"相加"到"相融"的观念也更加普遍。伴随《关于推动传统出版和新兴出版融合发展的指导意见》的出台，整个出版业才算真正找到了在信息化时代发展的新路径，融合出版成为出版业共识度最高的新业态。① 在出版融合的过程中，技术的作用在出版载体、传播渠道和顾客终端方面都有所体现。在出版载体方面，正在从纸媒向网络、平面、终端的多元形态快速转变。② 在传播渠道方面，既有线上的网络平台和线下的各种实体店铺，又有依托各种新媒体运营的渠道。在顾客终端方面，各种数字阅读器、手机都是常见的终端设备，出版企业自建知识服务平台、各种 APP 应用也是常用的知识获取方式。

传统出版融合发展，是在顺应时代发展的新出版思维下，将多样化的信息技术加以融合。从本质上来看，传统出版融合，是内容与技术的深度融合。传统出版时代，内容生产是出版价值链的中心环节，主导和影响着选题策划、印刷复制、营销发行、售后服务等环节。到了信息化的出版融合时代，读者处于出版价值链的中心位置。在大数据技术的支持下，出版企业可以了解读者的阅读行为，以大数据分析为基础进行选题策划，实现个性化内容服务和定制化信息传播；在网络技术和新媒体技术的支持下，出版企业可以有多种渠道与读者交流互动，提高读者参与度，提高出版服务效果；甚至通过网络使读者实现多重身份转换，既作为读者获取知识服务，又可以作为内容提供者进行知识生产，如一些数字阅读平台和文学 IP 平台等；出版企业还可以在网络技术的支持下，提供具有交互功能的知识服务，如在线课程等。

---

① 参见宋海波：《产业融合发展趋势下纸数融合出版的创新与实践》，《科技传播》2019年第 11 期。

② 参见张志华：《以互联网思维为本　探索出版融合转型新路径》，《中国新闻出版广电报》2019 年 7 月 12 日。

二、传统出版融合发展路径设计的前期准备

传统出版融合发展，其路径设计与实施要实现应有的效果，需要一定的前提与基础。这种相关的前期准备工作包括：

第一，变革管理层人员的思维与理念。思维与理念的变革是传统出版融合发展的基础，可以通过政策解读、行业会议交流、企业培训等多种方式促进管理层人员形成全面融合思维，强化其用融合理念指导工作实践，开展基于融合理念的顶层设计，为融合路径设计与实施打下坚实的基础。当管理层人员形成融合思维与理念后，也有利于进一步形成开放的融合人才发展观念。一方面，可以吸引和留住具有融合理念的优秀专业人才；另一方面，可以在企业内部培养具有融合理念的复合型人才，激励更多的创新型人才。此外，在融合思维和融合理念的指导下，企业可以进一步变革管理制度，变革组织结构。

第二，变革管理制度。与科技研发企业相比，传统出版企业在技术与资金等方面都不占优势，在融合发展的过程中，激发企业内在动力，形成企业自身优势是重要的选择。建立适应传统出版融合发展的体制制度，能有效地推动企业创新，激发内在动力。传统出版企业可以尝试设立"融合示范区"制度。通过制度变革，整合融合资源，厘清融合思路，通过企业内部的"融合示范区"运行来推动和辐射整个企业，促进传统出版融合发展工作的开展。根据"融合示范区"制度，企业可以从某个传统出版部门入手，或者从某条产品线入手，开展融合实践。在实践过程中调整对该"示范区"的政策措施、资源组合范围与资源投入比例，形成融合创新和融合发展的示范成果。

第三，变革组织结构。有三种实现形式。一是通过业务部门调整来变革组织结构，避免或减少层级结构冗余所带来的诸多问题，减少传统出版融合发展过程中的阻力。通过组织结构变革，打破部门界限，实现传统出版融合发展的垂直领导模式。避免权力分散，提高决策效率；避免资源固化，提高资源整合效率；避免各部门独立工作，实现快速响应，提高业务合作效果。

二是站在业务流程的角度打破传统出版与数字出版等业务割裂的局面，实现业务部门重组，变革组织结构。从内容生产、内容运营、内容传播、内容反馈等流程出发，考虑构建融合发展的中心业务部门，在中心业务部门的基础上构建支持服务部门。三是建立以项目为中心的协同工作团队，用项目来重塑传统出版的生产系统和体系[1]，实现新的组织结构运转；通过项目团队方式实现对传统出版融合发展工作的有效推进。传统出版企业在设计融合发展路径之前，结合自身的实际情况，既可以在业务部门调整、业务部门重组、构建项目中心团队三种方式中选择其一，也可以选择三种方式逐步推进。

三、传统出版融合发展路径设计

在传统出版融合发展路径设计中，有两种思路：一是基于产业融合理论的融合路径设计；二是基于出版融合内涵的融合路径设计。两种思路都有相应的案例实践为参考。

在基于产业融合理论的融合路径设计方面，产业融合理论中所涉及的高新技术融合、产业间延伸融合、产业内部重组融合等，为传统出版融合发展过程中的交易成本降低、沟通效率提高等提供了理论依据。在传统出版融合过程中，出现了内容生产创新、出版服务体系构建、渠道变革、管理机制变革等情况。产业边界模糊，进而形成了具有全新内涵的新产业边界，现在的出版业与传统的出版业已经完全不同。技术边界模糊，网络和信息技术为出版业融合发展带来了新的技术变革，出版技术带来了从出版产品策划、生产到传播等多方面的变化。资源实现综合利用，实现了出版产品生产和服务提供方面的更高效率。

以产业融合理论为基础设计融合路径，可以有两种路径：一是纵向融合

---

① 参见李婧璇：《探寻出版营销融合新路径》，《中国新闻出版广电报》2019 年 6 月 3 日。

路径；二是横向融合路径。纵向融合路径是指出版业与其他产业相融合，通过技术融合、产业融合、跨区域融合来重塑出版产业链，建立出版与其上下游产业之间的新连接。对传统出版融合来说，其纵向融合路径可以表现为四种主要的形式：第一，扩张型、全产业链、全媒体形态的融合发展形态；第二，收缩型的精细化、深耕型的融合发展形态；第三，出版机构提供免费开放型产品和服务的融合发展形态；第四，出版传媒机构逆向提供产品和服务，以用户生产内容为核心的融合发展形态。横向融合路径则是基于协同效应，从资源、竞争、整合的角度出发，将出版企业跨区域、跨国界进行投资，设立独资企业和采取兼并、收购或入股等方式，充分利用双方的出版资源，进行优势互补，实现集团化或国际化经营的融合路径。

在基于出版融合内涵的融合路径设计方面，出版融合是符合出版融合发展趋势的。作为一种新兴出版现象，融合出版主体有效地把内容提供者、读者、技术提供商、新媒体等联系起来。结合出版融合的内涵来看，出版企业具备平台经济主体的特征。出版企业通过著作权交易，以出版物为载体，将作者、读者、印刷复制者和发行者联系起来，进行的是"以图书作为产品的平台经济活动"[1]。著作权交易的本质是内容，实现和优化交易、优化利益相关者联系的方式则可以是各种新型的技术手段。可以通过大数据、云计算、虚拟现实技术、人工智能技术等辅助出版，再造出版流程，开发和生产满足目标顾客需求的个性化出版产品和服务。因此，考虑出版企业特征和出版融合的内涵，可以从内容和技术的角度选择传统出版的融合发展路径。

从国际范围来看，出版融合发展的过程可分为特征明显的三个阶段：纸质图书数字化阶段（为数字阅读奠定内容基础）、数据化内容集成化阶段（为内容重构奠定资源基础）、集成化数据平台化阶段（为知识服务奠定平台基础）。[2] 对于开展出版融合工作的传统出版企业来说，内容和技术都是不可

---

[1] 王勇安、张雅君：《论出版产业融合发展的战略思维》，《出版发行研究》2016 年第 4 期。

[2] 参见徐晨霞、张洪忠：《出版融合视域下出版业的战略取向和顶层设计》，《出版广角》2019 年第 18 期。

或缺的要素，出版融合历程都有二者相融的体现。对于出版企业来说，以内容还是以技术为主导推动融合发展会呈现出不同的特点，在人员、资金、制度等方面都有不同的要求。传统出版企业应结合自身情况选择融合路径，具体来说，包括：第一，内容推动型融合发展路径；第二，技术推动型融合发展路径；第三，内容和技术并重型融合发展路径。

综上所述，传统出版企业可选择的出版融合发展路径共有五种，主要是：第一，纵向融合路径；第二，横向融合路径；第三，内容推动型融合路径；第四，技术推动型融合路径；第五，内容和技术并重型融合路径。

四、传统出版纵向融合发展路径

传统出版企业跨产业融合发展，向全产业链延伸，实现全产业链中的价值增值，可以采取以下三种路径，分别是：基于全媒体的纵向融合路径，基于消费者的纵向融合路径，基于协同共享的纵向融合路径。

第一，基于全媒体的纵向融合路径。随着全媒体的发展，"信息无处不在、无所不及、无人不用"，全媒体是消费者获取信息的重要途径。当传统出版企业沿着产业链上下延伸时，全媒体的作用得到了更大发挥，促进了传统出版向多领域延伸。如人民音乐出版社等，基于全媒体实现纵向融合，实现集团化发展。这种融合路径的主要特点是：通过资金推动传统出版企业转型，投资其他产业领域实现跨界发展，进而实现集团整体的经济效益提升；通过新媒体技术实现传统出版企业转型和创新发展；通过多种媒体传播信息，促进品牌建设和传统出版融合；通过体制改革和制度建设，提升企业效能，激发传统出版企业经营活力。

第二，基于消费者的纵向融合路径。对于不断变革发展的出版企业来说，关注市场、关注目标消费群体是必不可少的环节。网络和新媒体的快速发展，使出版业的消费者呈现出新的特点。了解消费者阅读及消费行为、关注消费者对于知识服务的需求和体验，是传统出版企业选择这种纵向融合路径的基本要求。基于消费者的纵向融合路径注重目标消费群体的个性化需求和差异化体验，不同于基于全媒体的纵向融合路径，这是一种收缩型的精细化、深耕型的融合路径。这种融合路径的主要特点是：以目标消费者为主体，深度挖掘消费者需求，提供精准服务；为目标消费者群体提供产品配套服务或者以需求为基础的专门服务，如线上课程、线上测试、有声读物、知识搜索服务等；深耕细分市场，突出特色，塑造品牌；消费者多重身份转换，使消费者既是内容获取者，又能成为内容生产者，通过"用户生产内容"的形式提高目标消费群体的满意度和忠诚度。

第三，基于协同共享的纵向融合路径。这种路径强调通过协同共享实现资源优化配置，传统出版企业提供优势内容资源，合作企业提供先进技术或渠道等，通过共享实现资源的高效使用。例如，《太阳报》网站通过提供免费产品和服务来吸引消费者，获取流量，扩大影响力。这种纵向融合路径的特点主要是：充分利用网络特征吸引消费者，获取流量优势后再与广告商合作等；在提供免费产品和服务的基础上对消费者分类，通过提供精品内容、知识延伸服务等形式，实现消费者付费阅读。

五、传统出版横向融合发展路径

传统出版融合发展不仅仅包括跨产业融合，还应从国内和国外两个大局出发，统筹国内外出版资源。① 横向融合主要通过跨区域和国际化经营实现传统出版融合发展。通过传统出版"走出去"，把国内的优质出版内容进行国际传播，出版产品无论是纸质出版物还是其他形态都是优质内容的重要载体。而横向融合中的"引进来"，则主要是引进优秀国际出版机构的运营模式和理念，以国际经验促进传统出版企业创新发展。

---

① 参见徐晨霞、张洪忠：《出版融合视域下出版业的战略取向和顶层设计》，《出版广角》2019 年第 18 期。

传统出版横向融合发展路径建立在跨区域、国际化融合发展的基础上，主要形式是传统出版企业采取"走出去"战略，实现跨区域融合和国际化融合发展。例如，德国的贝塔斯曼集团最初主要经营印刷业务，后来通过收购和海外扩展，成为一家国际化的传媒、服务、教育集团，业务范围涵盖广播电视、出版、期刊杂志、音乐版权管理、印刷、教育等多个方面，从中可以吸取有关横向融合发展的经验。

自中国出版"走出去"战略提出以来，中国出版企业便积极在海外建立分支机构，持续加强海外资本建设，与国外出版机构加强合作，与优质内容平台合作，拓展世界了解中国的渠道，传递更多更优的作品。

传统出版横向融合发展路径主要有以下几种形式：第一，通过海外投资、资本运作实现横向融合；第二，通过聘请当地团队进行本土化运营，从而实现横向融合；第三，通过版权输出、内容开发实现横向融合；第四，通过与海外出版机构合作建立分支机构，实现横向融合。部分出版企业通过横向融合路径开展出版融合的情况（见表2-6）。

表2-6 部分出版企业通过横向融合路径开展出版融合的情况

年份	出版社	横向融合概况
2014	江苏凤凰出版传媒股份有限公司	江苏凤凰出版传媒股份有限公司以8000万美元收购美国出版国际公司的童书业务，经营状况良好，销量居美前列，年收入6亿元以上。
	广西师范大学出版社	广西师范大学出版社以200万美元收购澳大利亚视觉出版集团。
2015	浙江少年儿童出版社	浙江少年儿童出版社以200万美元收购澳大利亚新前沿出版社。
	接力出版社	接力出版社在埃及成立分社。
	安徽美术出版社	安徽美术出版社与澳大利亚ATF出版社共同成立时代亚澳公司。

年份	出版社	横向融合概况
2016	新世界出版社	新世界出版社在印度新德里成立中国图书编辑部，与当地图书出版公司合作出书达 11 种。
	中国人民大学出版社	中国人民大学出版社在以色列建立分社。
	中国社会科学出版社	中国社会科学出版社在智利成立分社。
2017	山东友谊出版社	山东友谊出版社与澳大利亚山东总商会签署战略合作协议，在尼山书屋、国际图书销售、国际游学、知识产权等相关领域开展合作。
	外语教学与研究出版社	外语教学与研究出版社与保加利亚、波兰、法国的出版机构合作，先后建立"中国主题编辑部"。
2018	湖南人民出版社	湖南人民出版社在越南成立办事处（分社），合作出版中国经典名著和主题图书等。
	浙江大学出版社	浙江大学出版社在意大利成立分社，从当地聘请精英团队，实现海外分社的"本土化"运营。

六、内容推动型融合发展路径

在网络和信息时代，出版业的目标消费者群体需要的是内容，但又不仅仅是内容，消费者希望获得知识和信息，在此基础上构建自身的知识体系；同时，消费者不再是内容的被动接收者，他们期待在阅读和获取信息中有更高程度的参与，在与内容供应者互动，甚至自身也成为内容供应者方面有更大的主动性。聚焦于出版内容，与之相关的内容策划、产品功能延伸、知识服务等将推动传统出版融合的发展。对于出版企业来说，从"生产内容供应给读者"转换为"为读者获得知识提供服务"。在这一过程中，内容建设是核心任务，内容优势是传统出版企业可以构建的核心竞争力。传统出版企业要坚持精品质量，同时提供适应时代发展的内容表现形式，创新传播方式。在内容推动型融合路径中，传统出版企业通过多种方式开展技术应用实践，推动传统出版深度融合，完成"内容—数据—用户—内容"的生态闭环，进行产品的内容流程再造、人才资金的重新合理配置和考核激励机制的重新调整。①

在内容推动型融合发展路径中，内容是核心，在内容资源的基础上寻找适合的技术，使内容资源的呈现方式、传播途径、读者互动等方面具有更好的效果。在这种路径中，传统出版企业不需要拥有自主技术，而只需要应用技术。建立怎样的数据库、开展什么样的在线课程、怎样策划符合目标读者需求的图书等，都与出版企业的内容资源及企业的内容服务目标有关。资源转化为产品、知识服务的网络运行、销售展示、读者互动等方面，都可以在出版企业明确各方面功能和目标的前提下，由外部的技术公司帮助实现。具体来说，传统出版企业可以通过技术外包的形式购买技术产品或者问题解决方案获得相应的技术支持。

技术外包是内容推动型融合路径的主要形式。通过技术外包，传统出版企业获得所需技术，避免自身研发技术所需的大量资金投入，能够节约成本；同时，传统出版企业从成熟的技术公司获得技术产品或解决方案，这些是经过市场检验的产品或服务，能够有效地提高出版企业的融合效率。例如，目前有关电子书生产环节的技术问题，都有较为成熟的解决方案，出版企业向解决方案提供商——技术公司购买，花费的成本远远低于自身进行技术开发所付出的成本，也减少了由于技术开发试错所付出的时间和人力。如 XML 电子书生产流程技术，既适用于纸版书印刷，又适用于电子书制作，可以在平板电脑、手机、Kindle 等各种阅读器终端任意转换，可以完成任何形式的版式设计；电子书销售评估，不管是对网页跟踪检测，

---

① 参见宋永刚：《推进出版融合深度发展的关键点和着力点》，《中国出版》2018 年第 18 期。

还是对电子书定价进行大数据分析，都可以借助技术公司的现成软件产品。对传统出版融合来说，内容资源的多次开发和利用，其实都是可以通过技术外包实现的，关键是内容产品本身的策划与设计。如 2019 年，由人民出版社和学习出版社共同出版的通俗理论读物《新中国发展面对面》，产品有纸质图书、配套动漫微视频等丰富的形式；上海交通大学出版社依托自身的优质学术资源，开发出"东京审判文献数据库"、"中国地方历史文献数据库"、"中国商会数据库"等数据库产品，提供专业化的知识服务。内容是核心和基础，技术为内容服务。

七、技术推动型融合发展路径

计算机技术、通信技术、网络技术、流媒体技术、存储技术、显示技术、二维码、AR、VR 等技术[1] 在出版领域广泛应用，技术在出版企业融合发展中的重要作用毋庸置疑。但是，缺乏自有技术也会出现一些问题。如技术公司通过租赁方式提供技术，居于主导地位；技术公司提供的软件是通用的，在出版企业来看，总有不完善之处却难以调整。在技术推动型融合发展路径中，传统出版企业主要可以应用两种具体的路径形式：一是开发自主技术；二是通过并购获得技术。

第一，在开发自主技术的融合路径选择中，置身于技术快速发展的新时代，一些传统出版企业希望以拥有自主技术获得竞争优势。此时，出版企业变革组织结构，建立技术部门，吸引技术型人才，开展技术研发工作；或者，一些出版企业直接投资成立技术公司，获得技术自主能力。例如，知识产权出版社全资成立了多家技术公司，这些公司开发了"来出书"、"知了网"等数十个平台产品，拥有许多自主知识产权的专有技术和软件，包括面向数字出版的机器翻译技术，全文检索、跨语言检索技术，断版图书电子化和印

---

[1] 参见徐晨岷：《以技术赋能促进融合教育出版》，《科技与出版》2019 年第 1 期。

前处理系统，高分辨率照相扫描和图像处理技术等。

第二，在并购获得技术的融合路径选择中，传统出版企业为获得技术（有时也包括品牌、市场、管理等）而进行资本运作，选择的并购对象主要是数字技术、信息技术公司等。例如，亚马逊公司在进入出版业务领域后，先后并购了 Brilliance Audio 公司和 Lexcycle 公司，前者是有声读物出版企业，后者是电子阅读软件开发企业；中南传媒集团与华为合作，对旗下的天闻数媒科技公司增资重组，实现中南传媒在数字阅读市场的快速发展。并购是出版企业的一项战略决策，建立在出版企业对其行业地位和自身发展阶段进行深入分析的基础上，需要对企业的品牌、内容资源、渠道优势、现有技术、人力资源、管理水平等方面有清晰明确的认识。

通过开发自主技术或通过并购获得技术，出版企业作为内容提供者，可以自建数字出版平台和数据库等，形成有企业特色的知识服务系统；出版企业可以自己制作电子书；出版企业可以拥有自己的网络销售渠道和新媒体传播渠道等。例如，凤凰出版传媒集团的凤凰云平台，采用 OpenStack、KVM、容器等主流云技术，在教育出版数字化应用中发挥了重要的基础支撑作用。

八、内容与技术并重型融合发展路径

除了内容推动型融合发展路径和技术推动型融合发展路径以外，出版企业还可以选择内容与技术并重型融合路径。在内容与技术并重型融合路径中，传统出版企业探索知识服务体系建设，为目标用户提供知识解决方案。传统出版企业通常通过与技术公司合作获得技术支持，这种合作可以依托项目展开，以合同约定的形式实现收益分成。内容与技术并重型融合路径有两种形式：一是重点合作融合路径；二是多元合作融合路径。

第一，在内容与技术并重型的重点合作融合路径中，传统出版企业可以与一家成熟的技术公司合作，出版企业主要提供内容资源，技术公司主要提供技术资源，两家企业实现优势互补，共同开展研发工作，产出知识服务产品，销售完成后，两家企业进行利润分成。

第二，在内容与技术并重型的多元合作融合路径中，传统出版企业以项目合作的方式与多家不同的技术企业或科研院所合作。选择合作对象时，以项目类型、合作单位优势等为依据。通过多元合作，为项目找到不同的合作单位，实现外部技术资源的充分利用。例如，中信出版集团与"得到"APP合作，共同推出电子书产品《变量：看见中国社会小趋势》；人民文学出版社与"喜马拉雅"FM合作，推出有声读物《围城》；北京语言大学出版社的外语类产品，与"爱语吧"、"书链"、"沪江"等语言教育线上平台进行合作，推出阅读类APP、微课、线上课程等；中国大百科全书出版社和中国科学院合作，共同研发出智能百科机器人"司南君"，将源于《中国大百科全书》的权威内容资源存储于"司南君"身上。

第三章　传统出版融合发展案例及启示

随着互联网的飞速发展和普及，融合发展成为出版社发展的必然趋势。但在融合发展包括数字化转型过程中，很多传统出版社还任重而道远。例如：在思维融合方面，很多出版社还以内容生产者身份自居，没有知识服务意识；在内容融合方面，很多出版社只是简单地将纸质内容资源有声化或简单上线，并未进行深度开发包括多媒体化，未能找到很好的盈利点；在机制融合方面，很多出版社尽管设立了数字出版机构和部门，但除了将有些业务流程进行了数字化改造外，在实际工作中并未付诸实施，或进行流程再造。另外，由于数字出版人才匮乏，现有经营管理者思维转变困难，很多传统出版社在转型融合发展的过程中，缺少人才储备和管理支持。与此相反，很多高科技企业利用其技术优势和大数据思维进入出版领域实现跨界经营，未来出版社的融合发展之路将更加艰难。

与此同时，我们可以看到，出版物的形态也已不再是单纯的图片或文字，还可以通过音视频、二维码、社交平台、AR/VR 等方式或技术与读者进行多维度的交流和互动，知识传递也从单向转为双向甚至多向，带给读者更多的阅读学习体验。因此，出版社要想在信息化新经济时代保持原有的竞争优势，就必须在经营理念和发展思维上做出根本性的改变。

归纳来讲，传统出版社在转型融合发展过程中，必须要跳出传统出版企业固化的思维定式，用大数据的思维再造出版流程，重新整合数据管理模式；深化和拓展内容资源，用新技术和新思维来创新内容生产方式；积极迎合市场和消费者需求变化，改变传统的传播和销售方式，适当跨界经营从而扩大市场份额；加快技术人才的引进和原有人才队伍的知识更新，做好相应的人才储备，为实现融合发展和数字化转型夯实基础，探索出一条既适应时代发展又具有自身特色的融合发展之路。

基于此，本书选取了以下若干个出版企业融合发展的案例。主要包括人民教育出版社教材出版数字化转型与融合发展案例；社会科学文献出版社从内容提供商到知识服务商的融合转型案例；陕西师范大学出版总社围绕"融合发展与数字出版创新战略"案例，加强对出版、传媒、创意产业融合一体化发展，组建了数字出版的专业研发运营团队，形成了数字出版部门、具体项目组以及第三方协作公司相结合的多种组合运作模式，明确了数字出版的管理机制和工作机制；读者出版集团重新认知和定位读者品牌，推动集团的媒体融合和产业融合，以读者品牌为核心，启动"读者品牌影响力转化工程"，通过流程优化、平台再造，实现集团各种媒体资源、生产要素的有效整合和融通，实现信息内容、技术应用、平台终端和管理手段的互融共通，催化集团优质资源的融合质变。希望这些案例能够给出版企业融合发展提供一定的借鉴和启发。

第一节　国内出版社融合发展案例及启示

案例一：人民教育出版社以数字教材新生态促融合出版新发展

导语：在"互联网+"时代，媒体融合已成为发展和繁荣编辑出版事业的必由之路。作为以青少年为主要读者的教材出版，必须紧密结合读者群体在网络多媒体技术应用方面的特殊要求，寻求由传统出版向数字出版的转型。人教社数字教材是人民教育出版社依据国家课程标准，以人教版纸质教材为蓝本的富媒体教材。它不再是仅仅将纸质教材的内容简单以电子书的方式呈现，而是加入了更多的新媒体技术和信息技术，除了遵循教学规律保证符合课程教学基本要求和应有的知识体系以外，还补充了较多的相关辅助数字资源，并通过信息技术实现数字教学资源的开放性和互动性，给师生带来了更丰富的教学体验。

"十三五"期间，人教社提出以内容建设为抓手，借助其在内容、品牌和渠道方面的优势，与各地出版企业携手合作，共同打造教育数字出版产业生态体系并进行产业化应用，走出了一条示范性较强的融合发展之路。

多彩贵州，爽爽贵阳。2019年3月19日，来自全国29个省（区、市）的出版集团负责人、教材中心负责人、人教数字合作单位的代表齐聚"人教数字出版工作会·2019"，围绕"数字教材·产业生态"的会议主题，共商建立数字化时代的新型产业合作关系。

这是继2017年"乌镇会议"、2018年"福州会议"之后，人教社举办的第三次数字出版年度工作会议，也是教育出版界深入学习贯彻习近平总书记关于媒体融合发展的重要讲话精神，认真贯彻落实中共中央、国务院印发的《中国教育现代化2035》精神和要求，努力推动出版业转型升级和融合发展的一次重要会议。中宣部出版局音像电子处处长王楠，贵州省委宣传部副部长、网信办主任、新闻出版局（版权局）局长谢念，人民教育出版社党委书记、社长黄强等嘉宾参加。

全国3000余万师生使用人教数字产品，人教Pad同比增长245％，2016年到2018年销售收入年均复合增长率达84％……过去的2018年，人教社数字出版工作开展得卓有成效。站在新的起点上，人教社构建数字教材新生态的布局已全面展开。

一、推进数字出版提质增效

"新一代信息技术正在引领新一轮技术革命和产业变革，出版业必须提质增效，以融合催生精品。"谢念的话引发与会人员共鸣。

谢念表示，推动传统出版和新兴出版融合发展，把传统出版的影响力向网络空间延伸，是出版业巩固壮大宣传思想文化阵地的迫切需要，是履行文化职责的迫切需要，也是自身生存发展的迫切需要。贵州省将积极运用现代科学技术、互联网思维和新发展理念来推动出版业实现高质量发展。

"数字出版提质增效刻不容缓。"黄强同样认为，随着数字出版作为战略性新兴产业和出版业发展主要方向的重要地位日益凸显，新旧动能转换、推动高质量发展成为数字出版的当务之急。

"十三五"期间，人教社提出"以内容建设为基础的融合发展战略"。面向未来，人教社将继续加强与各地出版集团的深入合作。"数字化时代的浪潮下，人教社期待与各地出版集团充分发挥教育数字出版在内容、品牌、渠道等方面的优势，共同构建数字化时代的新型产业合作关系，推动教育数字出版产业生态的形成和产业化应用的实现。"黄强说。

二、向"内容＋服务"角色转型

人民教育出版社副社长、人教数字出版有限公司董事长王志刚在会上分析了信息化时代教育出版面临的政策、市场、技术三大挑战，提出构建以数字教材为核心的新型内容资源体系。

在王志刚看来，数字化优质内容资源体系的建设，既要以数字教材为核心，同时必须与教育信息化推进相结合，考虑教育教学的实际需求，配套数字化辅助教学资源、拓展教学资源，保证在满足教育教学基本需求的同时，为个性化教学和自主学习、合作学习提供更多的内容资源和选择。

"信息化时代，教育出版要想保持住在服务传统教育中的主体地位，必须向提供'内容＋服务'的角色转型，建立新的内容产品和服务模式。"王志刚认为，出版人要树立互联网思维，积极拥抱新技术，在生产组织和服务教育上创新，重视数字出版人才培养和队伍建设，走融合发展之路。他同时号召出版人团结起来，共同打造信息化时代服务教育新业态，在为教育提供优质产品和服务的同时，实现自身的转型升级、持续发展。

在专家报告环节，北京大学中国教育财政科学研究所所长王蓉回顾了教育财政 1.0 时代、2.0 时代的体制机制发展演进，并从教育需求与供给等六个方面展望了教育财政 3.0 时代。她认为，发挥教育信息化优势的一个重要出发点，就是为教师提供更多资源，特别是按照更高质量的团队开发和分享的固定教育内容与程序，对教师进行教育服务。对于教育出版单位来说，王蓉的观点或可带来新的发展思路。

三、共建数字教材生态共同体

会上，人教社发布了数字教材垂直服务平台与"综合实践活动 3D 打印课程解决方案"两款产品，并对 2018 年人教数字业务的市场推广情况进行总结，同时表彰了数字出版业务拓展、协作进取和业绩成长突出的各地出版集团代理单位和个人。其中，数字教材垂直服务平台作为数字教材生态共同体的重要载体，受到与会人员广泛关注。

据人教数字出版有限公司首席执行官王巧林介绍，数字教材垂直服务平台集国内各版中小学数字教材于一体，依据相关数字出版标准，为出版单位提供数字教材"加工—发布—阅读—管理—授权—数据接口"等专业服务，可对接各级各类教育管理、资源公共服务平台和教育信息化应用软件及多媒体终端。

目前，数字教材垂直服务平台已涵盖人教版、凤凰版、粤版、鲁版、冀版等多版本数字教材，占全国教材市场份额 80% 以上。会上，凤凰出版传媒股份有限公司、南方出版传媒股份有限公司、河北出版传媒集团有限责任公司、山东出版传媒股份有限公司、海峡出版发行集团有限责任公司作为首批 5 家出版单位，与人教社就平台今后的合作签约。

王巧林对此表示，人教社与各地出版集团将以数字教材垂直服务平台为契机，共同构建以"内容、政策、市场、服务、科研"为内涵的数字教材生态共同体，促进出版产业整体转型升级和融合发展。

会上发布的另一款产品是人教社组织专家团队研发的以教材为核心，集软件、硬件、服务于一体的"综合实践活动 3D 打印课程解决方案"。该产品具有课程权威、定位高远、内容丰富和应用灵活的特点，对教育部门及学校、教师及学生均有较高的应用价值。"该解决方案可提供简单易行、合理有效的教学方法和完备的课程资源，大幅降低 3D 打印课程开设门槛，让更大范围师生受益，促进教育公平。"人教数字教育研究院高级研究员沙沙说。

四、提供融合发展新思路

除全体会议之外，今年工作会还分别举办了数字出版战略研讨和业务研讨活动，与会嘉宾敞开心扉，不避问题，就我国教育数字出版发展战略、教育数字产品研发和市场拓展，以及如何加强合作、共同服务教育信息化等议题展开交流。2018 年，"广东省国家课程数字教材规模化应用全覆盖工程"可谓中国教育数字出版里程碑式事件。这一典型案例也在研讨环节进行了分享，获得其他省份的广泛关注。

"在数字教材资源开发与应用上，传统出版单位单打独斗会有很大局限性。"新华文轩出版传媒股份有限公司董事长何志勇说。

"期待国家出台数字教材相关标准，对数字教材出版加以规范。"海峡出版发行集团有限责任公司副总经理林彬说。

"教育出版要有忧患意识，克服小富即安的想法，增强进一步服务教育的使命感。"黄强希望与各出版集团加强合作，共同推动教育出版数字化转型升级和融合发展。

"会议为教育出版企业带来了新的视野，为出版业融合发展提供了新的思路。"参加研讨的与会代表一致认为，打造数字教材生态共同体的提出适时而富有前瞻性，数字教材垂直服务平台和"综合实践活动 3D 打印课程解决方案"将获得更多的数据支撑，在未来竞争中占领数字教育的先机。

此次会议的召开促进了各地出版集团与人教社合作的信心。建议人教社加大新技术在教育出版和教育服务上的应用，既要关注数字产品数据，也要关注大数据反馈；围绕政策，做好内容审核、合作运营、市场营销、技术开发、教学研究、产品落地跟踪等多方面的整体研究。同时，形成产业联盟，搭建优质平台，集合各方优势，在共同探索的过程中共享优质资源，共创教育信息化时代传统出版业的发展之路，为促进教育出版行业的转型升级和融合发展贡献力量。

（资料来源：尹琨：《以数字教材新生态促融合出版新发展——"人教数字出版工作会·2019"在贵阳召开》，《中国新闻出版广电报》2019 年 3 月 25 日。）

案例二：社会科学文献出版社：数字化转型的社科文献样本 ①

导语：进入 21 世纪以来，随着现代通信技术、数字技术、网络技术的迅猛发展，互联网基础设施的不断完善，传统出版行业受到了越来越明显的冲击。尽管在媒介转型的过程中有一个缓冲期，不像报纸和期刊那样明显，但随着互联网的渗透以及有电子阅读习惯的"数码原著居民"一代的长大，传统出版业发生了深刻的变化。新的业务形态、新的商业模式、新的产品和服务不断涌现，进而酝酿着一场新的产业革命。传统出版业的转型要求越发明显。

社会科学文献出版社作为中国社会科学院的人文社会科学专业学术出版机构，有着较高的学术话语权和较大的学界影响力，通过观念的转变、信息的标准化、自主的制度设计、必要的机制建立和重视人才的培养，在传统出版的数字化转型中不断探索前进，实现从内容提供方到知识服务方的转变，力求在人文社科学术资源方面的整合、推广及专业知识服务方面完成转型，成为行业的引领者。

数字出版是出版行业与现代计算机、互联网技术相结合产生的新兴出版业态，利用数字技术进行内容编辑加工，并通过网络传播数字内容产品，主

---

① 选取自谢寿光主编：《作者手册》，社会科学文献出版社 2020 年版，第 8 章。

要特征为内容生产数字化、管理过程数字化、产品形态数字化和传播渠道网络化。数字出版是互联网大数据时代，以用户为中心，更深度地发现作品价值，更广泛、快速、多样、精准地传播作品，全方位、多渠道增强作品影响力的重要手段，是出版业未来发展趋势和主要战略方向。

一、社科文献的数字出版

社科文献的数字出版立足出版社学术出版资源和优势出版领域，坚持"学术、权威、专业"的产品定位，面向人文社会科学领域的海内外学者与学术研究机构，提供集数字产品、数字平台、解决方案、定制服务等于一体的多元化学术知识服务。

社科文献以皮书光盘版建设为数字出版工作发端，陆续推出了皮书数据库、国别区域与全球治理数据平台、"一带一路"数据库、集刊数据库等 8 个数据库产品，多次斩获"中国出版政府奖·音像电子网络出版物奖"提名奖、"中华优秀出版物奖·音像电子游戏出版物奖"提名奖、"数字出版·优秀品牌"等荣誉；推出上万本电子书，并基本实现国内外主力经销渠道全覆盖。2015 年以来，社科文献顺应《关于推动传统出版和新兴出版融合发展的指导意见》，在社内积极进行融合发展业务试点，并对外提供学术科研服务平台业务，已为中山大学等几十家知名机构提供了服务。社科文献还成功入选"全国数字出版转型示范单位"、"专业数字内容资源知识服务模式试点单位"、"国家数字复合出版系统工程应用试点单位"，是专业出版社数字化转型升级的领跑者，融合发展水平处于行业领先地位。

目前，社科文献已构建起包含电子书、音视频、音像制品、数据库、定制库等的多元化数字产品体系，包含学术科研服务平台、全流程数字出版解决方案等的多方位数字出版服务体系（见图3-1），以多形态高质量的数字产品、个性化多方位的数字出版服务，提升科研机构和专家学者数字时代的学术话语权及学界影响力。

内容资源

已出版资源	多媒体资源	一手资料
（图书、期刊、论文等）	（图片、图表、音频、视频等）	（数据、调查资料、单篇报告、档案、日记、手稿等）

数字产品建设 | **数字出版服务**

数据库

○中国发展与中国经验
· 皮书数据库
· 中国减贫研究数据库
· 京津冀协同发展数据库

○区域国别问题研究
· 国别区域与全球治理数据平台
· "一带一路"数据库

○中国乡村问题研究
· 中国乡村研究数据库

○古籍与大型学术文献
· 台湾大陆同乡会文献数据库
· 集刊数据库

电子书

· 先晓书院（自建）
· 亚马逊
· 得到
· 阅文
· 掌阅
· 当当
……

音视频
（有声书）

· 先晓书院（自建）
· 喜马拉雅
· 蜻蜓FM
……

学术科研服务平台

○文化类
· "一带一路"语言与文化数据库（宁夏大学）
· 中华文化发展智库平台（湖北大学）
· 大运河文化带数据库（扬州大学）
· 非物质文化遗产数据库（中山大学）

○国别区域类
· 太平洋岛国研究智库平台（聊城大学）
· 东北亚研究数据库（黑龙江省社科院）

○社会学类
· 中国社会学研究数据服务平台（中国社科院社会研究所）
……

定制库	音像制品	全流程数字出版解决方案

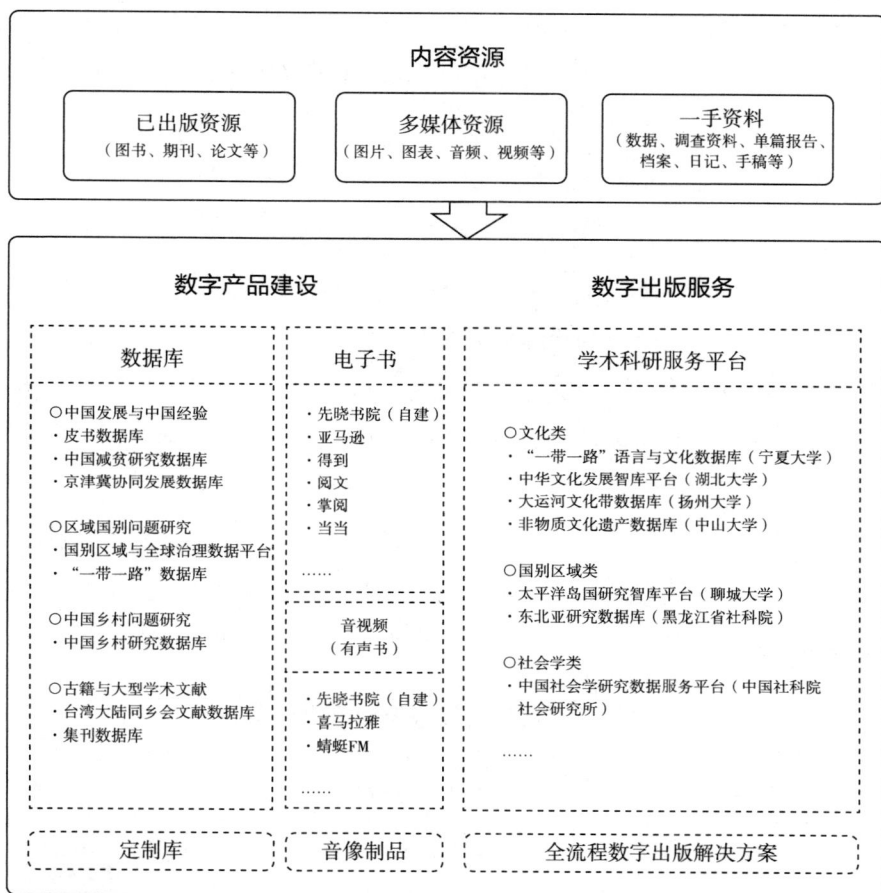

图 3-1　社科文献数字出版业务矩阵

二、数字产品类型及流程

无论是正式出版物，如皮书、集刊、学术专著、论文等，还是未出版资源，如数据资料、调查资料、单篇报告、日记、手稿、数字化资源（如电子课件）等，均可以被正式出版的数字产品或平台进一步发现、传播价值。

由于数字出版技术处于快速发展中，数字产品形态和服务模式也在不断丰富升级。目前，在人文社会科学学术出版领域，主要的数字产品形态有电子书、数据库、音视频、音像制品等，主要的服务模式有学术科研服务平台等。

1. 数据库产品

数据库产品是某一类特定内容的集合体，具备资源海量、资源类型多样、检索便捷、便于提供增值产品和服务等特征，适用于专业内容。数据库产品并不是简单的电子书或资讯的聚合，而是有专业知识组织体系，通过对内容资源的拆分、重组、关联，深度发掘资源价值，并具备检索导航、阅读下载、个性推荐、特色工具等服务功能，能面向使用需求和场景提供不同粒度和形式知识服务。

数据库产品是社科文献最典型和最具影响力的数字产品。社科文献全力打造中国发展与中国经验、区域国别问题研究、中国乡村研究、古籍与大型学术文献四大数字产品线，已推出八个数据库产品（见表3-1）。

表 3-1　社科文献数据库产品一览

产品名称	产品简介	二维码
皮书数据库 （www.pishu.com.cn）	分析解读当下中国发展变迁的智库产品与知识服务平台	
国别区域与全球治理数据平台 （www.crggcn.com）	国别区域与全球治理数据资源与研究成果整合发布平台	
"一带一路"数据库 （www.ydylcn.com）	共建"一带一路"国家国情及发展情况的基础资料库	
集刊数据库 （www.jikan.com.cn）	中国学术集刊运营发布知识服务平台	
台湾大陆同乡会文献数据库 （www.tongxianghuicn.com）	展示赴台各省同乡的集体记忆与社会生活的史料库	

续表

产品名称	产品简介	二维码
中国减贫研究数据库 （www.jianpincn.com）	国内首个关于减贫研究的学术成果库和基础资料库	
中国乡村研究数据库 （www.ruralchina.cn）	聚焦研究成果解析"三农"问题，整合调查资料走进中国乡村	
京津冀协同发展数据库 （www.jingjinjicn.com）	围绕京津冀三地发展现状、规划布局、发展路径打造而成的专题数据库	

这些产品多次荣获"中国出版政府奖·音像电子网络出版物奖"提名奖、"中华优秀出版物奖·音像电子游戏出版物奖"提名奖等国家大奖，累计使用用户超过 3000 家，遍布中国、美国、加拿大、澳大利亚、英国、德国、日本等多个国家，在人文社科领域极具影响力。社科文献基于已有数据库产品，可面向作者提供数据库发布作品、影响力数据报告、研创资料及工具支持等多种服务，并可根据作者需求提供定制库服务。

在数据库中发布作品需提供的要件包括资料清单，电子文件或纸质文件，关于汇编权、信息网络传播权等权利的授权文件等。

2. 电子书

电子书是指将文字、图片、声音、影像等信息内容数字化后制作而成的电子版图书。主要格式有 TXT、DOC、PDF、CEB、ePub、Mobi 等，可借助电脑、手机、手持阅读器等终端设备来读取、复制和传输。

社科文献可为作者提供多种格式的电子书开发制作，以及营销推广服务，可实现纸电同步。社科文献覆盖了国内外多个面向个人和机构的电子书主力经销渠道，包括自建电子书平台——先晓书院，以及亚马逊、得到、阅文、掌阅、当当、京东、豆瓣、台湾华艺、中文在线、人天、可知、中图、国家图书馆等 20 家经销合作商。

出版电子书需提供的要件包括拟出版内容的电子文件或纸质文件、关于信息网络传播权等权利的授权文件。

3.音视频产品

社科文献可为作者提供有声书、音视频作品制作等服务，通常会在1个月左右完成作品录制。社科文献在人文社科领域学术图书的音视频产品开发运营上经验丰富，推出了《富人的逻辑》、《现代金融创新史》、《领读公司法》、《职场密码》、《战略简史》、《撒哈拉之南》、《列国志系列丛书》等多部有声书；与喜马拉雅合作开通了"社会科学文献出版社官方电台"，完成了《现代金融创新史》、《领读公司法》、《职场密码》等书的音视频制作和发布；与蜻蜓FM等多家音视频推广平台有长期合作。

出版音视频产品需提供的要件包括有声书录制文稿的策划案、身份证复印件、出版合同、图书版权页、所涉及的相关权利的授权文件等。

4.音像制品

社科文献2002年全额投资成立了北京社科智库电子音像出版社，致力于田野影像笔记、学者大讲堂、智库专家专题讲座、学术规范培训、财富管理等实用课堂的音频视频制品出版，可将作者调查研究过程中的影像、影片、课件、笔记等各类资料，开发成光盘、U盘、二维码等多种形态的音像制品。近年来，社科文献立足于学术性和专业性优势，实施精品战略，推出了"民族影像志"系列产品等多部影视人类学专题纪录片、《匠心·北京》等自主策划的纪录故事、《波段制胜操盘技法》等理财投资课程类产品，以及实验影像等各类产品，多次获得学术类影片奖项。

出版音像制品需提供的要件包括选题基本信息表、单独输出字幕速记稿、完整成片（需输出未上字幕的小样，分辨率1920×1080为佳，MP4、MOV等通用格式，使用方正字库）、封面用素材（如影片剧照、幕后花絮等）等。

5.学术科研服务平台

学术科研服务平台是基于学术机构/科研单位的数字科研需求，全面整合相关学术资源，通过技术手段，依托社科文献优质资源，为学术机构 /科研单位量身打造的集资料获取、资源整合、成果发布、科研工具、数据服务、学术交流、内部工作平台、对外宣传平台等于一体的数字科研服务平台。

社科文献拥有 30 年出版的专业人文社会科学内容资源以及丰富的数字科研平台建设经验与成功案例。社科文献学术科研服务平台以"智慧学术"理念为主导，对学术需求深度发掘，坚持数据贯穿学术研究的整个过程的理念，依托学科编辑提供的专业化研究建议，实现数据整合和数据成果转化功能，为人文社会科学研究机构和学者搭建资源共享交流平台，最大限度实现学术增值服务。

打造专属学术科研服务平台，需提供的要件包括建设需求、经费预算等信息。

（本文作者：社会科学文献出版社社长谢寿光）

案例三：围绕出版转型推进融合发展

——陕西师范大学出版总社传统出版与新兴出版融合发展简况

导语：陕西师范大学出版总社是教育部主管、陕西师范大学主办的集图书期刊、音像电子、网络出版及影视制作于一体的综合出版机构。该社成立于 1985 年，始终以"刊书载道，立社弘文"为宗旨，以"建百年名社，立文化大业"为目标，以"高质量出版，大市场经营，全媒介服务"为理念，坚守事业，挺拔主业，延伸产业，壮大基业，在人文学术、大众文化、基础教育、高等教育等出版领域形成了鲜明特色，学术品位、文化影响力和社会美誉度持续增强，为服务社会、服务教育、服务学校作出了积极贡献，走出了一条独具特色的大学出版之路。下面简要介绍近年来该社在推动传统出版与新兴出版融合发展方面的主要做法和经验体会。

一、战略规划和制度机制作保障，稳步推进数字融合基础建设

在传统出版与新兴出版融合发展方面，陕西师范大学出版总社按照"顶层设计、规划先行、项目带动、重点突破"的原则，先后制定了《陕西师范大学出版总社"十二五"发展规划》、《陕西师范大学出版总社"十三五"发展规划》、《陕西师范大学出版总社知识服务发展规划》，明确了总社数字出版的指导思想与发展策略、发展目标与主要举措、发展路径与关键步骤。

在规划指导下，总社围绕"融合发展与数字出版创新战略"，社里加强对出版、传媒、创意产业融合的研究，立足当前，兼顾长远，坚持一体化发展，并行并重，优势互补，重点突破，分步实施，阶段推进。陕西师范大学出版总社组建了数字出版的专业研发运营团队，形成了数字出版部门、具体项目组以及第三方协作公司相结合的多种组合运作模式，明确了数字出版的管理机制和工作机制。在数字出版流程、人才培养及数字化转型方面，陕西师范大学出版总社先后颁布了《数字出版物编辑出版审核流程规范》、《关于加强管理创新的意见》、《关于加强图书及数字出版意识形态管理的规定》、《关于成立数字融合创新小组的决定》、《专项资金使用管理办法》、《文化产业发展专项资金项目经费廉洁管理实施规定》等制度性文件，有力地推动了数字化转型升级与融合发展。

陕西师范大学出版总社一直高度重视数字化基础建设，结合业务发展稳步推进宽带网络、信息化设备、门户网站等建设，现有各类信息设备三百余台（套），建有标准化机房，配置服务器等核心信息设备三十余台（套）。2004 年全面实施云因 ERP 管理系统，此后不断进行升级，为管理经营数字化转型发挥了重要作用。2014 年起，陕西师范大学出版总社积极推进软件正版化、无线网信号覆盖、协同办公系统建设、服务器虚拟化建设、媒资管理系统建设、非线编系统及数字资源总库等基础信息化建设，为陕西师范大学出版总社出版业务转型奠定了坚实的基础。2019 年起，重点建设"首阳教育云平台"，从根本上解决统一的内容资源聚合、用户数据整合、商务结

算支持、数据分析决策等基本问题，正在成为各业务板块数字融合项目开发及市场化运营的重要支撑。

此外，陕西师范大学出版总社还开展了广泛的数字出版内容、技术及渠道合作，筹集了较为雄厚的数字出版建设资金，为推进数字化转型与融合发展奠定了良好的资源、资金、技术及渠道基础。

二、探索数字化运营模式，融合发展多点开花，格局初现

经过多年实践探索，让数字出版回归本位，陕西师范大学出版总社确定了以各经营实体部门为主体、数字出版中心提供技术服务支持的数字化经营方式，通过线上线下联动，各种出版形式并存互补，提升服务功效，经营有了新的增长点，同时有力地带动了传统书刊销售和运营创新。

积极推进传统出版与新兴出版融合，通过持续探索和尝试，陕西师范大学出版总社数字出版多点开花，以"一个平台、两项系统、六大项目产品线"为核心的数字出版格局正在形成，并开始向以云平台建设运营为核心的传统与数字深度融合的更高层次发展。一个平台是总社首阳教育云平台，这是陕西师范大学出版总社重点打造的数字化基础工程，兼具对内资源整合、对外业务创新的职能；两项系统是云因 ERP 管理系统、数字资源总库系统；六大项目产品线是"延安知青口述实录数据库"、"丝绸之路历史地理信息开放平台"、"汉籍数字图书馆"、"中华茶文化数据库"、"中国墓志科研开放平台"、"爱读写——中小学阅读写作数字融合项目"。其中，"延安知青口述实录数据库"和"丝绸之路历史地理信息开放平台"两大项目获得国家文产资金支持，分别列为总社转型创新一号工程和重点工程。

近几年来，陕西师范大学出版总社围绕教育出版、大众出版、人文出版、期刊出版等领域，结合业务实际全面开展传统出版数字化试点与创新业务模式探索，开阔了出版视野，有效地调动了各部门人员的积极性和创造性，编辑和运营人员不断通过互联网平台克服传统经营中的困难，展现各自的创意，多点开花，成果丰硕。

利用已建立的信息化业务平台，建立起作者、产品与用户互联互通的运营模式，充分发挥微信、微博、抖音等新媒体平台信息共享与反馈及时的特性，拓展线下学术会议、教育培训等相关业务，开展新媒体推广，获得了较好的社会影响和经济收益。其中，抗疫系列图书新媒体推广效果显著，学习强国、人民网、《光明日报》《新闻出版广电报》等十几家媒体重点报道，人民阅读、咪咕阅读、中文在线、掌阅、央广云听、喜马拉雅等三十余家新媒体平台全文刊发，短时间内总阅读量超过 500 万人次、总收听量超过 50 万人次；各业务领域专业微信公众平台及 QQ 群活跃用户达到 30 万人以上，为促进传统业务发展及业务创新发挥了积极作用；总社网站群及第三方网店等数字营销平台累计线上销售收入超过 300 万元。

三、大力推进重大数字项目和平台建设，有效发挥业务示范和整合推动作用

充分发挥国家文化产业专项资金的作用，以大项目带动为抓手，大力推进"延安知青口述实录数据库"和"丝绸之路历史地理信息开放平台"项目开发，严格按照国家资金使用规范、项目计划及市场需求，快速稳步推进。充分挖掘自身潜力，以重点项目为跟进，自主投资开发"首阳教育云平台"和"汉籍数字图书馆"、"中华茶文化数据库"、"中国墓志科研开放平台"、"爱读写——中小学阅读写作数字融合项目"等。通过大项目带动、重点项目跟进和基础平台建设，倒逼传统出版数字化转型升级，促进传统出版与新兴出版融合发展，取得了明显成效，有效发挥了示范作用和推动作用。

"首阳教育云平台"是总社自主投资建设的大型数字化基础工程，包括支撑层"首阳云平台"和应用层"首阳教育"两大部分，分为 PC 版、APP（安卓版和苹果版）、微信公众平台三端，旨在构建数字化转型升级"内容＋用户＋商务＋决策"四大后台管理系统，从根本上解决统一的内容资源聚合、用户数据整合、商务结算支持、数据分析决策等基本问题；构建"期刊服务＋在线课程＋数字阅读"三大前端应用系统，为期刊业务板块数字化管理与

创新经营提供场景化应用支持，为其他业务板块数字融合项目开发及市场化运营提供基础平台支撑和模块化功能服务。平台的建成和使用，将对我社传统出版数字化转型升级提供有力支撑，积极推动融合发展。

"延安知青口述实录数据库"项目以亲历者口述形式和影像方式记录其真实、生动的人生经历和感悟，编制延安知青文化档案，作为知青记忆的微观历史，具有独特的社会学及史料学价值。项目已经超额完成原计划的工作量，截至 2019 年底，累计完成投资近千万元，成果数据量约 100TB。目前正在按照规划，深度挖掘内容资源，实施衍生图书、数字及影视项目的综合开发，力争实现资源 IP 化，IP 商业化，良性发展，长效经营。

"丝绸之路历史地理信息开放平台"基于空间信息技术，结合传统的历史学、考古学等方法，对两千多年来丝绸之路沿线的环境、民族、经济、交通、文化等专题要素进行空间定位，重点针对汉、唐、明、清丝绸之路经济带的兴起、发展和衰落，使用历史文献资料、考古成果及遥感影像资料，依托 WebGIS，重构了丝绸之路沿线的历史地理环境，模拟其变迁过程。该平台为丝路研究提供了一个基础的、可视化的综合平台，是辅助政府决策、开展丝路研究、传播丝路文化的重要工具，具有填补规模化建设丝绸之路历史地理信息系统方面空白的价值。2017 年 6 月，项目发布测试版（http://www.srhgis.com），受到历史地理学界充分肯定，平台已于 2020 年上半年结项验收、正式发布。

"汉籍数字图书馆"是总社自主投资、独立开发、市场化运营的大型古籍类数字项目，目录库总计约 3260 万字，收录文献二十多万种，图版库收集了上自先秦下至民国的古籍图版八万余种，按照"经、史、子、集、丛"五部分类，依据部、类、属以及版本、印本等分层结构组织，确保目录分类的规范性、科学性及文献的完整性和学术研究价值。2010 年出版一期产品，并荣获首届陕西图书奖音像电子出版物奖。在前期开发运营的基础上，2016年 9 月，"汉籍数字图书馆"2.0 版（http://www.hanjilibrary.com）全新上线，并陆续推出微信版和全终端测试版，实现了产品架构重建、运营模式重构。

截至 2019 年底，项目累计直接投资 223 万元、销售收入 645 万元，市场前景看好。

"中华茶文化数据库"依托国家"十三五"重点出版规划项目《中华茶史》丛书的专家团队与优质资源，收录中华茶文化相关古籍、图书、期刊、百科四类精品文献，拟建设茶文化领域最全面、最权威的数据库，为茶文化研究者、学习者、爱好者及茶产业从业者提供知识服务。项目以两万余百科词条构建起茶文化知识体系，梳理了古籍、方志等传世茶文化文献九千余条，精选收集茶书五百余种，接入中国知网期刊文献两万余篇，为用户提供"一站式"茶文化内容资源和检索阅读服务。

"中国墓志科研开放平台"是国内首个以墓志文献为基础、提供数字人文科研工具的专业平台，收录自魏晋至宋元重要墓志一万余方，含图片及录文。录文均经专家审定，并由专业编辑对墓志、墓主、卒葬、形制等二十余个元数据进行标引，墓志文献数据将不断更新。平台使用知识挖掘系统，构建与墓主有关的人、事、物、时间、地点等中间数据库，并提供时间轴、生存轨迹、社会网络、专题及其他可视化分析工具，用户可自定义时间段与地域范围，对单个墓主或多个墓主进行专题研究。在权威、完备、高质量墓志文献的坚实基础上，用户使用平台提供的科研工具，可获得全新的研究思路、分析方法及令人欣喜的科研成果。

"爱读写——中小学阅读写作数字融合项目"以首阳云平台和微信公众平台为依托，以我社二十余年中小学语文阅读写作出版资源、专家资源、市场品牌为基础，对系列图书分专题分批次进行数字化开发、新媒体化运营，纸数融合，在促进纸书销售、提升读者服务的同时，用裂变营销的模式来引流读者、积累用户，构建运营总社特色的"互联网+"语文阅读写作平台，为阅读写作出版产品线持续创新发展探路，扩大"新作文"、"新阅读"、"新写作"系列图书的品牌影响力，推动数字化转型升级，是传统出版业务部门与数字技术支撑部门深度融合的积极探索。目前正在开发多门精品微课和电子期刊，2020 年上半年与配套图书同步上线。

四、不断积累发展经验，加快推进转型升级

近年来，总社数字融合发展工作社会经济效益明显，其中数字项目及数字化经营累计实现收入过千万元，为进一步转型升级坚定了信念，夯实了基础。

总社数字出版工作社会知名度、行业美誉度及市场影响力进一步提升。2014年，总社获得陕西省出版单位"数字出版转型示范单位"称号；获得国家专利局颁发的"新媒体上视频制作平台"（专利号：ZL 201320551905.9）和"新媒体上音频制作平台"（专利号：ZL 201320551695.3）两项专利。2015年，获得陕西省版权局授予的"陕西省版权示范单位"称号。2016年，获得国家版权局授予的"全国版权示范单位"称号；获得原国家新闻出版广电总局颁发的"网络出版服务许可证"[新出网证（陕）字14号]。2017年，"汉籍数字图书馆"2.0版获得国家版权局颁发的"计算机软件著作权登记证书"（软著登字第1924695号）；2019年，荣获中国数字出版博览会创新项目荣誉。

数字出版归根到底还是出版，只是区别于传统出版的另一种形态，它涉及出版的方方面面，是出版单位的全局工作。在多年数字化转型升级实践中，总社也有了一些总结和心得。

第一，数字出版是全局工程、一把手工程。数字出版业务目前基本处于探索和发力阶段，项目不确定性大，盈利能力较弱，有必要从全局发展的角度给予机制、资金、人力及对外合作方面的支持。同时，数字出版项目超出了单一内容形态，超出了单一实体部门范围，超越了传统出版流程，需要通过跨部门协作，在探索中解决问题，在实践中完善管理。我社高度重视对数字出版业务的统一协调管理，充分发挥一把手作用，有力地促进了数字出版业务的发展。

第二，改变我社数字出版由数字出版中心经营的单一现状。各经营实体部门为数字出版经营主体、数字出版中心提供服务支持的模式。在总社的统

筹下，由部门具体实施，内外结合，组成专门项目组，专业化实施，通过数字项目实施抓实落地。数字出版中心一方面负责出版前沿技术及商业模式的跟踪学习和试验推广，另一方面集中力量抓重点项目和基础平台搭建。通过重点数字项目的实施，不仅有力地促进了核心业务发展及业务创新，而且培养了一批数字项目策划、开发及运营人才，为进一步转型升级奠定了人才基础；通过基础平台构建，打破信息资源孤岛，打通新媒体运营渠道，为各业务领域整合发掘优质内容资源、开发运营数字融合项目提供了有力的平台支撑和技术保障。

第三，不贪大求全，紧靠优势出版领域，紧抓优质出版资源，突出专业化和特色化，稳健推进，垂直深耕，项目带动，重点突破。依靠陕西师范大学优势特色学科和丰富的学术资源，以"感恩出版，致敬作者"的诚意深度合作，通过数字化手段充分挖掘、创新开发、综合利用、持续运营。

（作者：刘东风，陕西师范大学出版总社社长；李强辉，陕西师范大学出版总社数字出版中心副主任）

第二节　国内报社期刊社出版融合发展案例及启示

随着信息化技术的广泛应用，传媒产业发生了很大的变化。20 世纪后期电视、广播等现代化媒体的诞生对报纸和期刊（以下简称"报刊"）行业产生了很大的冲击；进入 21 世纪后，互联网的兴起使得传媒行业又一次巨变，各种网络媒体以一种井喷的形式出现，因此迎来了当下的融媒体时代。与新媒体相比，报刊无论在时效性、受众覆盖面和盈利能力等方面都遭受严重冲击。报刊的信息传播职能被严重削弱，舆论领袖地位急剧下滑，很多报刊停刊休刊。但与此同时，也应该看到，传统报刊自身具备较高的专业水平以及固定读者群体，其在发展的过程中所具有的独特优越性是新媒体不可代替的。因此，需要做好传统报刊与新媒体的融合，优化传统报刊自身存在的不足以及局限性，促进传统报刊健康发展。具体来说，可以从以下四个方面加以应对新媒体的严峻挑战。

第一，用融合理念拉动报刊出版。在新媒体时代，报刊出版不再是传统的内容单向推送，而是与用户之间不断增强的双向互动，如何处理好报刊与用户之间的关系，如何做好传统报刊与新媒体的融合，成为报刊经营管理者不得不思考的问题。唯有改变传统思维模式，用融合理念来适应新媒体发展，才能促进报刊企业健康发展。具体来说，一是要树立用户理念。在新媒体时代，用户不再是被动的内容接收者，用户也可以成为内容的创造者和推送者，报刊企业的经营管理者应该充分挖掘用户价值，识别用户的需求，加强用户的体验，观察用户的喜好，有针对性地进行报刊内容的策划、宣传和精准推送，提高用户的满意度和忠诚度。二是要树立平台意识。在人工智能大数据时代，报刊企业要充分利用信息技术和各种平台资源，加强对报刊内容的宣传推广和用户间的互动交流，实现互联互通发展。

第二，用内容和服务提升品牌价值。与新媒体相比，传统报刊在话语权方面具有先天的优势，在传播媒介和受众群体上具有一定的劣势。因此，传统报刊企业应充分利用内容优势，借助新媒体技术和平台，挖掘更多的用户资源，引导用户进行更深层次的阅读和消费体验，从而提升品牌价值。另外，传统报刊企业可以借助信息技术，将传统报刊内容进行转化，将文字和图片转化为音视频、游戏和专业数据库等资源，为用户提供更多的服务，从而进一步提升企业的品牌价值。

第三，用知识付费开启发展方向。传统报刊企业的盈利途径主要是广告和发行收入，随着新媒体的发展，其广告业务被分流，发行收入也锐减。而知识付费已经被网络用户所广泛接受，成为获取专业知识的一种重要手段。因此，传统报刊企业可以充分利用其内容优势，提供更为专业和优质的知识服务，从而拓宽盈利渠道，实现从内容生产方到知识服务方的转型。因此，报刊企业只有做好市场细分，识别用户个性化需求，增加知识服务的专业性和多样性，才能成功实现数字化转型。

第四，用队伍建设提供转型保障。人才是企业发展的关键。传统报刊的质量主要取决于编辑素质，需要编辑人员具有扎实的专业知识储备、强大的资料整合能力、敏锐的洞察鉴别能力和出色的公关应变能力等。但在新媒体时代，要求编辑人员具有更多的综合素养，包括新媒体技术使用技能和全媒体传播能力等等。因此，传统报刊企业要加强包括编辑人员在内的人才队伍建设。除了要加强对现有人才队伍的培养和素养提升外，还需要引进具有全媒体运营理念的管理人才和熟练掌握信息技术的专门人才，从而为传统报刊企业的顺利转型提供人才保障。

本书选取了以下两个报纸和期刊社融合发展案例以供读者借鉴，包括人民日报社如何通过组织机构的完善、业务流程和机制的再造以及技术的驱动，实现了新闻内容生产的深度融合和新闻产品呈现形式的多元化，满足了读者在新时代复杂的内容需求，真正做到结合纸质版和新媒体的双重优势，走上了一条具有引导性和借鉴性的融合之路；读者集团如何依靠读者品牌来实现"读者文化生态圈"外延层的价值延伸与产业链的拓展，走上多维出版之路。

案例一：人民日报是怎么做媒体融合的？

导语：报业的媒体融合之路始于20世纪90年代的数字化转型，人民日报社亦不例外，这些早期的探索和实践为其今天的深度融合奠定了基础。党的十八大以后，媒体融合发展上升为中央决策和国家战略，自2014年至今，人民日报社已经形成了"1+3+1"的全媒体矩阵："1"是人民日报社的主体机关报，"3"是新媒体端的三大平台——人民网、两微两端、电子阅报栏，最后的"1"就是"中央厨房"。尤其是人民日报社的"中央厨房"模式，其建设不但成为人民日报社媒体融合工作的战略引擎和重要支柱，还为其他媒体提供了媒体融合模式的参考和借鉴。

一、内容为本：全流程优化打造高质量新闻产品

可以说，人民日报社媒体融合的核心之一就是要呈现更优质、更多元的内容产品，满足人们当下更加细分的内容需求。借助人民日报社"中央厨房"模式，人民日报社在内容生产上通过架构融合和机制创新重塑生产流程，实现了一次采集，多元生成；在传播上则利用数据新闻和视频开发实现了内容的多元呈现，放大了内容在各个渠道中的传播效果。

人民日报社从顶层设计着手，融合组织架构，梳理业务流程，完成机制创新。在这基础上，内容价值得到充分的挖掘和传播，"中央厨房"内的新闻产品能够实现高效产出、全面覆盖。

人民日报社"中央厨房"由空间平台、业务平台和技术平台组成，三者共同支撑人民日报社"中央厨房"的运行。其中，在业务平台下，人民日报社"中央厨房"打破了过去媒体的"板块分割"运作模式，专门设立了总编调度中心，建立了采编联动平台，彻底打通和整合"报、网、端、微"的采访、编辑和技术力量，实现融合策划、融合采集、融合加工、融合传播，真正实现了新闻产品的融合生产。

如果说总编调度中心是人民日报社"中央厨房"的业务指挥大脑，那么采编联动平台就是听从指挥的高效运行机构。在总编调度中心的指挥下，采编联动平台负责执行指令，进行全媒体新闻产品的采集、生产、分发，并且收集需求反馈。

平台的工作方式非常灵活，具体体现在人才流动和素材流通两方面。

在人才流动上，采编联动平台作为内容生产平台，由全媒体采访中心、编辑中心和技术中心组成，三大中心的人员来自"报、网、端、微"各个部门，组成统一的工作团队，共同完成新闻生产特定环节的工作。

而在素材流通上，新闻资料由记者采访回来后会进入统一的素材库，不同的工作团队可根据各自的需求，对素材进行全媒体新闻产品的生产加工。面对不同内容形式的需求，编辑中心和技术中心也可以提供实时的支持以实

现产品构想，真正实现一次采集，多元生成。

产品生产出来后会直接进入后台新闻稿库为三大总编室提供稿件，这些稿件既可以作为成品直接发布，也可以作为素材进行二次加工。所有产品在社属媒体首发后，还会向国内外合作媒体推广。

为提升内容质量和产品的多样性，让媒体人的创意产生更大的内容价值，人民日报社"中央厨房"创新机制，另建了一条崭新业务线——融媒体工作室，这也是人民日报社"中央厨房"从重大事件报道迈入常态化运行的全新尝试。

人员组织方面，融媒体工作室的设置同样非常灵活。鼓励"报、网、端、微"采编人员跨部门、跨媒体、跨地域和跨专业组织，根据兴趣自由组合。加上以项目制施工的形式进行跨界生产，融媒体工作室形成了快速、灵活、精准、共同协作的工作特点。

内容生产方面，融媒体工作室呈现出三个鲜明特点。

1. 多频分众，满足多元化需求。工作室以专业化、垂直化原则分类，形成自己的品牌个性。现在人民日报社"中央厨房"已成立麻辣财经、学习大国、新地平线等近50个融媒体工作室，覆盖时政、财经、国际、文化、教育、社会等多个维度，以确保各垂直领域新闻内容的专业化。

2. 优势互补，报网端微深度融合。融媒体工作室在充分利用好人民日报社传统资源优势的基础上，坚持移动优先，大力拓展各类融媒体形式，不少优秀作品还"倒灌"版面，提升了报纸选题的丰富性和内容的可读性。

3. 重视与外部合作，激发自身创新潜力。融媒体工作室的内容生产并非单打独斗，同样在积极利用外界机构优势，探索各类内容呈现的全新方式。

二、技术助力：成为加速行业融合进程的重要引擎

媒体的发展离不开技术的支持，要实现媒体融合更是如此。人民日报社"中央厨房"的一大突出特点就是重视对技术的投入。"中央厨房"稳定高效运转的背后是中国媒体融合云这一技术平台的支撑，新技术的开发与大数据

的驱动加快了人民日报社的融媒体进程。

中国媒体融合云作为人民日报社"中央厨房"的技术解决方案，是"中央厨房"最基础的重要组成部分。2016年，人民日报媒体技术股份有限公司联合腾讯云共同发布了我国首个媒体融合云服务平台——中国媒体融合云。融合云借助十几家跟媒体技术相关、在各自领域领先的公司的技术能力，生成技术工具汇集到平台上。

按照这些技术所对应的新闻生产环节，中国媒体融合云将它们分类、整理、合并成四大类技术工具。其中，协助稿件多渠道分发工具下有一个新媒体内容发布管理系统，各渠道的内容创作、编辑、发布人员可通过该系统，在同一个平台上提交、修改、审批、发布内容，支持内容到包括两微两端、网站在内的各媒体终端直接发布推送。

在全媒体新闻平台的业务运行机制下，人民日报社"中央厨房"生产的稿件不仅能直接分发到媒体自有渠道，同时还可以向各家合作端口进行推送，包括"中央厨房"的对外合作分发平台——全国党媒信息公共平台。

中国媒体融合云不但注重技术的开发和应用，还非常重视大数据的驱动能力。人民日报社"中央厨房"在数据优势的构建上，与腾讯达成了进一步合作，把腾讯的社交数据引入了整个内容生产的过程中，同时自己的后台也监测了100多家网站，保证了人民日报社"中央厨房"后台数据的体量和质量，这也是"中央厨房"能够充分利用大数据的重要基础。

人民日报社"中央厨房"对大数据的运用已经贯穿整个新闻内容生产发布的环节中，在内容生产、传播、运营等核心环节中都有数据的支撑。

首先，在新闻内容采编环节，融合云依靠全网抓取的实时数据，能够即时将各地发生的热点事件和新闻线索以地图的形式呈现在采编人员眼前。

其次，在分发环节，通过对评论消息数据和用户画像的分析，人民日报社还可以深度了解用户阅读习惯和行为特征，根据用户对新闻的喜好进行个性化推荐。

另外，在反馈评估环节，中国媒体融合云也可以利用传播效果评估和新媒体追踪，获取每篇稿件的效果评估与反馈，人民日报社"中央厨房"还能每天推出传播效果排行榜等数据报告，供报社决策层和前后方采编人员参考。

如今，中国媒体融合云已经能够从源头发现和追踪全网热点，助力优质内容的智能化生产，配合后续对原创内容传播效果的精准抓取与分析，全方位实现精准分发和个性化推送，提升新闻报道流程的移动化、数据化、智能化。

而实际上，中国媒体融合云在设计之初不仅仅是为了解决人民日报社"中央厨房"的技术问题而服务的，更是希望开放给全行业使用，为合作媒体提供各类新型媒体应用及先进的解决方案。因此，中国媒体融合云的数据化、移动化、智能化归根结底还是为了让技术更简单、更方便、更廉价，从而为媒体融合发展消除技术瓶颈。

人民日报社希望能解决全行业的技术问题，但是中国媒体融合云整套技术体系较为庞大，迁移也有一定的难度。因此面对这种情况，人民日报社选择简化技术工具，让技术可用、易用、好用，从而为行业的其他媒体人解决技术问题，重新回归内容创作的核心竞争力。

人民日报社"中央厨房"开发了许多便捷的技术工具，简化媒体内容的生产分发过程，降低媒体融合门槛。

在直播的传输上，打造了全新的直播产品"人民日报直播厅"，只须一段代码，就可以让所有的媒体客户端连接上视频直播工具，具备直播能力。

在H5的生产上，提供了两套H5制作工具，基础级为普通编辑记者提供模板，专业级则供设计师使用，还可以接受他人发布的制作任务，将生产H5的技术屏障降到最低。

此外，人民日报社联合多家企业共同开发的"人民日报创作大脑"创新平台，运用人工智能等技术，为媒体机构和内容创作者提供通用型创作工具，提升内容生产和分发效率。

为了研发更多的新媒体技术产品，人民日报社新媒体中心与电子科技大学共同发起了人民日报新媒体实验室。

实验室依托人民日报社在新媒体领域的创新成果，发挥电子科技大学在电子信息领域的学科优势，将人工智能、大数据、虚拟现实等新一代信息技术应用于新媒体领域，形成领先的"电子信息＋新媒体"的产品和服务。

实验室还面向国内外互联网企业、高等院校、研究机构、媒体和社会各界开放，助力全行业媒体的融合发展。

除了提供简单的技术产品，人民日报社"中央厨房"还为其他媒体提供"一站式"解决方案，以帮助其他媒体机构加快实现媒体融合。

人民日报社"中央厨房"面对四种规模的机构——大型媒体机构、中小型媒体、地方党委宣传部及大型企事业单位，分别提出了四套有针对性的媒体融合解决方案。

这些解决方案都以人民日报社"中央厨房"整体解决方案为基础，不但植入了"中央厨房"使用和开发的多种技术工具和技术产品，更重要的是在顶层设计层面上提供了和人民日报社"中央厨房"运作逻辑相同的新型组织架构和业务流程，包含了新闻生产的选题策划、采编生产、分发传播、盈利分成全流程，推动媒体机构的整个架构朝着平台化的方向建设。

同时，人民日报社"中央厨房"还根据不同媒体机构的体量对解决方案作出了相应的处理，如大型媒体机构的解决方案更全面，也更难操作，但对中小型媒体的解决方案则进行轻量化的处理，目的都是最大限度地满足他们对媒体融合的不同需求。

人民日报社不仅利用自己所开发的各种媒体技术工具，还积极拥抱新兴技术，近几年来报道中广泛尝试了无人机、虚拟现实（VR）、增强现实（AR）、5G、手机直播等应用，抓住了技术发展的主要趋势，为用户带来更好的新闻报道体验。

三、结语

值得一提的是，由于"中央厨房"的建设优势和人民日报社的特殊地位，人民日报社"中央厨房"在不断完善的过程中还利用自己的资源和成果，为一些媒体融合工作进展较为缓慢的媒体机构提供帮助，包括传授体制机制和解决方案上的成熟经验，进行新型媒体技术方面的支持，共享内容、渠道、红利和人才方面的资源等。

目前，人民日报社"中央厨房"已经与湖南日报社、上海报业、广州日报社、深圳特区报社等地方媒体建立战略合作，旨在围绕内容、技术和传播等维度开展一系列合作，帮助地方加快融合进程。

2018 年 6 月 16 日，由人民日报媒体技术股份有限公司提供技术支持的北京市延庆区融媒体中心正式揭牌成立，它是国内首家"广电＋报业"模式的"中央厨房"，也成为县级融媒体中心建设的成功样板。

基于人民日报社"中央厨房"打造的延庆融媒体与人民日报社"中央厨房"自身的模式非常相像，实现了部门、人员和新闻资源的高度整合。延庆融媒体中心的媒体融合不仅为全媒体发展奠定了坚实基础，还体现了人民日报社"中央厨房"的可借鉴性，凸显了其在推动国内媒体融合过程中的示范价值。

另外，人民日报社"中央厨房"还在 2016 年成立了基金拓展资本平台——伊敦传媒投资基金，目的就是为了支持传统媒体和新兴媒体、媒体技术企业之间跨区域、跨行业、跨所有制的重组并购，并对传媒领域内有价值的项目进行投资，带动媒体和生产机构共同走向资本市场。

人民日报社"中央厨房"这种媒体融合模式在探索上起步较早，发展至今整套体系也已经较为成熟。"中央厨房"通过组织机构的完善、业务流程和机制的再造以及技术的驱动，实现了新闻内容生产的深度融合和新闻产品呈现形式的多元化，满足了读者在新时代复杂的内容需求，真正做到结合纸质版和新媒体的双重优势，走上了一条具有引导性和借鉴性的融合之路。

（资料来源：郑晓琦、陆梦婷：《人民日报是怎么做媒体融合的？》，《媒介杂志》2019 年第 10 期。）

案例二：多维出版时代：一个文化品牌的突围之路

——读者出版集团媒体融合转型发展的经验和思考

导语：读者出版集团有限公司是在原甘肃人民出版社基础上改制组建的综合性文化产业集团。2019 年 8 月 21 日，习近平总书记视察读者出版集团有限公司，体现了总书记对我国出版事业的关心。读者出版集团作为我国出版行业的一面旗帜，经过创刊 30 多年来的发展，已成为我国出版行业的名片。

2009 年，读者出版集团联合国内 4 家知名企业共同发起设立读者出版传媒股份有限公司，于 2015 年 12 月 10 日在上海证券交易所上市。在媒体融合和产业融合的时代背景下，读者出版集团重新认知和定位读者品牌，推动集团的媒体融合和产业融合，以读者品牌为核心，启动了"读者品牌影响力转化工程"，通过流程优化、平台再造，实现集团各种媒体资源、生产要素的有效整合和融通，实现信息内容、技术应用、平台终端和管理手段的互融共通，催化集团优质资源的融合质变。按照习近平总书记对融媒体发展的期望，媒体"融合发展关键在融为一体、合而为一"，要"尽快从相'加'阶段迈向相'融'阶段，从'你是你、我是我'变成'你中有我、我中有你'，进而变成'你就是我、我就是你'"（2016 年 2 月 19 日，习近平总书记在党的新闻舆论工作座谈会上发表重要讲话）。沿着这一科学指引和号召，读者人以品牌影响力为先导，用内容连接不同的心灵讲述同一个"读者"的故事，讲好中国故事、传播好中国声音，坚持一切从内容出发，坚持多维传播，在多维度、多领域生产和创造价值，获得了巨大的成功，在推动传统出版融合发展方面的一些做法和经验，很值得其他出版企业学习和借鉴。

读者出版集团是一家正在积极推动媒体融合转型的综合性文化产业集团。孕育读者出版集团的母体是成立于 1951 年的甘肃人民出版社，历经文化体制改革的锻造，2006 年成功转企改制并华丽转身，成为国内首家以期刊品牌命名的文化产业集团。读者出版集团的核心产品之一是《读者》杂志，她创刊于 1981 年，虽身处西北，却以深沉的文化使命和创新意识，坚持高雅、清新、隽永的真善美的传播和人文关怀，最终成长为"中国人的心灵读本"，创造了享誉国内外的著名文化品牌——"读者"品牌。39 年间，《读者》杂志 5 次荣获"中国出版政府奖期刊奖"，发行量连续 15 年领跑中国期刊界，月发行量排名亚洲第一，世界第三，截至 2019 年 5 月累计发行超过 20 亿册。2006 年 4 月，《读者》月发行量达到 1003 万册，创造了中国出版史上的奇迹。同年 8 月，商务部在"商务新长征、品牌万里行"活动中，将"读者"作为全国唯一知名文化品牌，设立品牌地标。2009 年 12 月，读者出版集团联合国内 4 家知名企业共同发起设立读者出版传媒股份有限公司（以下简称"读者传媒"）。2015 年 12 月，读者传媒在上海证券交易所成功上市，成为西北地区首家在国内主板上市的出版传媒类企业。"读者"品牌连续 15 年被世界品牌实验室评为"中国 500 最具价值品牌"，2019 年品牌价值达到 327.25 亿元。2017 年，读者出版集团与飞天出版传媒集团（甘肃省新华书店，甘肃、兰州、天水三家新华印刷厂等）实现战略重组，资产规模达到 65.57 亿元。从相对单一的纸媒出版企业，成长为主业突出、产业多元的综合性文化产业集团，目前拥有甘肃新华书店飞天传媒股份有限公司和三家新华印刷厂等全资子公司以及读者传媒、读者文化旅游股份有限公司等控股子公司，参股甘肃银行、甘肃文化产权交易中心。业务涵盖出版印刷发行、文化旅游、文化创意、文化地产、教育装备、阅读服务、金融资本、物业物流等。2015—2018 年，读者出版集团和读者传媒连续入选"全国文化企业 30 强"提名企业。

进入数字文明时代，传统出版业面临互联网冲击，亟须实现产业转型和融合发展，实现多维出版、多维传播。党的十八大以来，习近平总书记多次强调要推动传统媒体和新型媒体的融合发展，成为包括出版业在内的中国传媒界实现媒体转型的遵循和科学指引。在这一时代背景下，读者出版集团重新认知和定位读者品牌，推动集团的媒体融合和产业融合，以"读者"品牌为核心，启动了"读者品牌影响力转化工程"，进行"价值扩散"和"服务延伸"，坚持走"互联网+"、"读者+"、"内容+"、"文化+"之路。通过流程优化、平台再造，实现集团各种媒体资源、生产要素的有效整合和融通，实现信息内容、技术应用、平台终端和管理手段的互融共通，催化集团优质资源的融合质变，下面从几个方面对集团媒体融合转型方面的举措和发展路径做一简单梳理。

一、参与国家数字出版转型布局、媒体融合发展项目研究和技术研发，推动集团从内容生产商向阅读服务提供商转型

2015 年，读者传媒入选国家"数字出版转型示范单位"。2016 年，读者传媒联合中国新闻出版研究院、北京大学等申请国家出版融合发展重点实验室项目，获得"出版融合发展重点实验室"牌照。同年，"《读者》杂志资源数字化与基于用户兴趣的运营发布系统"项目获得中央文化产业专项资助。2017 年，读者传媒承担的国家科技部"网络有声阅读关键技术研究与应用示范项目"结项，该项目列入"国家科技支撑计划"。2018 年，读者传媒入选国家"知识服务（综合类）试点单位"。

2016 年，集团制定《"读者·中国阅读行动"全民阅读工程实施方案》，开始构建阅读服务业态。2017 年，"读者·中国阅读行动"全民阅读工程实施效果明显，产生了广泛的社会反响，获得 2017 年度甘肃省宣传思想文化工作"创新提名奖"。2017—2019 年，"读者·中国阅读行动"推出一系列高品质的阅读活动，探索出了多种新型的会展产品，引起媒体广泛关注；上线"读者读书会"荐书平台，提供个性化阅读服务，组建"读者·领读者"阅读推广团队，联办"天水·李杜诗歌节"参与地方文化建设。2018 年，全国全民阅读年会上，"读者读书会"获得全国"优秀阅读推广机构"荣誉，"读者·领读者"代表荣获"全国十佳阅读推广人"称号。2019 年，在中宣部、国家新闻出版署组织的 2019 年全民阅读优秀项目评审中，"读者·中国阅读行动"全民阅读工程荣获国家"全民阅读优秀项目"。

第一，围绕媒体融合打造全媒体传播矩阵。经过多年建设，公司现拥有包括"读者"、"读者读书会"、"读者·新语文"、"敦煌书坊"、"读者原创"、

"读者童书"等微信公众号平台。2018 年，读者微信公众号粉丝量超过 500 万，位居中国期刊微信影响力排行榜之首。在 2018 年数字阅读影响力期刊 TOP100 排名中，《读者》数字版排名第二。2019 年初，第十二届新闻出版 业互联网发展大会上，"读者·新语文"融媒体教育平台获得"优秀数字阅 读平台"的荣誉。

第二，围绕"生活方式引领"的理念，打造新型阅读空间。2018 年底，集团采取"政府推动建设、读者品牌冠名、市场化运营"的建设模式，与兰州市西固区人民政府合作建设全新的街区公共文化空间、体验式文化沙龙"读者小站·金城书房"，将读者 IP 社区化、生活化，实现了读者品牌与大众生活的紧密结合，走出了一条新型公共文化服务和阅读服务的文化创新之路，这一创新探索被新华社、人民网、光明网、央广网、新浪网、搜狐网等上百家新闻媒体广泛关注，系列图片报道被中央政府网站转载。2019 年，读者小站项目荣获甘肃省宣传思想文化工作创新奖。

第三，积极推动传统出版业的融媒体转型，建设融媒体数据库。2018 年，甘肃教育出版社推动"一带一路"背景下的敦煌学和丝绸之路学研究数据库与知识服务平台建设，该项目为国家"新闻出版改革发展项目库"入库项目，获得中央文化产业发展专项资金资助。该平台以服务"一带一路"倡议为出发点，规划建设敦煌学和丝绸之路学研究知识总库，并以此构建一个数字化的敦煌学和丝绸之路知识服务平台，推动传统出版与新兴出版的融合发展。2019 年底，该平台在中国数字出版创新论坛上荣获"出版融合创新·年度推优"称号。

这一系列的媒体融合转型探索，是读者出版集团在数字文明时代来临之际的自我嬗变，也是对国家使命、社会责任的担当，更是对出版业供给侧结构性改革、出版模式转型的自觉探索和道路创新。在这一轮融媒体转型发展中，读者出版集团进一步明确了作为"阅读服务提供商"、"全民阅读领读者"的角色定位，通过各类优质的阅读服务、文化消费服务和文化建设问题解决方案的提供与精准营销，推动集团文化产品的生产供给与国家倡导的全民阅读活动的有效结合，充分利用"读者"品牌在阅读人群中的广泛影响力，用优质的内容营销来连接人，用分享、交流刺激用户的需求，从而探索按需出版、定制服务等产业转型与用户数据的采集与运营。

二、构建"读者影响力"产业体系的生存逻辑，确立"内容驱动型精神企业"的企业定位

数字文明时代，数据重构商业，流量改写未来。传统出版业正在面临特殊的历史拐点，即从"一维出版"向"多维出版"转型，这是出版业的又一次演化。纸媒时代，信息单向度流动，内容生产者与消费者之间"一纸相隔"却咫尺天涯；数字时代，互联网改变了大众的交往方式、生活方式，出版业的生产、营销和产品消费方式发生巨大的变革。被解放了的用户及社会需求推动出版业转型，新的信息交互方式导致出版的边界被打开，出版的产业生态正在经历重构，科技手段不断涌现，带给出版传媒业漫天风雨，很多固有的观念由此瓦解。在这一背景下，想要与时俱进实现出版业的自我革新，需要从基本观念的认知和底层逻辑的重建两方面实现突破，从而确立集团的媒体融合转型发展战略。

"读者"品牌为阅读而生，一直致力于阅读风尚和先进文化的引领，努力为大众提供最优质的阅读服务。她的发展之路，是一条文化传播与价值生产之路。《读者》杂志从创刊至今，见证了改革开放四十多年来的社会变迁，参与了这一时期国人文化价值观的建构、民族灵魂的重铸、和谐文化的创新传播。不仅如此，《读者》还记录了这一时代变革中千万读者的情感和社会风尚。所以说，《读者》之路就是改革开放之路、思想解放之路、多元文化的传播之路、和谐文化的创新之路、文化品牌的成长之路、文化产业的发展之路等。《读者》的成功，得益于她坚定的人文品质和独特的文化内涵所形成的魅力，以及她与读者之间心灵相系的依存关系，这种关系经过岁月的沉淀，已经演化为一种精神伴侣的关系，因为《读者》伴随了几代人的成长。

明乎此，面对融合转型，重新认知"读者"品牌影响力和重新建构读者

出版集团转型新生的底层逻辑时，我们的认识理路就更加清晰。作为一个文化品牌，它至少包含了三个层面："读者"品牌的核心层——《读者》杂志，这是"读者"品牌的创意核心和源头；二是读者出版传媒股份有限公司，这是"读者"品牌内容生产的母体和资本运作平台；三是读者出版集团，这是"读者"品牌的延伸层和文化创新孵化器。因此，推动融合发展，催生媒体质变之前，我们清晰地认识到集团作为品牌文化企业的独特属性，读者出版集团是一个内容驱动型精神企业。任何一个出版集团都可以说它们是内容驱动型企业，但是，能称得上"精神企业"的只有"读者"一家。因为，《读者》杂志作为"中国人的心灵读本"，参与了中国人精神生活的建构，一直通过和谐文化的创新传播与价值观的生产影响着读者，抚慰着急遽变革时代中国人的心灵，是中国人的精神伴侣，所以读者出版集团是当之无愧的"精神企业"。

有了这样一个融合新生的逻辑基础，再从三个层面对"读者"品牌的创意核心进行重新聚焦：一是针对产品的《读者》，需要着力解决产品短尾化的问题，需要进一步深入挖掘内容资源，讲好"读者的故事"、营销好"读者的故事"，实现全媒体传播与售卖，除纸质《读者》、"微读者"外，还要打造"手机读者"、"声音读者"、"影像读者"、"互动版读者"等。二是作为传媒的《读者》，纸质杂志的媒介作用越来越弱化，这是无法扭转的趋势，但是可以通过《读者》的内容营销和阅读服务，重新激发《读者》作为媒介的活力，因为优质内容也是媒介。三是作为平台的《读者》，其作用和价值还没有得到足够重视和开发，要尽快实施"杂志＋阅读服务＋全媒体的社群运营（如读者读书会等）＋周边延伸的无数可能"模式。要对《读者》的读者（广大用户）重新画像，找到他们的需求，重新送达《读者》的价值。

经过对"读者"品牌的市场环境、行业特性、目标消费群的考察，以及企业自身发展历史的研究与反思，我们提炼出了能触动消费者内心世界的品牌核心价值：读者的文化价值——读者代表先进文化、世界胸怀、包容气质；读者的人文（精神）价值——传播人性、人情、人道，人文关怀、心灵抚慰、思想向导、精神引领；读者的社会价值——体现和谐价值观与多元人生观；读者的产业价值——以《读者》杂志为创意源泉的产业集群、投融资平台、文化创意孵化器（这是"读者"品牌产业生态的重要载体）；读者的理论价值——也就是思想史价值，传递温暖、抚慰、精神向导的品牌联想。在这个过程中，我们也充分注意到了"读者品牌产品体系"和"读者品牌资产体系"的巨大区别，从图书、期刊、影像产品到电子书、数据库、在线教育、有声阅读、阅读 APP 等，再到会展服务、文化旅游、文化创意、文化空间、生活美学、影视投资、金融保险等，都只属于品牌产品体系的范畴。而我们最关注的品牌资产，是一些与品牌核心价值长期传播的效果沉淀和集聚有关的东西。比如，"读者"品牌的知名度、美誉度、认知度、忠诚度、品牌联想度以及品牌的溢价能力，这是品牌长期传播的动态影响力在消费者心里形成的"影像"和"烙印"。而且，在长期立体的市场塑造过程中形成的品牌资产，还需要不断进行创新营销和品牌维护，需要不断用心加持，需要多元产业的支撑和承载，需要与大众生活的深度融合、不断接触与激活，才能保持其生命的活力而不至于衰落。以此为起点，我们确立的媒体融合发展和品牌战略内涵是：坚持一切从内容出发，坚持多维传播、多维度多领域生产和创造价值。

三、大力推动"读者"品牌战略，着力推进"读者品牌影响力转化工程"

数字文明时代，互联网改变了大众的交往方式、生活方式，出版业的生产、营销和产品消费方式正在发生巨大的变革。在媒体融合转型中我们看到，读者出版集团三大主要业态（内容加工、发行、印刷三大业态）发展不平衡，还没有形成以市场为纽带的利益共同体，而是继续延续计划经济时代的半垄断性质的市场分割局面，其他新兴业态还在市场培育初期。有人认为，传媒集团出版、发行、印刷的整合会形成完整的"编、印、发"一体的产业链，我们认为，这是一个认识误区。互联网时代的编印发三个业态的集中，最多只能说是相关产业的聚集。编印发在现代出版业发展中，实际上都是中游，上游是内容创意，下游是用户和市场，编印发实际上是处于中游的三个环节：掌握专有出版权的出版社和杂志社的编辑加工和出版、印刷加工、出版物发行。在"一维出版"时代，内容编辑后需要印刷出版，承载内容的图书需要新华书店发行；在"多维出版"时代，一个文化产品不是必须印刷才能呈现，而且呈现载体有 N 多种。即使就是书和杂志，也不是必须要通过新华书店才能销售出去，有的畅销书不通过线下渠道销售，有的产品也不是必须做成书。因此，我们既不完全拥有上游资源端——内容创意，也不掌握下游的用户和市场端。面对互联网时代文化传播、文化服务的新浪潮，以图书、期刊出版为主的内容生产方式依然很单一。以教材教辅经营为主的新华书店，业态陈旧，最初的文化地标功能衰退，需要按照中央提出的"布局合理、功能完善，打造城市文化新地标"的要求重新予以激活；传统印刷业态产能低下，生产、经营、管理方式亟待创新。这是读者出版集团三大主要业态在媒体融合转型趋势下面临的基本形势。

在思考读者出版集团改革发展路径时，我们有一个深切感受，如果只是围绕"杂志"做杂志，围绕"书"做书，路会越走越窄。因此，"多维出版"时代，读者出版集团作为内容驱动型精神企业，必须坚持从内容出发（内容+），坚持多维传播，在多维度、多领域生产和创造价值。将"读者"品牌产业生态的建构融入中国特色社会主义建设，将国家意志与"读者"品牌的"价值生产"相结合，努力为人民日益增长的美好生活需要提供优质的文化产品和文化服务，"读者"品牌的发展才会有广阔的天地。因此，围绕"读者"品牌的价值链延伸产业链，推动"读者"品牌战略的实施。一是紧紧围绕"读者"品牌的核心层和创意核——《读者》杂志及系列刊创新发展，实施杂志的品质提升工程和文化服务的转型，要在全媒体传播和社群营销上实现质的突破。二是围绕"读者"品牌核心层的另外一个重要部分，推动九家出版社的精品出版与转型创新。三是围绕"读者"品牌的核心层（内容），进行"价值扩散"和"服务延伸"，坚持走"互联网+"、"读者+"、"内容+"、"文化+"之路。下面就从几个方面，对集团媒体融合转型方面的举措和发展路径做一简单梳理。

（一）紧紧围绕"读者"品牌的核心层和创意核——《读者》杂志及系列刊创新发展。《读者》杂志作为读者品牌的创意源头，既是优秀的内容产品，又是融汇作者、读者及优质内容资源的传播媒介和平台。因此，首要任务就是实施《读者》杂志的品质提升工程和文化服务的转型，在继续提升杂志的文化影响力和文化传播力的同时，在全媒体传播和社群营销上实现质的突破。其次，一种杂志会形成一个文化生态，要根据不同的杂志平台，延展不同的社群运营模式。推动《故事作文》月刊发挥媒体平台的作用，与"读者·新语文"中小学语文教育融媒体平台紧密融合，实现资源汇聚、产品多元化开发、传播。充分发挥《读者》（原创版）杂志的平台优势（纸质杂志＋微信公众号），将其打造成为"读者"品牌旗下国内青春文学生产、发布、IP运营的平台和社群，签约一批年轻青春派作家和网络文学作家，运营好作家和IP资源。在文化服务转型和社群运营模式的探索方面，读者杂志社率先走出了一步。以荐书服务和会员制运营的"读者读书会"与《读者》杂志联动，倡导"阅读即生活"，引领阅读风尚，提供知识服务，开启了建构社群运营模式的探索之旅。2017年5月，读者读书会阅读平台上线，提出每两周共读一本书的"24本书主义"，以"读者荐书"为主线，提供个性化的阅读服务与知识服务，推动"线上＋线下"阅读推广模式，设立跨业态、跨地区的读者读书会分会，建构横跨多个行业的"领读者"队伍。读书会上线运营至今，已定制推荐"读者荐书"60种、近15万册，拥有线上线下粉丝50余万，成立各行业分会近20家，举办上百场线下阅读分享活动。依靠丰富的阅读资源和粉丝基础，开始探索会员制阅读社群运营模式。2018年，读者读书会在"2018年全民阅读年会"中，被评为"优秀阅读推广机构"。因此，充分开掘杂志业态作为产品、媒介和平台的功能和潜力，是杂志业态实现融合的必由之路。

（二）围绕"读者"品牌核心层的另外一个重要部分，推动"读者"品牌旗下9家出版社的精品出版和转型创新。集团旗下的9家出版社始终坚持

"专业化、特色化、精品化"发展之路，以"敦煌学—丝绸之路学出版中心"、"藏学出版中心"、"简牍学出版中心"为依托，以敦煌学、丝绸之路学、藏学、西夏学、民族文化和主题出版等特色产品线和特色板块为支撑，大力推进精品生产，打造走向世界的读者出版品牌，切实提升读者出版的品牌形象和影响力。在"读者品牌影响力转化工程"版图中，集团旗下的 9 家出版社以甘肃独有的敦煌学、丝绸之路学、藏学等学术资源，依托公司"敦煌学—丝绸之路学出版中心"、"藏学出版中心"等平台优势，积极推动特色出版与数字化转型相结合。

1. 推出多种融媒体图书，探索有声图书的新形式。2016 年，集团旗下甘肃教育出版社推出融媒体图书《河西走廊》。该社在央视敦煌与丝绸之路文化类纪录片同名融媒体图书出版方面积极探索，锐意创新，收获颇丰，先后出版了《河西走廊》、《金城兰州》、《凉州会盟》、《敦煌画派》、《中国石窟走廊》等融媒体图书，在读者中产生了广泛影响，赢得良好口碑。其中，《河西走廊》是甘肃教育出版社出版的第一本融媒体图书，出版于 2016 年，这是集团图书出版融合发展的一种创新和突破。它虽然是一本纸质书，却又是一款独一无二的融媒体产品，打破了常规纸质书的形式，集文字、摄影、有声讲解、二维码等几乎所有现有的媒介传播形态于一体，扫一扫每章的二维码，就能观看该书的同步纪录片，感受独特的河西走廊历史文化的魅力。"图书＋影视剧的粉丝效应"带来更大的传播威力。《河西走廊》出版后，纪录片在央视、凤凰卫视和豆瓣等网络继续热播，带动了同名图书的热销，适应了当下的融合传播潮流，顺应了融媒体时代的图书新方向。

2. 推动"一带一路"背景下的敦煌学和丝绸之路学研究数据库与知识服务平台建设。该项目为国家"新闻出版改革发展项目库"入库项目，获得中央文化产业发展专项资金资助。平台以服务"一带一路"倡议为出发点，规划建设一个敦煌学和丝绸之路研究知识总库，并以此构建数字化的敦煌学和丝绸之路学知识服务平台，推动传统出版与新兴出版的融合发展。敦煌学和丝绸之路学研究领域积累了大量的、多类型的内容资源，但由于诸多原因，行业内尚无系统、权威的专业性的数据库和知识服务平台，对这些优质内容资源进行整合和数据化加工，从而生成新的创意产品，实现多维传播。该平台全面整合敦煌学和丝绸之路学研究相关学术成果，并深度挖掘其学术价值，提供精准知识服务，引导学术研究转型和成果转化，以新的形式和新的模式服务敦煌学和丝绸之路学研究，服务文化旅游业与社会发展。这一知识服务平台的建设，一方面将有助于提高敦煌学和丝绸之路学学术研究的质量和效率，实现资源价值的最大化挖掘，为研究人员获取研究资料、挖掘研究创新点提供支持，促进学术内容的再造与创新。另一方面，促进学术成果的多维传播，提高这一领域学术成果的利用价值，创造出更符合政策导向和现实需求的高质量智力成果。2019 年底，该平台在中国数字出版创新论坛上荣获"出版融合创新·年度推优"称号。

（三）围绕"读者"品牌的核心层，进行"价值扩散"和"服务延伸"（"内容 +"、"读者 +"）。这是"读者"品牌的外延层，也是读者出版集团作为文化创新孵化器的价值所在，更是读者出版集团媒体融合发展很重要的一个维度。如何使出版回归"人"的生活、"人"的情感，真正回到"人"？如何把图书和内容变成价值体系，实现从卖"纸"到卖"价值"？如何通过优质内容资源这一媒介和纽带，来连接人、聚合人，通过交流分享使大家达成共识？如何围绕出版的"知识服务"、"生活方式引领"、"价值的生产和传播"来实现价值链和产业链的延伸和拓展？

1. 围绕阅读服务延伸产业链，探索阅读服务业态的建构。"读者"品牌一直致力于阅读风尚和先进文化的传播与引领，为大众提供最优质的阅读服务。2016 年，国家发布《全民阅读"十三五"时期发展规划》，全民阅读成为时代新潮流，读者出版集团积极响应，在 2016 年底推出了《"读者·中国阅读行动"全民阅读工程实施方案》，联合国内著名作家和文化名家组成强大的阅读推广团队，推出"名家携手名刊名企倾力打造全民阅读的国家行动"，实施"读者·中国阅读行动"这一综合性、可持续、有节奏、有重点的大型全民阅读推广工程，利用"读者"品牌在阅读人群中的广泛影响力，开展"横向到边辐射全国、纵向到底贯穿全省"的各类高品质阅读活动，用优质的内容营销来连接人，用分享、交流刺激用户的需求，探索按需出版、定制服务等产业转型与用户数据的采集与运营，推动集团文化产品的生产和供给方式的转型升级。

2. 围绕知识服务延伸产业链，推动读者 IP 向在线教育服务领域延伸。2018 年 8 月，集团启动"读者·新语文"中小学阅读写作融媒体教育平台项目建设，推动"内容＋技术＋服务"的融合发展。这是读者 IP 向教育服务领域的延伸。"读者"品牌旗下最优质的内容资源就是语文资源，在中小学师生和家长中有一大批忠实的粉丝。"读者·新语文"将"读者"品牌旗下的优质语文资源音频化、视频化、微课化，打造集名师微课发布、在线教育辅导、线下语文讲堂、媒体融合出版等为一体的线上线下结合的数字化语文教育平台，从而让语文学习可读、可听、可视、可交互，真正把阅读变成"眼读、耳读、心读"为一体的立体阅读。构建了以"听故事、读故事、讲故事、写故事"为核心的阅读写作课程体系，研发自有版权的课程书系，推动"品牌＋课程＋培训"三位一体的特许加盟体系的构建，从而实现"读者"品牌优质内容资源的价值转换。"读者人"以"新语文"的名义，把最擅长阅读、写作教学的作家、老师和编辑集中在一起，让一线名师成为知识服务的明星，让作家和编辑手把手指导每一个想要学会阅读和写作的孩子，提供一条完整的语文学习服务链，用丰富的语文教育资源服务学校、教师和学生。探索建构以中小学语文阅读写作多媒体数据库为中心、以用户精准营销与阅读服务为基本点的融媒体产业生态。同时，以融媒体教育平台为支撑，实现优质内容资源的多维出版。围绕用户推动线上教育的"内容＋服务"的发展模式，推动"读者"品牌从固态的纸媒形式向社区化阅读服务中心演化。"读者·新语文"融媒体教育平台依托微信小程序建成课程内容分发、线上授课、线上作文精批精改等多种类型的小程序矩阵，拥有音视频课程 12000 集，建设拥有 4 万篇作文素材的 K12 语文作文素材库，推动线上课程直播和作文精批精改服务，同步联合全国各地的一线语文名师与学术研究机构共同开发线下阅读写作图书，形成"线上课程＋线下培训服务＋线上阅读写作精准服务"为核心的阅读写作辅导培训服务体系。课程陆续在喜马拉雅 APP 和中国移动、中国电信等大型平台上线。在实现内容资源融通的基础上，打通集团内部不同销售、发行渠道，实现了销售渠道的融通发展。

3. 围绕生活方式的引领延伸产业链，实施"读者＋公共文化空间"、"读者＋文化旅游"、"读者＋文化创意"等多个领域的创意延伸。2018 年底，为贯彻落实党的十九大精神，将文化体验、文化消费融入公共空间和公共生活，建构有意味、有温度、有情怀的公共文化空间，满足城乡居民对美好生活的需要，读者出版集团与兰州市西固区人民政府合作，以"政府推动建设、读者品牌冠名、市场化运营"的模式建设了 8 所"读者小站·金城书房"街区公共文化空间、体验式文化沙龙。读者小站是"读者品牌＋生活方式的引领＋文化创意"的街区公共文化空间，以读者文化和阅读服务为核心，融汇公共阅读、文化体验、知识服务、艺术展览、文化讲座、文创产品销售、咖啡茶语等为一体的街区公共文化空间，是一个创造性的文化生活空间和人际交往空间，是有灵魂的、引领生活风尚的人文化的文化空间。

4. 围绕媒体融合打造全媒体传播的矩阵，加速建构知识服务业态与新媒体营销网络。读者出版集团是全国"知识服务试点单位"、国家出版融合发展重点实验室项目单位、国家数字出版试点单位，拥有"读者"等几十个微信公众号媒体平台，有"读者·新语文"融媒体教育平台。"读者"微信公众号粉丝达到 500 多万，2018 数字阅读影响力期刊 TOP100（国内）显示，《读者》位列第二，2018 海外数字阅读影响力期刊 TOP100 显示，《读者》位列第一，这说明，《读者》在海内外都受到了广泛欢迎。集团已初步实现了杂志在线阅读、微信营销、文字与影像结合的有声读物出版等集文字、音视频为一体的全媒体传播。目前，主要围绕媒体融合，打造全媒体传播的矩阵，进一步加大知识服务业态的建构与新媒体营销的力度。

（1）打造线上数字阅读全媒体传播矩阵。打造公众号矩阵，推动期刊数字化发展。面对新媒体的冲击，从 2012 年起，读者出版集团就开始布局各生产经营单元陆续开通并运营微信公众号，形成了以"读者"、"读者原创"、"读者读书会"、"敦煌书坊"、"读者·新语文"、"读者校园"、"读者童书"等微信公众号为主的微信矩阵。其中，"读者"微信公众号粉丝数超过500万，位居中国期刊微信影响力排行榜之首，另有多个公众号粉丝超过30万。读者订阅号登陆"学习强国"APP，订阅人数超过1000万。此外，"读者"、"读者读书会"、"读者·新语文"等在头条网开设订阅号，粉丝总计超过300万，并与头条网开展MCN机构运营合作。除提供基于内容推送平台的订阅阅读服务之外，《读者》、《读者·校园版》、《读者·原创版》等多个刊物也积极推动期刊内容的数字化，与龙源期刊网等多个线上平台合作推出期刊的数字阅读服务，每期数字刊销量超百万。既拓展了数字阅读销售，又产生了良好的社会影响力。

（2）借力融媒体发展技术研发，推动读者IP向知识服务领域延伸。早在2012年，读者出版集团就向科技部申请了"网络有声阅读关键技术研究与应用示范项目"，尝试进入有声阅读领域。项目以"网络有声阅读"技术为基础，围绕数字资源多元化开发与应用，整合集团优质内容资源和数字传播领域的技术手段，将有声资源与网络电台、主题阅读、在线教育等多样传播模式充分结合，已经形成了"一体三环五聚焦"的"读者有声生态"的产业运作模式。其中，"一体"是以音频内容为基础而形成的产业整体，"三环"是围绕纸质媒体转换、音频内容资源生产、主题传播模式创新三个维度的产业开拓方式，"五聚焦"是指已形成的五大板块，主要包括"读者读书会"、"读者·新语文"、"读者电台"、"读者蜂巢"与"合作投放"。通过"读者有声生态"的打造，使项目形成了具有示范性的矩阵式产业化运作模式，为全国数字出版领域的企业开展数字出版业务提供可资借鉴的项目经验和产业开拓模式，也提高了自身研发实力以及为相关研究机构服务的支撑能力。此外，项目通过音频产业链条，进行自主开发课程、外部合作课程、推荐优质内容，将读者品牌优质有声资源、电子书刊整合到平台上，以提供知识产品和聚合优质内容，打造媒体内容加知识服务，视频音频加融合发展，同时形成两微一端加广告经营，阅读付费加社群聚合的知识服务产业集群，形成多个板块运用和互动，不断实现项目的社会效益与经济效益最大化。依托该项目，读者出版集团初步构建起了音频网络有声阅读平台服务网络，形成了运行良好的数字声音阅读服务平台，成为国内出版行业的首家网络有声阅读互动分享平台。

通过"《读者》杂志资源数字化与基于用户兴趣的运营发布系统"项目的研发和建设，对《读者》自创刊以来的内容资源进行深度数字化加工整理，并对资源进行分类标引后导入数据库。同时，围绕《读者》杂志的核心内容资源和读者群，建构内容生产体系，建立移动互联时代的数据资产。在发布和运营端，打造"移动化、碎片化、个性化"的运营管理平台，构建基于大数据和用户行为分析的"终端＋平台＋内容＋社交"的矩阵式场景应用——垂直社交阅读类APP。该项目成果"读者蜂巢"APP融媒体平台已经上线，现由北京读者天元文化传播有限公司运营，平台以音频内容为主，具备纸质内容转化、音频内容资源投放、主题传播等多项内容，针对年轻白领阶层，推出职场生存、理财、写作成长、家庭教育、图书解读等多个板块，并同步提供《读者》杂志的数字版，集内容输出、创意策划、多媒体传播、版权开发于一体，已经实现订阅用户200万。

（作者：马永强，读者出版集团总编；王廷鹏，读者出版集团"读者·新语文"教育平台总监）

第三节　国外出版融合发展案例及启示

与我国相比，国外出版强国在出版融合发展过程中，无论在技术应用还是实践发展方面都走在前列，其较为成功的融合方式和融合效果值得我们借鉴和思考。因此，本书选取了以美国、英国和德国为代表的西方出版业融合案例进行分析。

美国作为全球互联网的发源地，其大数据、人工智能、移动互联网和云计算等信息技术不仅带来了经济的高速增长，也推动了出版业的数字化转型和融合发展。另外，高素质的媒体经营人才、较为灵活的管理体制和充足的资本投入也为出版业的融合发展提供了更多的发展助力。因此，美国出版业的融合发展之路值得我们进行一定的学习和借鉴。

英国作为古老的出版强国，其出版业的融合运营模式也具有较强的代表性。其融合运营模式主要包括各类资源的整合和多样化商业运营两个方面。在各类资源整合方面，英国大型出版集团众多，其自身独特的规模优势和资源禀赋使得数字化转型较为迅速，他们可以在内容、技术和服务等方面强强联合，互通有无，从而实现优势资源的融合发展。在多样化商业运营方面，英国一方面凭借其数字资源的专业性、权威性和学术性等特色来开展国际间专业数据库销售活动，另一方面就是开启教育领域在线销售活动。英国有着享誉国际的众多大型教育出版集团，其在开展国际在线教育领域具有很大的优势，因此本书选取了英国培生教育出版集团加以研究。

德国是传统的出版强国，是很多大型书展和图书活动的举办地。与此同时，德国人十分热衷于读书和买书。作为世界上最保守的出版市场之一，德国的很多出版社仍然保持着家族企业的身份，但这并不妨碍它成为世界上最活跃的电子书市场——2013 年德国电子书营业额的增长速度领先全球。德国的图书出版业既坚持其固有传统发展基因，又审时度势顺应数字化时代潮流，逐步进行融合发展。在坚持自身传统图书优势的前提下，逐步形成了包含有声读物、游戏电影等多媒体产业格局。

案例一：《纽约时报》的融与合

导语：创办于 1856 年的《纽约时报》发展至今已有 160 余年的历史，有过风光，也有过低谷。就是这样一只经历过两次世界大战的洗礼，面对过金融危机的冲击，曾经获得过 112 次普利策奖荣誉，被世人誉为"灰色女士"（Grey Lady）的传媒巨轮，面对融合潮，面对再次发生变革的传媒生态格局，审时度势，顺势而为。

一、放弃融合，垂直整合实现良性融合

和我国大型国有报业集团现阶段不断拓展业务范围的融合发展道路不同，纽约时报集团不做房地产、不做电商、不做游戏、不投资影视制作，抛售了杂志、电视、广播等非核心业务，相较于大而全的融合战略，纽约时报集团将全部的精力投入核心业务《纽约时报》，避免陷入融而不合、融而不得的困境。事实上，跨界改革、多业务的产业布局并不一定能够创造附加价值，如果不能在业务群组间建立明晰的经营层面的互动或关联，那么多元业务的拓展将仅仅意味着业务的加和，而不会产生增值，及时调整业务架构才能够实现良性融合。

1. 1997—2000 年：全媒体发展阶段

1997—2000 年间，纽约时报集团处于整体经营稳定上升阶段，表现为在《纽约时报》发行量、广告面积、广告收入稳步增长的带动下，公司整体收入、利润稳健持续提升（其间，公司收入年均增 5.05%，净利润年均增 11.02%），处在较为宽松的财务与资源环境当中。本阶段的发展基调是：延续此前既定的全媒体路线，在报纸、杂志、电视、广播及互联网等主流媒体领域全线各自独立运营、发展。

到了 2000 年，纽约时报集团形成了全媒体、多平台、多产业布局。在当时，纽约时报集团不仅拥有《纽约时报》、新英格兰报业集团以及 14 张地方报，还拥有 Golf 杂志集团（包括《Golf Digest》、《Golf Digest Woman》、《Golf World》、《Golf Shop Operations》）、广播电视集团（8 家地方电视台，两家地方广播电台）以及数字纽约时报部。时年，纽约时报集团年收入近 35 亿美元，营业利润超过 6 亿美元，可谓处于其经营的巅峰期。

2. 2001—2013 年：媒体收缩阶段

2000 年后，全球报业格局重新洗牌，新型数字媒体快速崛起，传统报

业危机四伏。和所有市场化的传统媒体一样，纽约时报集团在运营方面也陷入了订户量逐年减少、广告收入逐年下降、报业总收入直线下降等困境。纽约时报集团经历了业务的波动与停滞，业绩始终未能再次触及 2000 年的高度，并在 2006 年出现重大转折：由于新英格兰媒体集团高达 8.14 亿美元的商誉及无形资产损失，当年产生纽约时报集团计入亏损 5.43 亿美元。由于对业务发展趋势的判断及对未来经营压力的预判，纽约时报集团开始对旗下的全媒体业务线进行有针对性的收缩，将资源向战略业务，即报纸方向集中。

新老传播媒介的博弈推动着纽约时报集团重新思考，为了应对行业环境的变化，纽约时报集团放弃了大而全的融合战略，不断调整业务架构，由 2000 年的战略性伸展阶段逐渐进入战略性收缩阶段，相继出售了包括杂志、广播、电视等领域的非核心业务，不断加强对于核心业务——报纸的投入。2013 年 2 月，纽约时报集团又宣布将出售新英格兰媒体集团，其中包括《波士顿环球报》、Boston.com、《伍斯特电报》、《公报》、直邮营销公司等。发展至今，纽约时报集团现在成为只拥有《纽约时报》的报业集团。

二、强化管理联动，激发报业竞争力

行业的变革要求纽约时报集团重新思考、不断调整、制定新战略，而由战略性伸展阶段逐渐进入战略性收缩阶段必然触及的是媒体集团的整体架构和管理制度。纽约时报集团深谙其道，为了配合其垂直整合的融合计划，纽约时报集团不断调整组织架构，强化管理联动，推动传统报业人才向全能型报人的转型，激发报业竞争力。

1. 实现组织架构重组

"想来好笑，当我们要和技术团队开个会，都需要从楼上跑下来，穿过好几个街区，走上十多分钟。最初，我们就像采编室里的科技创业团队，只是我们用的原料之一是《纽约时报》的内容。"这段话是《纽约时报》首席信息官 Marc Frons 在形容几年前纽约时报集团传统的新闻编辑部门以及数字化技术团队之间的工作模式，不难看出，早些年纽约时报集团的不同部门仍旧处于"两张皮"的状态，当时的组织架构并不能适应媒体融合的实际需要。随着媒体融合程度的不断深化，纽约时报集团不断调整，不断进行组织架构的融合、上下管理的融合，经历了合—分—合的发展过程，避免了不必要的资源浪费，方便不同部门之间的人员管理和统一调度。早在1995年，《纽约时报》网络版就已创刊，但是当时的网络版仅仅充当的是印刷版的复制品角色，其编辑和运营并没有得到较多的关注。在发展初期，《纽约时报》网络版仅仅是对纸质版内容的复制、翻版，虽然多部门处于统一管理，但是只能算是融而不合。1999年，纽约时报集团重新思考网络版的定位，将所有的互联网部门合并成一个新的独立的公司，"数字纽约时报"网络版的运作与印刷版自此分开，报纸的网站独立运作，不再由报社直接主管，有单独的采编队伍，通过这次改组，"数字纽约时报"公司将所有与网络相关的业务纳入旗下，实现了网络版编辑与经营的内部整合。2005年，纽约时报集团再次进行组织重组，将报纸编辑部和网络编辑部重新组合，在新闻采集、内容生产、多平台建设方面建立紧密的协同机制。发展至今，纽约时报集团已经基本实现了统一运营、统一采编以及统一管理，实现了多部门之间的优化整合。

2. 培养全能型报业人才

在传统报业融合的过程中，除了优化重组组织架构，"媒体人"的融合成为最核心的因素。如何从外部吸引聚拢人才；如何在招募、培训和激励新型人力资源时做得更好；如何让传统的"专能"媒体人变得"多能"甚至"全能"；如何打造真正的数字优先的编辑部都是纽约时报集团多年来反复思考的、一直探索的。

一方面，《纽约时报》加大了从互联网公司引进先进人才的力度，招聘了很多信息科技、网络技术及编程人员，其IT部门人数已达500人。除此之外，该报还有一个120人的产品团队，30人的数字媒体设计团队，30人的用户分析团队以及8人的研发团队。同时，纽约时报集团还成立了商业智囊团，专门负责《纽约时报》及报业集团的科技信息化转轨，并利用数据挖掘直接指导公司的商业决策。

另一方面，纽约时报集团还形成了一套具备国际水准的支持系统以培训传统记者，保证并激活传统采编人员向全能化、复合型人才转型。这个系统包括与国外机构的良好关系、完善的特约通讯员网络、坚实的研究支持以及与国外高校的新闻学院形成合作，以保证充足的数字化新闻人才不断注入。

三、传统新闻产品化、资产化、融合化

在传统的纸媒时代，报纸是产品，单篇的新闻只能算是内容却称不上产品。到了融合时代，一方面，报业集团在稿件、图片、视频等新闻元素的内容聚合能力不断增强；另一方面，单条新闻产品化成为可能，甚至不仅是单篇新闻，每一张图片、每一条视频都可以成为产品，都有被单独销售的可能性。现阶段的纽约时报集团虽然看似成为只拥有《纽约时报》的集团，但是实际上却在进行着基于单一品牌的多元产品的进一步融合，发展至今，纽约时报集团出版的报纸不再是单一的 **Paper**，而是多元化的数字产品（**Product**）。

1. 内容品牌化，打造核心竞争力

正所谓优质内容是报业的灵魂。无论是从亨利·雷蒙德主张的"旧报应当准确客观地反映世界"，到阿道夫·奥克斯提出"刊载所有适宜刊载的新闻"，还是到现如今的苏兹伯格家族所推崇的"品质胜于利润"，在不断融合发展的过程中，纽约时报集团始终手握内容这张王牌，其客观的报道手法以及全面详实的报道内容不仅为其在美国乃至全世界都赢得了极好的声誉，更为其融合发展提供了重要的支撑与保障。

融合发展是纽约时报集团的一次创新、一次尝试，但创新并不意味着抛弃传统。对于纽约时报集团而言，无论是传统的《纽约时报》纸质版、《纽约时报》网站还是相关 **APP**，都在继续打造内容核心竞争力，致力于将其内容品牌化的理念推广、传承。

2.基于新技术，建立全文数据库

除了优质内容，报业的发展更离不开技术，纽约时报集团亦是如此。技术的创新一方面解放了报业的生产力，推动了报业的繁荣发展，另一方面还让报业的传统内容形成数据产品，助力内容产品化、资产化成为可能。因此，对于纽约时报集团而言，不仅要通过运用新技术守住自己的传统报业的阵地，还要通过数据存储、数据传输以及数据挖掘等新技术实现传统内容产品化、资产化，让内容信息可以再利用、再增值，从而形成新的商业价值。

多年来，作为"历史的记录者"的《纽约时报》在这一方面不断探索。早在 1998 年，《纽约时报》便开通了全文数据库（News Service），为读者有偿提供从 1851 年至今长达 100 多年的《纽约时报》的所有报道内容。在这项服务中，无论是文字、图片还是视频等多媒体格式内容都在新技术的帮助下实现了内容产品化、资产化，用户可以通过登录 Proquest 数据库或是《纽约时报》网站的搜索功能进行直接检索，并通过相应的付费获取所需内容。对于电子版用户而言，每个月可以免费浏览 100 篇 1923—1986 年间的文章，超过 100 篇后则需要为每篇文章支付 3.95 美元。而对于非电子版订阅用户而言，1923—1963 年间的文章每篇收费 3.95 美元。可见，《纽约时报》的电子版付费战略其实早已有之。

3.新闻元素融合化，形成多样新闻产品

在融合媒体时代，单一的报道方式已然不能适应，将各种媒介资源、生产要素进行有效整合成为多数报业集团的不二选择。数据新闻、互动新闻、多媒体交互新闻，纽约时报集团不断创新报道方式，将传统媒体丰富的信息资源与新颖的方式融合起来，形成多元且有影响力的新闻产品。

2012 年，《纽约时报》曾以一篇名为《雪崩》（Snow Fall）的多媒体交互式新闻报道震惊整个报业圈，甚至有人称其将重新定义新闻生产，实现传统媒体的逆袭。《雪崩》之所以能够在发布六天后就以出色的表现力获得290 万访问量和 350 万页面浏览量，是因为它并非简单地将文字、图片、视频拼凑在一起，而是在报道技术上颠覆了传统报纸的新闻呈现方式，真正实现了融合。打开这个作品的新闻网页，呈现在读者眼前的首先是全屏循环播放的积雪滚落下山坡的视频，往下滑动页面，文字穿插于视频、照片和信息图之间，一条简单的新闻通过融合性的展示方式形成了新闻产品，多媒体内容融合在一起给予读者的是一个接一个的视觉高潮。不仅如此，《纽约时报》对于发行渠道也进行了创新，他们率先将《雪崩》转制成电子书，一本卖2.99美元，其原版内容均为《纽约时报》的优质新闻报道。

除此之外，纽约时报集团还建立了互动新闻技术部、数据新闻团队等，以期不断创新新闻报道方式，形成更为多样的新闻产品。发展至今，《纽约时报》每年都会完成近百个互动的信息图，每一张都少不了由数据在底层作支撑，并用读者更加容易理解的方式解读出来。例如奥运会时的"如何赢"（How to Win）系列图片，《纽约时报》用3D捕捉技术和动态图片向读者展示金牌和银牌之间的细微差别——这本来是用文字难以清晰说明的部分；而在总统大选后，根据"摇摆州"投票数而描绘出的线条在图片上"摇摆"，颇为直观地表达这些"摇摆州"在历史上是怎么"摇摆"的；在2014年对于埃博拉疫情的报道中，《纽约时报》调动所有部门，协调一致、通力配合，打通多平台，结合了全球各分站点的视频、摄像作品，呈现出集文本、视频和图片报道于一体的可视化报道。

正是因为纽约时报集团在基于单一品牌多元数字产品的融合道路上愈行愈远，在传统新闻内容产品化、资产化、融合化的转型路上愈行愈强，纽约时报集团才能够跳出单一的广告投放模式，在多平台订阅方式上跨出重要的一步，2011年通过建立付费墙（Pay Wall）实现了《纽约时报》数字版从免费阅读到付费阅读的转型。不仅如此，纽约时报集团在多平台订阅方面已经实现了更为灵活、更为融合的收费方式，用户不仅可以根据不同的阅读平台分别付费，还可以实现多平台订阅，比如"网站＋手机应用"为15美元/月，"网站＋平板应用"为20美元/月，所有数字版阅读权限为35美元/月。根据《纽约时报》公布的财报显示，2013年付费墙为纽约时报集团带来了1.49亿美元的营收额，同比增长33.5%。

四、构建全媒体矩阵实现融合发展

除了将传统内容产品化、资产化、融合化，纽约时报集团在融合发展这条道路上其实尝试的更多、更早。早在 1996 年，《纽约时报》的网站上线，凭借其内容的金字招牌，在新闻报刊等同类型网站中属于佼佼者；2008 年和 2010 年又先后推出了 iPhone 以及 iPad 版本，在常见的平板和电子阅读器上也都相继推出了应用或是订阅服务。2014 年 1 月，《纽约时报》网站版（Nytimes.com）完成第五次改版；4 月，纽约时报集团推出 NYTNow，宣称要将深度阅读带到移动端。发展至今，纽约时报集团已经形成了由《纽约时报》纸质版、《纽约时报》网站版以及移动客户端等多种传播形式组成的媒体矩阵，力争实现全媒体覆盖。

1.建立融合平台，保证统一调度

为了能够打破以往媒体之间的阻隔，实现资源利用最大化以及传播效应最优化，纽约时报集团开发了一个定制化的内容管理系统。这个系统保存了《纽约时报》所有的数据，包括文章、专栏、社评、图片、视频等，成为纽约时报集团融合发展的中枢系统，助力不同平台上的内容在源头上实现融合、统一，发挥了传统媒体采编资源和其他新型媒体平台传播速度快、范围广的优势，使内容管理平台成为跨越多媒体的融合平台。

2.基于多媒体属性，实现定向生产

除了建立统一的内容平台，纽约时报集团也会根据不同平台的特性和需要调整内容的丰富程度，以及内容的呈现方式，实现定向生产，最终形成全媒体式立体传播。以《纽约时报》网络版为例，它不仅拥有报纸印刷版的核心内容，还刊登了来自路透社、美联社以及新华社等多家媒体机构发布的信息。不仅如此，《纽约时报》网络版还专门建立了国际版以及本土版，两个版本不仅在内容上各有侧重，在首页的版式上也不尽相同。除了提供多元化的内容，《纽约时报》网站还通过不断改版，调整页面设置，以实现定向生产。《纽约时报》在 2014 年 1 月进行的第五次改版中采取的重要变化是采用了"Responsive Design"（自适应网页设计），让网站自动识别屏幕宽度、并做出相应调整，除了自适应网页设计，用户还可以在首页看到自己所在城市的天气，设置个性化专栏"我的时报"（My Times），在时报人（Times People）社区自由交流、反馈意见等。

以《纽约时报》移动端为例，其移动应用小组会针对其内容和应用做出修改和调试，例如对于不支持视频播放的手机，原有的视频链接就不会出现。不仅如此，纽约时报集团还与苹果、黑莓等终端厂商合作，形成定制化的《纽约时报》移动端。

纽约时报集团发行人小苏兹伯格将眼前报业的困境称为"需要调试的改变"。他认为，"成功的报业集团能创造出最有效的内容发行平台，或适应任何平台，因此，报纸必须要调整策略，以便能够融入互联网，而不是栖息于互联网之上"。如何针对不同平台用户的阅读习惯，在保留原有风格的基础上，将内容进行再创造成为纽约时报公司在进行全媒体矩阵建设中的重要探索。

3. 全媒体矩阵细分化

诚然，创建网站、单纯的新闻客户端已然不能满足读者的多元需求，因此除了不断完善《纽约时报》网站版以及新闻客户端，纽约时报集团尝试以更有效的方式组织、包装新闻产品，创建范围更为广泛、更加细分的全媒体矩阵，以覆盖数量更为庞大的新闻读者。

除了网站、传统的新闻客户端，纽约时报集团还在新闻相关的周边领域做了一些试探，比如做了 The Scoop、NYTimes Real Estate 以及 The New York Times Crossword 三款分享旅游信息、房地产信息以及纵横字谜的相关 APP，一方面发挥了纽约时报集团多年以来在旅游信息以及房地产信息的内容积累优势，而《纽约时报》填字游戏更被誉为是美国填字游戏的圣经，另一方面基于不同的传播定位，能够覆盖更多的细分用户。

五、结语

诚然，纽约时报集团的融合之路并不是一帆风顺的。在 2014 年一年里，领导层变更，约 100 名新闻编辑被裁，由于用户过少还关闭了一个发表评论的手机应用，执行主编 Dean Baquet 甚至将 2014 年称之为"非常困难又极具戏剧性的一年"。不过好在纽约时报集团并没有放弃尝试，它审视传统，它从没停止改革和调整的脚步，它力争打破传统媒体所谓的"旧习已不再适应，无奈旧习难改"的困境。正如《纽约时报》执行主编 Dean Baquet 近日在给全体员工的一封信中讲的那样，"不要因为新闻业的动荡而让你忘记了我们多么优秀，正如多年的《纽约时报》的先驱者那样，我们将不遗余力地构建一个更好、更充满雄心壮志、更具创造性的《纽约时报》"。

（资料来源：http://www.360doc.com/content/16/1109/23/34716795_605283555.shtml。）

案例二：英国培生教育集团的出版融合之路

导语：英语作为一门世界通用的国际语言，使得英国出版集团在文化传播尤其是国际教育中具有巨大优势。因此，在英国经济发展乏力的同时，英国出版业异军突起，在国际出版市场取得了不错的收益。其中，培生教育集团极具代表性。这家从 19 世纪 40 年代发展起来的集教育、金融、畅销书为一体的老牌出版集团，在纸质出版市场逐渐萎缩的时代背景下，毅然决定退出媒体行业，转而通过在线教育服务进行业务转型。在不断研发数字出版读物的同时，加强提升服务品质，积极开拓国际新兴教育出版市场，从而由一家传统的教育出版集团，转型为一家全球化知识服务型企业。

在新兴出版行业的影响和竞争的环境里，英国培生教育集团可以说是出版模式转型的模范。在 2000 年的初期，这个教育集团首先创造了数字化的教育平台，时至今日，它仍然是出版业网络化进程中的领头羊。

通过普及和运用数字技术，培生教育集团已经从传统的印刷出版商转型成为教育内容的生产商和教育出版数字技术相关服务的供应商，这一转型升级使其发生了根本性的转变。培生教育集团所推出的教育产品旨在为学生提供一套以多媒体形式存在的多元化学习方案。在出版过程中，培生通过其在线系统旨在实现大规模的、可以满足用户个性化需求的定制出版方案。同时，依托网络平台和内容资源，有效地促进了纸质图书的销售，并创造了新的盈利模式。

一、以教育技术学整合数字化出版

"整合"这个概念已经融入各行各业。数字化出版内容与传统内容密不可分，如果二者割裂开来，数字出版也难以成功。

培生教育集团纵观学习的全过程，把握其主线，将数字出版融于学习全过程中的各个方面：学习过程、教学过程；课程体系、管理体系等。培生教育集团通过自己的教育技术学将自己从教材教辅的出版商转化为教育提供和教育服务的供应商。

现代教育不只是教育本身，它还融合了教学的主体、目的、方法和效果等多方面内容，整合了教育、资源、实践，从而帮助学生完成更好的学习，达到良好的学习效果。作为教材教辅的出版商，培生教育集团已经不仅单纯地售卖教材教辅给教育服务机构，还增加了提供协助教育机构完成教学工作的服务，从而参与到教育过程中，这样能更好地了解产品、了解教育、了解需求。

结合教育技术学在理论层面的内容和指导，培生教育集团在数字出版业务方面开发和拓展了一条前景光明的教育产品服务线，为用户提供一切与教学相关的各方面的数字化服务。如学习综合能力的评估，学习目标、计划的制订，学习方法的选择和学习侧重点的提示等。培生教育集团的产品不只是教材教辅，也包括教师。它能在教与学的过程中为双方都提供产品的服务和技术的支持，配合教、学两者有效地完成学习任务，取得良好的学习效果。

对于教师而言，可以提供讲义课件、测试平台、考核平台、教学支持等各方面的服务；对于学生而言，可以提供教学内容、考试测评、交流答疑辅导平台等。教师、学生是两个不可分割的主体，两者被紧密联系在学习的全过程中。数字化教育出版服务为学习这一全过程提供了更有效的支持，教育技术学的思想融入现代教育出版的过程中，明确了在线教育的服务不是纸质教材和教材内容的补充，而是一块具有广阔发展前景和空间的盈利性业务。

二、建立与多媒体相结合的教学产品体系

作为出版业的基础，内容是核心竞争力强度的决定因素。但受限于技术手段，目前内容和产品的增值方式还是有所桎梏。在新媒体和新技术的环境下，培生教育集团的出版内容与多种数字技术相结合，在两个方面发生了变化。首先，出版内容的形式从单一方向和平面信息转变为交互式传播和多媒体信息。教育产品的内涵和外延伴随着数字教育的发展被不断延伸。其次，出版内容的组织形式也发生了变化。它从原来的基于流程的方法转变为结构化的方式。

教学产品包括教师讲义、教辅、线上教学与管理系统。在教材出版方面，培生教育集团有三种载体：一是仍然是基于传统的教学需求和阅读习惯出版纸质教科书；二是在纸质教材基础上开发的电子和音频教材；三是培生正在积极开发游戏教材，使学生能够在娱乐的条件下完成学习。在教辅材料的出版过程中，培生进行了全数字化处理，客户可以通过 CD 或在线资源获取信息及学习材料。这些资源包括：（1）教师手册：其中包括各章节的教学大纲、重点难点、学习计划和随堂练习；（2）PowerPoint 课件；（3）软件，信息数据库的教学需求；（4）网络课程，不同于以往的在线课程，此课程基于 Web 站点；（5）通过智能试卷实现交互式多媒体教学材料。培生目前生产的教材配备有专门的测试基地。

培生教育集团出版了在线课程管理系统对教育产品和在线课程进行管理。基本功能如下：（1）界面直观，操作方便；（2）通过对话工具实现老师

和学生之间的沟通；（3）老师可以通过在线测试工具评估和查看学生的学习情况。此外，学生可以跟踪自己的情况和考试成绩。整个课程管理平台，培生教育集团用了集中式管理服务器，教师可以通过系统获得技术支持。所以，培生教育集团出版的产品通过技术性改革变得更加个性化、更有价值，并成为培生集团收入高速增长的新源泉。

三、利用数字出版技术满足大型个性化定制出版需求

数字出版行业的根本动力源自科技创新。培生教育集团每年在技术和研究领域的投资成本约为 5 亿美元，约占全年总收入的 8%。此外，培生集团还通过创立巨大的数字资源数据库和线上编译技术平台满足大量的个性化定制出版。这两种技术的应用可以使出版技术脱离传统，从而成为定制出版的领头羊。

1.大规模数字资源库建设

培生集团作为一个有着深厚历史和广泛内容资源的大型传统出版集团，其定制库能够将集团内所有书籍和内容经过精心挑选，实现个性化定制出版。定制库的实质是一个内容数据库，这些宝贵的资源被放置在数字技术内容平台中，通过集中筛选和多媒体内容整合，最终达到内容和产品的相互利用。

2.提供在线编辑技术和按需印刷服务

随着定制出版技术的使用，能够操作 **Office** 软件基本功能的人几乎都可以编辑文本、标题页、选择封面，以及确认格式、绑定形式和打印工作。教学评价作为培生教育集团教育产品的一个重点，教师可以通过在线教学资源数据库，根据每一位学员的需要定制学习计划。此外，由于网络系统的支持，培生教育集团将定制库中的教育资源与每个学员的教学内容相结合。这也是教师们希望看到的一个技术平台。

课堂教学的巨大变化得益于数字技术的高速发展，培生教育集团借此机会提供了一种灵活的工具，并为其配备了一个巨大的数据库。它可以让用户

达到最大限度的定制化教学和学习。通过对数据库中的内容资源进行整合，培生教育集团为全球市场创造了成千上万种各类教育产品。培生强调每个学生都有个性化的学习经历，因此越来越多的消费者开始关注培生教育的数字出版产品。

四、利润模式的融合

培生教育集团通过数字出版技术的不断变革实现了一系列的盈利渠道。一方面是促进纸质图书的销售；另一方面是扩大新的盈利模式。

1.教材与综合学习系统捆绑销售模式

如今，人们自我学习、自我提升的愿望在不断增长。大家想要更多种多样的学习方式，包括不同的学习平台、学习内容、学习时间和学习地点。为了应对这一市场需求，培生推出了名为"Pearson Select"的教科书销售服务。这项服务可以使纸质书、电子书、非定制教材和定制教材的价格有所不同，使教师和学生可以从不同的教科书中选择不同的形式和不同的价格。其收费模式是将新兴数字出版产品和传统纸质印刷产品捆绑在一起销售，这也是培生最主要的盈利模式。费用模型将会使印刷产品原价的费用增加一定百分比。通过支付比购买纯纸质产品多一点的费用，消费者享受到更多的增值服务。

2.技术提供者和共享模型

在大数据不断发展的大环境下，越来越多的信息技术公司和终端运营商以技术和资本的再融合试图涉足出版行业。这两个跨行业的涉足，一方面在内容资源与个人作者方面与传统出版行业是一种竞争关系，另一方面在为数字图书出版提供营销平台，使内容提供者可以获得新的利润来源方面是一种合作关系，可以说他们的涉足，形成了与传统出版商竞争和合作并存的市场状况。而培生教育集团作为世界级的出版商，敏锐地嗅到了其中的商机，积极主动地与数字技术提供商合作，围绕互联网与电子商务，并运用广告创收，实现了新的盈利模式。

随着搜索引擎、手机终端、电子书和其他数字出版技术的普及以及在出版行业中的运用，传统出版商感觉到压力倍增；另外，各出版商也可以在不同的平台和终端上出售自己的电子书，从而不再受制于特定的技术服务供应商。通过大量高质量的内容资源和多种数字技术，培生教育集团建立了一个生机勃勃的商业模式。培生使用更全面和个性化的教育服务来整合传统出版和市场，这可以为广大学习者提供更多种多样的服务。

（资料来源：秦璇：《传统出版与新兴出版融合发展研究——以教育出版为例》，北京印刷学院硕士学位论文，2018 年。）

案例三：德国出版的数字化转型研究：以兰登书屋为例

导语：数字化信息时代，传统出版持续萎缩，数字出版风起云涌。在这如火如荼的数字化浪潮中，传统出版业如何顺势而为，创新求变，成为关乎其生存的大事。老牌出版强国德国的出版业和我国出版业有诸多相似之处，在恪守传统的同时，德国出版业是如何进行数字化转型的，值得我们学习和借鉴。因此，本书选取德国兰登书屋的发展之路作为研究案例，研究其在数字化背景下的转型策略，以期为我国的数字化出版转型提供借鉴。

一、引言

《2014 年度中国出版业发展报告》中指出，我国传统出版与新兴出版的融合初见成效。尽管如此，传统出版业危机四伏的现状依旧没能得到扭转。在汹涌的数字化浪潮中，传统出版业能否力挽狂澜、扭转乾坤成为关乎其命运的大事。德国出版业，一直被奉为业界标杆。德国既有历史悠久的出版传统，又有源源不断的推陈出新。

现如今，德国已经成长为在全国拥有 2000 多家出版社、每年出版新书 8 万多种、书店年销售额近百亿欧元的超级出版大国。每年 10 月举办的法兰克福书展成为国际出版业最重要的盛会。老牌德国在保持其出版业的传统核心优势时，不断引入各种创新理念，利用新技术开发多元化产品，为自己的出版王国注入新鲜的血液。

兰登书屋，从最初崛起于美国，1998 年被德国媒体集团贝塔斯曼收购，到 2012 年与英国的企鹅出版社合并共组企鹅兰登书屋，成为全球出版业的超级航母，至此德国的出版业已经大面积覆盖世界版图。

在德国，出版业界始终呈现出多元的书业生态，既有像兰登书屋这样的大型出版社，也有众多小而美的独立出版社，它们共同为读者构建了丰富多样的阅读世界。即使在数字时代，出版社依然肩负着文化传播的伟大使命。兰登书屋亦是在深耕主业的同时多元开拓。作为兰登书屋母公司的贝塔斯曼集团表示，将在未来 5—10 年进行转型，首要目标是通过数字化和国际业务让公司更快发展。早在 20 世纪 70 年代，兰登书屋便开始迈出数字化的步伐。时至今日，数字业务节节攀升，数字产品的销售额已经成为维持其业务增长不可小觑的力量，初步形成电子书、有声书、游戏和影视四大数字出版格局。

二、开拓电子书疆域

五十年前的兰登书屋，曾经创造了辉煌一时的出版神话。然而现在，听上去更像是传说。爱泼斯坦写道："那时，畅销书我们当然也乐见，但不像今天这样，成了一件生死攸关的事了。兰登书屋的畅销书一般会在我们的平装常销书系列中度过一段相当长的二次生命，这些常销书会摆在不管是城市还是乡村里成百上千的独立书店的架子上。"实体书店破产倒闭，传统出版业一片唱衰，数字革命背景下走向转型道路似乎是唯一的选择，就像塞内加所说的，"愿意的，命运领着他走，不愿意的，命运拽着他走"。顺应人们阅读习惯的改变，越来越多的出版社启动了电子书项目。德国近 80% 的实体书店在销售电子书或电子阅读器。

2000 年，兰登书屋出版了 20 本以 At Random 命名的系列电子书。所有电子书只在线销售或按需印刷，并不在实体书店出售。电子书售价按纸质平装本标准来定。每出售一本电子书，作者可获得15%的版税，按需印刷，则获得7.5%的版税。兰登书屋希望通过此举进军电子书市场，但因时机尚不成熟，市场反响并不如意，次年兰登便放弃了此项电子书计划。兰登书屋对电子书的研发并未止步。此后，兰登书屋依托其在大众图书市场的内容优势，从读者角度出发，全方位、多渠道建设电子书。

1."文艺复兴"：唤醒经典图书与纸媒的二次生命

文艺复兴时期，在先进知识分子的带领下人们重新将目光投注于古希腊、罗马的艺术文化，从而翻开了欧洲近代历史的崭新篇章。世纪之交，兰登书屋将"沉睡"的经典名著与没落的纸媒搭载上数字技术的"火箭"，掀起一场图书出版业的"文艺复兴"，同时也促成出版业与纸媒的"联姻"。

Love Swept 是 20 世纪 90 年代美国最受欢迎的言情小说品牌。在兰登书屋集团各国分支机构的共同努力下，电子书在北美、英国和其他英语国家同步发行。电子书仍然沿用很多最初的元素，意在唤醒读者的怀旧之情。

在与纸媒的"联姻"中，兰登书屋将报社记者的文章开发成电子书。这些记者不仅是家喻户晓的新闻界明星，同时也是网络红人，这无疑为电子书线上线下集聚大量关注。此外，兰登书屋还将新闻调查以及各大媒体的热门文章制作成电子书，既延长了新闻的生命力，也为媒体爱好者提供了丰富的阅读资料。

2. 以人为本：不断优化读者阅读体验

兰登书屋始终秉承"让任何消费者通过任何形式方便地获得我们所提供的内容"的理念。纸质图书时代，兰登书屋经历了从精装书到平装书的策略转型，满足社会大众各个阶层的需求。电子书时代，兰登书屋继续从读者角度出发，推出一系列改进用户体验的策略，微件战略就是其中之一。早在Web 2.0 时代兰登就率先提出 UEO（User Experience Operation，用户体验优化）理念。例如，当用户在兰登搜索引擎输入某个关键词，不仅可以看到有哪些书包含这个关键词，并且还能知道首次出现该关键词的上下文语境，读者可以直接找到原文。人性化的搜索体验广受读者的青睐，润物细无声地培养了用户对品牌的忠诚度。

3. 唯变适从：广开销售渠道

兰登书屋对电子书的定价方式一直是保守的。2010 年，苹果推出 iPad 平板电脑，大型出版社纷纷转向电子书代理定价模式。或许是出于谨慎的考虑，时隔一年，兰登书屋才决定加入他们的行列。定价代理制是一把"双刃剑"，虽然可以借助苹果、亚马逊、谷歌等平台来扩大宣传、增加销路，但制定出合理的电子书价格则成了出版商头疼的事情，定价混战时有发生。德国实行固定的图书定价协议，因而免去了不少争端。尽管代理定价还存在诸多问题，但面对竞争越发激烈的互联网世界，出版商只有获得更多读者青睐才能站稳脚跟。故步自封只会自取灭亡，唯变适从才是生存法则。

三、开发有声书产业

在开发多元数字产品方面，有声书可以说是兰登书屋一块精耕细作的领域。早在 1999 年，兰登书屋就收购了有声书公司聆听图书馆（Listening Library），并将其打造成为旗下儿童有声书系列出版商。如今，每年出版的有声书超过 300 种，还有许多珍贵的音像资料都可以下载。

1. 细分读者群体

数字时代要求准确定位。兰登书屋将有声书作了详细分类，划分出包括艺术、电脑、教育、科学、宗教等 40 多种类型，依据此架构分门别类打造有声书系列。在读者群体方面，兰登书屋有两条主线，分别是面向儿童和面向成人的。儿童读者还细分成年幼听众、中等年级听众、青少年听众。如此专业的分类足以显示兰登书屋的资深老练。在把握大众畅销书物方面，兰登书屋也是独具慧眼。"哈利·波特系列"风靡全球，纸质书畅销，电影受追捧，兰登书屋抓住时机推出该系列有声读物，销量一路飘红。

2. 转变版权保护观念

数字出版一直面临盗版侵权问题。兰登书屋率先放开个人读者市场的数字版权加密保护措施。实验数据表明，数字版权保护措施与盗版情况之间不存在必然的因果联系。网络经济时代，信息的准入门槛越来越低，市场占有率事关企业命脉，转变版权观念既对零售商利好，也对读者有益。iPad 和手机用户可以将有声书下载后自由地转换成相应格式的数字文档，以便于永久保存。

四、有效整合资源，实现跨媒体出版

数字技术为整合图书、视频、游戏等娱乐媒介资源提供了无限可能。兰登书屋注重开发自身优势内容，进行多角度利用，整合资源，优化资源配置，延长企业价值链。

2010 年，兰登书屋开始与其他媒体公司合作，为游戏、社交网络、手机平台等创作故事内容。兰登书屋聚拢了一批优秀的科幻小说家，他们可以为游戏的故事情节设计提供有力支持。此外，兰登书屋还对游戏攻略加大投入，研发出一系列游戏指南，配以电子书和制作精良的策略视频，在世界范围内广为传播，积累了一大批活跃用户。

兰登书屋拥有自己的电影制作部门，后与福克斯电影公司联合。即便如此，审慎的兰登书屋计划每年至多推出两部作品，每部进行 2000 万美元的适度投资。这些影片其实是将兰登书屋出版的作品搬上荧屏，以电影的媒介表现来宣传。虽然合作的影片并未造成轰动，但这种图书与电影的结合也是传统出版业大亨跨媒介的创新尝试。

五、总结

数字化浪潮浩浩荡荡，传统出版业能否借势找到出路，转危为安，结果尚未可知。德国的图书出版业，既带有独特的本土文化，又是行业佼佼者，从而受到世人瞩目。兰登书屋的发展之路浓缩了德国传统出版业在数字化背

景下转型的特征。目前数字出版已基本形成电子书、音像、游戏、电影电视的格局。兰登书屋的数字转型之路始终以读者为本，充分将自身传统图书的优势与新技术新媒介结合，重新点燃书籍的二次生命，逐步形成"深耕主业，多元开拓，加快转型，融合发展"的发展战略。在数字革命的叫嚣中，兰登书屋没有随波逐流，迷失自我，而是审时度势，步步为营，实现自我超越。

目前，我国的数字出版呈现出良好的发展势头。电子阅读器、智能手机、平板电脑等便携式终端的普及，使数字化阅读迅速流行起来。数字出版内容开始走向深加工、定制化、多终端开发，提高数字产品与市场的契合度。但同时另一方面，传统出版商在数字化转型中缺乏规模实力、网络投送平台竞争激烈、大众娱乐化的冲击、版权问题、标准规范缺失、资源整合难等现实问题依旧严峻。他山之石，可以攻玉。我国数字出版既要借鉴行业领先者的成功经验，也要结合本国的实际国情，找到一条属于自己的快速发展之路。

（资料来源：刘骊姗：《德国出版的数字化转型研究——以兰登书屋为例》，《今传媒》2015 年第 4 期。）

第四章　推动传统出版融合发展的对策

传统出版融合发展是一个系统工程，针对前述各章对于传统出版与新兴出版融合的过程、融合中存在困境的分析，综合学界最近的研究成果，本章提出了传统出版融合发展在管理理念、产品和内容融合、渠道融合、人才融合、技术融合、拓宽融合路径、资本融合以及盈利模式探索等方面的具体对策。

第一节　变革管理理念，推动融合发展

管理理念是一个公司持续健康发展的内在动力。当企业理念与外部环境格格不入时，便会在很大程度上堵塞企业未来发展路径和盈利通道。互联网是我们这个时代最大的变量。面对互联网和新兴信息技术的冲击，出版企业必须顺应时代，做出全方位的变革，这其中首要的就是管理理念变革。原国家新闻出版广电总局规划发展司副司长李建臣认为，传统出版与新媒体的融合应该是综合性、全方位的融合，融合发展的核心是思想观念的融合。①

---

① 参见韦向克：《论传统出版与数字出版的深度融合发展》，《出版广角》2017 年第 12 期。

一、从思想上要认识到传统出版融合发展是时代发展的必然

当今时代，科学技术的发展日新月异，我们正处于第四次科技革命的前沿。大数据、云计算、移动互联网、物联网等新技术，打破了行业之间的原有边界，不同产业之间开始走向融合。对于出版行业而言，信息技术、互联网技术等科技创新对传统出版的生产流程、传播渠道等产生强烈冲击，彻底改变了传统出版赖以生存和发展的产业环境。新技术和新发展模式背后是新思维。因此，出版企业对此要有清醒的认知。出版企业要做好传统出版融合发展，首先要更新思维理念，树立互联网思维。所谓互联网思维，不是单纯的一种思维，而是多种思维方式的一个综合体，包括用户思维、跨界思维、平台思维、大数据思维等等。当前出版企业的挑战主要来自互联网行业。出版企业要深入了解互联网公司的运转逻辑和思维。只有深入了解竞争对手的潜在意识结构，才能制定企业发展思路和应对策略，持久稳定地走下去。对于传统出版来说，树立互联网思维，就需要拥抱信息技术的变化和革新，创新原有的思维定位，改变旧的行为惯性，突破原有的路径依赖，按照全新的理念来谋划生产和经营，跟上出版行业数字化转型的时代浪潮。

经营理念的变革是一个自上而下的过程。在传统出版业转型的过程中，编辑团队起到了至关重要的作用，而编辑团队理念的转变在整个团队经营理念转变过程中处于首要位置。只有编辑树立融合理念，主动拥抱互联网时代，对出版融合具有一定的主动性和积极性才能解决编辑的底层执行和顶层战略相脱节的问题。另外，在传统出版融合发展的过程中，编辑团队要主动学习新知识、新技能，增强数字技术以及营销宣传能力，只有这样，编辑团队在具体执行的环节，才能减少出现能力跟不上、融合效果不尽如人意等问题。

二、在发展方向上要认真领会中央的政策导向

面对科技革命的浪潮，党中央高瞻远瞩，及时作出了一系列的部署和安排，这些政策纲领为传统出版企业如何实现融合发展指明了方向，提出了具体的要求。出版企业要实现传统出版与新兴出版融合发展，首先要认真学习这些政策性文件。比如，2009 年国务院发布的《文化产业振兴规划》，2010 年原新闻出版总署先后发布的《关于进一步推动新闻出版产业发展的指导意见》、《关于加快我国数字出版产业发展的若干意见》、《关于发展电子书产业的意见》，2012 年中共中央办公厅、国务院办公厅印发的《国家"十二五"时期文化改革发展规划纲要》，2014 年原国家新闻出版广电总局联合财政部下发的《关于推动新闻出版业数字化转型升级的指导意见》，等等。在这些文件中，最重要的是《关于推动传统出版和新兴出版融合发展的指导意见》（2015 年原国家新闻出版广电总局联合财政部下发），其中明确提出要推动传统出版和新兴出版融合发展，把传统出版的影响力向网络空间延伸，满足出版业巩固壮大宣传思想文化阵地、履行文化职责、寻求自身生存发展的迫切需要。这些政策文件代表着国家的战略导向，出版企业作为生产精神产品和促进文化事业发展的重要载体，贯彻党和国家的精神和政策是其义不容辞的责任，同时也是其发展壮大的重大机遇。

三、在工作方法上要准确把握媒介融合的规律

对于传统出版企业而言，实现传统出版的融合发展是当前最重要的战略任务，而要做好融合发展，首先要认识媒介融合的规律。根据国内相关学者的研究，传统出版融合发展遵循以下两个规律。

第一个规律是技术创新的逻辑律。出版业的发展离不开技术的推动，技术发展的基本逻辑是人类在社会交往过程中，不断追求信息传播的速度、广度和深度，出版技术的革新正是实现这一传播诉求的根本原因。从出版发展

的历史来看，每一次媒介技术上的革新都是对人民群众对更有针对性、更便捷、更迅速地传播知识信息产品需要的呼应，每一次媒介技术的革新都重新塑造了出版的新业态，推动了出版业的变革与发展。互联网时代的到来，更是提升了信息传播的速度和便捷性，同样，出版企业只有顺应这个趋势才能获得更大的发展。

第二个规律是融合发展的交互律。在一般意义上，人们习惯于把技术的更替看作是一个新技术淘汰旧技术的过程，新的技术产生了，旧的技术就会走向消亡。但是纵观媒介的发展史，媒介的发展不是一个前后替代、淘汰的关系，而是互补、融合的关系。因此，在新媒体的冲击下，传统媒体并不是被迫放弃传统的经营方式，而是要在原有的技术基础上"叠加"新的内容生产方式和传播方式。以上两种规律是相互依存、互为补充的。

四、在组织战略上要做好科学定位和顶层设计

在组织整体层面，要做好科学的顶层设计和科学定位。出版企业在企业整体层面要制定传统出版融合发展的目标、融合的步骤和时间表。传统出版企业的融合发展是一个动态的过程，根据相关学者的研究，这个过程经历了四个阶段：一是数字出版阶段。从20世纪末开始，持续十年之久。这一阶段政策快速发力、企业盲从急躁，尚未找到真正的商业模式。二是转型升级阶段。始于2010年，持续时间与"十二五"规划保持一致。由于盈利模式模糊，许多出版企业在此阶段面临转型升级没有取得什么进展。三是出版融合阶段。党的十八大后，推动全面深化改革，传统媒体的"融合发展"升级为国家战略。在这个阶段，上市出版企业的数字出版、跨界融合的项目开始不断布局和出现，大型出版集团通过加大战略并购、资产重组的力度改变产业布局，努力成为出版融合发展的领头羊。四是知识服务阶段。融合发展不断深入和拓展。这一阶段处于知识服务的风口，顺应政策导向和行业发展趋势，业内知识服务的数

字化产品或服务平台纷纷出现。

传统出版企业在制定企业发展规划时，应明确推进融合发展的方案，形成明确的时间表、路线图和任务书，出台综合发展方案设计、实施、跟踪、评估、考核的系列机制，将融合发展落到实处。[①] 由于各个具体的业务板块彼此发展程度和阶段不同，因此各业务板块应根据其每一阶段的特征，制定对应的融合发展、转型升级方案。易于实现融合的板块，要充分挖掘自身的优质资源，推动产品、渠道、服务等的升级、扩张、裂变，通过 IP 运营、技术升级等方式，无限拓展业务，延长服务链，不断扩大范围来建构自己的业务生态体系。对于不易实现融合的板块，不仅要做好业务板块顶层设计，还可以以技术和项目合作等方式，积极推进业务转型升级。通过科学的定位，各业务板块才能实现既有分工又有合力的协同发展，从而避免无目标无定位地盲目发展。

第二节　打造数字人才队伍，培育数字人才发展环境

在出版融合发展新业态下，充分发挥每个环节的人力资源优势是出版企业发展的关键所在。拥有优秀的出版专业人才是出版转型成功的基础。传统出版工作者对多媒体融合出版通常缺乏了解，因此要注重培养复合型数字出版人才，使相关人才具有出版业转型所需的知识和能力。在出版融合发展中，十分重要的便是人才的专业素养。在以传播技术驱动发展的现代出版时代，必须加大对数字出版等现代出版人才队伍建设的力度，打造满足出版融合发展所需的人才资源。

---

① 参见李淳宁：《数字时代出版企业融媒体发展的思考》，《中国新闻出版广电报》2018年12月24日。

一、传统出版融合发展的人才要求

对于出版企业来说，人才是最重要的资源。出版企业所储备的人才资源大都是适应传统出版业务的。长期的事业化管理使得出版企业极度缺乏经营管理人才，面对互联网和新兴信息技术的冲击，又彰显出传统出版企业技术人才短缺的困境。具体而言，传统出版企业要实现融合，必须具备以下几类人才。首先，传统出版企业需要具有创新性、善于从危机中发现机会的"企业家"人才。由于人们面对风险的偏好大多是风险厌恶型的，"企业家"人才是一个社会最宝贵的财富，他们能够实现社会资源的优化配置。长期的事业化管理使得传统出版企业极度缺乏这种善于创新、善于从风险中把握机遇的"企业家"人才。这类人才很难从企业自身培养，需要从市场上去招揽。其次，根据全媒体产业链的深度融合和持续创新发展的要求，现代出版企业要建设洞悉用户需求、熟知出版业务、掌握现代出版企业管理知识、拥有互联网思维和融合创新能力、了解技术的管理人才队伍。他们善于运用新兴出版平台大数据等技术和能力，精准地获取用户的关注点和兴趣点，快速研发生产出满足用户需求的产品，吸引用户注意力。

二、建立适应融合发展的人才选拔、培养机制

面对传统出版与新兴出版融合发展的态势，出版企业需要尽快扩大和改善当前的人才储备，大力吸引适应数字出版的人才。由于传统出版企业普遍缺乏融合发展所需的专门人才，所以传统出版企业需要突破现有的条框化引进人才机制，面向社会公开招聘和竞聘上岗，积极引进融合发展所需的优质人才。

除了积极引进外部的优秀人才，传统出版企业还需要通过课程实践、定期培训、选派人员赴海外学习、鼓励企业内部创新创业等手段对企业内部的现有人才进行再造，促进他们对新兴出版技术的掌握。传统出版企业还可以

通过建立人员轮岗机制和人员共建机制，推动传统业务人员和数字出版人员轮岗与交换培养，强化出版单位整体业务人员融合发展的业务兼容能力建设，从轮岗中培养人才、发现人才。①

三、建立适应融合发展的人才激励机制

要吸引和留住人才，最根本的是改变传统出版企业用人环境，完善人才工作机制、选拔机制和评价激励机制等。传统出版企业需要重塑自身的人才激励机制，构建以市场为主导的人才选拔引进机制、绩效考核机制、收入分配机制和多重激励机制，营造出一个适合人才发展的公平、公正、公开的环境。传统出版企业融合发展是关于企业长远发展的大事，需要传统出版企业领导者亲自推动和实践，组建专门的新兴出版业务团队，协调新兴业务部门与传统业务部门的有效协作与沟通，并成立保障该团队运营的服务型团队，做好后勤保障工作，避免传统出版业务和新兴出版业务各自为政的局面。

在人才引进方面，要在薪资待遇、股权激励及事业平台等多方面与市场对标，这样才能吸引最优秀的人才进入出版企业中来。以武汉地区为例，数据显示，2016 年武汉地区互联网门户网站内容编辑专员的月工资为 3013—5341 元，月平均工资为 4177 元；高级文字编辑的月工资为 6074—11388 元，月平均工资为 8731 元，而同期武汉地区某传统出版社招聘编辑提供的月薪才 3500—4100 元，与互联网行业的薪资相比缺乏竞争优势。② 出版企业现有的工作环境氛围、薪酬标准和激励绩效很难满足数字出版方面专业人才的需求，再加上互联网现有的薪资福利和多样化的绩效考核制度对人才更具吸引力，使得出版企业难以吸引到紧缺的数字出版人才。

在促进现有人才转型方面，要出台政策和措施，鼓励现有人员进行适应

---

① 参见李永强：《出版企业媒体融合困境及突围策略》，《中国出版》2019 年第 10 期。

② 参见范军、肖璐：《出版融合背景下传统出版企业人才队伍建设的困境与对策》，《中国出版》2016 年第 23 期。

新兴业务的知识更新、技能培训并设立转岗通道，让对新兴出版业务感兴趣并希望主动转型的人员有机会转入新兴出版业务领域。要让传统出版人员参与到新兴出版业务中来，让从事传统出版的人员能够将其专业技能"转移"到新兴出版中，并能够在参与新兴出版业务的过程中获得收益。与此同时，还需要建立健全与之相适应的绩效考核体系。首先，在人才转型方面，传统出版单位需要出台对于数字出版的倾向性扶持政策，让参与数字出版业务的人员能够获得比较高的收益。其次，在对数字出版业务考评时，除了考评业务研发能力，还需要强化质量管理考评，把传统出版在质量把控方面的优良传统在数字出版业务中继续发扬光大。[①]部分出版企业已经开始尝试采取"部门试点、有序推进、全员转型"的思路，在单品种图书产品、某部门图书产品的业绩考核方面，实现纸质图书考核与数字产品考核的一体化推进，既考核单品种图书的利润绩效，也考核该图书的数字产品利润绩效，将数字化绩效分配到每位策划编辑。从长远来看，全员、全社、全流程的融合发展变革，必然要通过绩效考核的一体化推进来实现。从事传统出版业务人员所具有的专业技能对于保证新兴出版业务的质量是非常必要的，传统出版所积累起来的优良传统需要在新兴出版中继续发扬。

四、实现专家资源融合

专家资源是出版企业尤其是一些专业性较强的出版单位的核心资源。传统出版企业普遍组建了高水平的专家团队，这些专家团队对于出版企业的发展至关重要。面对传统出版与新兴出版融合发展的态势，传统出版企业需要率先在专家团队的构成上实现融合。融合出版需要具有编辑、技术、管理等多方面的人才及复合型人才，相应的传统出版企业需要对自身的专家团队重新进行优化，根据融合发展的要求吸纳新媒体方面的技术、管理人才加入专

---

① 参见李永强：《出版企业媒体融合困境及突围策略》，《中国出版》2019 年第 10 期。

家团队。新的专家团队可以更深层次地指导出版融合，传统出版可以利用现代出版专家的技术、营销理念等进行结构调整、优化，而新兴出版则可以利用传统出版那些具有深厚工作经验的人才的价值导向平衡社会效益和经济效益。

除了专家团队，传统出版融合发展还需要拥有具备新媒体思维和新媒体创作能力的新型作者队伍。传统出版融合发展需要有意识地培养作者的新媒体思维，加速现有作者队伍向融合发展的方向转化。

五、提升编辑团队的融合意识

在出版融合过程中，尤其要注重人才的编辑结构、编辑能力和专业素养的提升。融合出版趋势下要求编辑具有一定的能力，传统出版企业可对新媒体编辑和传统媒体编辑资源进行融合，或者定期不定期地对团体或个人进行培训，或组织新老编辑之间相互学习交流，从而提升编辑团队的融合意识、互联网思维、立体化选题观念、资源整合能力、项目管理和团队协作能力等。

传统出版与新兴出版融合发展对编辑素质提出了新挑战和新要求，新媒体时代对编辑的技能要求更加多样，不仅要掌握传统的选题策划、编辑加工、排版校对，而且还要掌握信息资源开发和数字化增值服务等层面的技能。不仅需要编辑队伍有很高的专业水平，还要有一定的经营管理能力。

六、实现营销人才资源跨界融合

传统出版企业在人力资源配置上往往侧重对政治素质和语言文字能力等方面的考量，所以内容编审把关人才多，而懂企业管理、市场经营、数字营销的复合型高端人才少。传统出版企业实现融合发展，需要营销人才有大格局、大情怀，应该既善于在实体书店做渠道整合，又善于在网上书店和互联网平台做推广售卖，这也是出版融合发展过程中所需的具有综合能力的高素质人才。

另外，从我国出版企业的实际来看，国际化业务已从"图书走出去"阶段向"企业走出去"阶段升级。出版企业不仅仅需要外向型国际营销、业务管理等出版国际化人才，还需要有国际采购、海外机构经营管理等方面的人才。对传统出版企业来说，擅长创新的国际化经营人才缺乏，而能够开展国际资本经营的人才尤为稀少。[①] 所以需要将互联网行业和海外合作出版机构的营销人才进行跨行业，甚至跨区域、跨国界的融合。

第三节　利用新兴技术，改造传统生产流程

2014 年 8 月 18 日，中央全面深化改革领导小组第四次会议审议通过了《关于推动传统媒体和新兴媒体融合发展的指导意见》，强调推动媒体融合发展，要顺应互联网传播移动化、社交化、视频化的趋势，主动使用大数据、云计算等新技术，发展移动客户端、手机网站等新应用新业态，进一步增强科技研发水平，用新科技引导媒体融合发展、推动媒体转型升级。传统出版企业要实现融合发展，需要充分利用新技术，尤其是现代互联网技术、信息技术等。

一、利用新技术推动业务流程数字化再造

传统出版融合发展要求出版企业对自身原有的业务流程进行数字化再造升级，适应快节奏的产品生产与传播。多媒体出版流程的主导思想是"用户需求导向"，传统的编辑出版流程需要进行多媒体化的改造，主要表现为数

---

① 　参见范军、肖璐：《出版融合背景下传统出版企业人才队伍建设的困境与对策》，《中国出版》2016 年第 23 期。

字化模式，编辑出版流程要和内容资源管理、数字化加工及产品系统的应用相结合。① 生产流程融合关键在于实现出版生产流程的一体化改造。出版企业应创建包括选题策划、协同编辑等在内的一体化内容生产平台，使内容生产转向实时生产、数据化生产、用户参与生产等方面，实现内容生产模式的升级和创新，最终实现传统出版产品与新兴出版产品的生产过程同步化、生产流程统一化、上线发布协同化。根据实践，图书出版的流程数字化再造升级不如传统期刊出版。例如，以中国知网、万方数据等为代表的期刊出版办公系统，不仅把作者投稿、专家审稿和编辑办公等系统集为一体，更具有在线投稿、在线学术不端检测、在线同行评议、在线审稿、退改、发稿等各种功能。反观传统图书出版机构，其出版业务流程数字化再造中具体的内容组织及审校业务较少，大多体现在作者资源库管理和各类流程审批等环节，如选题立项、合同审批等。传统出版，尤其是传统图书出版在业务流程数字化再造方面，对于《关于推动传统出版和新兴出版融合发展的指导意见》中提出的要求，还需要做出巨大的努力，未来业务流程势将面临较大的变化。在生产流程融合策略方面，主管部门可以通过推动复合出版重大工程，推动出版企业研发和配置复合出版系统；而在市场推动层面，也不乏一些复合出版生产管理系统可以作为有益的借鉴和补充。出版单位可以构建多媒体内容平台，全面对接线上与线下的出版环节。重点项目和重点工程对于融合发展具有明显的带动效果。

出版企业要紧紧围绕信息传播新技术进行技术研发攻关，建设新平台，将信息内容向新媒体扩展，促进传统出版业和现代出版业朝一体化方向发展。出版企业的数字化流程再造主要包括三个方面的内容。

第一是建设完善的数字管理平台。首先要通过现代技术建设和完善现代化的协同办公系统，对现有的出版流程进行数字化改造，通过基础平台建

---

① 参见王美柱：《互联网思维模式下多媒体融合出版的发展突破》，《科技传播》2018年第24期。

设、应用平台建设、数据管理建设，为选题策划、编辑加工、成本控制、印数提取、库存监控、发行营销等提供实时、有效的大数据支撑。对于出版流程的各个环节，实现数字化改造只是流程再造的第一步，更重要的是要以建设数据总线系统为目标，打通各个出版单位之间的"信息孤岛"，按照出版行业 CNONIX 标准建设主数据系统和数据采集加工系统，完成对各出版社数据的结构化存储。

第二是实施内容生产流程再造。出版企业需要打破原有的部门划分，按照项目制的形式把来自不同部门的策划、文编、美编、视频和网站编辑组织在一起，共同参与策划、采写、制作内容产品。这样推出的产品，在基因上就具有了"全媒体的特性"，能够适应不同的媒体平台。例如，中国人民大学出版社的数字化流程改造实现了数字化信息管理系统涵盖选题管理、合同管理、教师资源管理、发行与销售管理、财务管理、印务管理等出版社各项核心业务，并计划在内容协同编辑方面探索建立数据加工平台。

第三是坚定不移地贯彻社会营销理念。重构出版企业与消费者之间的关系，对消费者的需求和反馈做出快速反应，这是传统媒体融合发展成败的关键。出版企业要充分利用当前的大数据分析技术，尽可能多地搜集消费者在社交媒体、自媒体上发布的信息，准确把握消费者的需求和偏好，把这些信息及时反馈到生产环节，确保对这些信息的有效处理，从而实现知识信息产品的分众化、精准化营销。此外，出版企业也要采用移动终端等工具去重构内容分发、传播和反馈机制，实现最大化的覆盖用户和多样化的渠道传播，进而创造良好的经济效益和社会效益。

二、在组织整体层面进行知识信息资源的数字化整合

传统出版与新兴出版融合的关键是资源数字化。传统出版企业对资源的数字化整合不仅仅是将传统资源进行数字化，而且要在资源的归属、使用方式、建设方式、管理方面上进行全面的创新。第一，要树立知识信息资源是

最核心资产的经营理念，按照融合发展的要求对所有的资源进行数字化整合。传统出版企业需要结合原有资源，面向自身擅长和服务的专业领域，深度挖掘和结构化处理原本所具有的优质内容资源。所有知识信息资源都归母公司统一管理，各部门均可使用，从而在管理层面上解决资源调用的核心问题。第二，制定知识信息资源数据库建设规划和建设标准，在传承创新的基础上，有计划地推进资源建设，持续打造高质量、拥有自主知识产权的数据资源库。第三，搭建知识信息资源内容云平台，把出版企业所有的图书内容资源、音频、视频、动画等富媒体资源，按权限分级管理查阅权限，设置检索和分类查询功能，方便各部门和相关单位使用。第四，制定出版企业知识信息资源内部有偿使用管理办法，明确知识信息资源采集、制作部门和资源使用部门之间的分成比例，既鼓励大家充分利用资源，又最大限度地保证数据资源采集、制作部门的主动性。第五，根据市场化原则制定知识信息资源对外使用管理办法，以合作共赢、有偿使用为基本原则，创新性地开展出版企业知识数据资源的外部合作。

三、利用先进技术实现版权的保护和开发

出版的本质是传播优质内容，出版企业可以以数据驱动云出版，通过算法获取众多用户的用户画像，从而在出版物的选题精准度、产品定价、市场营销等方面使用户的个性化需求"私人订制"成为可能。另外，善用技术赋能，也能促进文化出版的创造性发展，使出版物版权得到更有效的保护。基于区块链技术的文娱类 IP 交易平台，"功能覆盖知识版权保护存证、版权认证、版权登记、版权交易、在线维权、内容孵化等于一体的一站式文娱版权智能服务"①。例如，"人民在线"是大数据评价科技领域的领导者，在国内

---

① 《你对未来版权 UIP 了解多少?》，2019 年 9 月 9 日，见 https://www.jianshu.com/p/dfd-d214efc9e。

率先探索"区块链 + 版权保护"。2019 年，"人民在线"正式推出一站式版权保护管理平台——"人民版权"。利用区块链技术的高加密性以及不可篡改性，"人民版权"平台实现了对原创内容的自动存证、原创内容转载的实时监控、侵权行为的快速取证、内容授权的线上交易等，为用户提供了最完善的全流程线上技术服务。①

四、利用新技术拓展新业态

大数据、云计算、移动互联网、物联网等技术在出版行业具有广泛的应用前景。传统出版企业要积极地通过多种方式运用和借鉴先进的互联网传播技术和渠道，加快发展移动阅读、按需印刷、电子商务、在线教育、知识服务等新业态，在出版大数据分析、结构化加工制作、数字版权保护、资源知识化管理、数字印刷、发布服务以及产品优化工具、跨终端呈现工具等关键领域进行研发和应用实践，着力解决传统出版融合发展所面临的技术瓶颈。

第四节　因地制宜，选择合适的技术平台

在传统出版业的运作过程中，出版社起着核心主导的作用。从前期选题确定、内容整合、原创组稿到后期印制发行，整个作业过程都有出版社在把关各项流程和推进相关进度。而互联网时代，每个公司或者部门都可以直接对接客户需求，于是各生产环节已经不满足于自己过去所做的狭窄领域，以及过去所创造的相对稳定的营收模式。越来越多的公司加入互联网，在现有运营模式下开始探索陌生领域并尝试新的产品服务，拓展公司收入的多元化

---

① 林丹妮：《科技战"疫"：发挥版权力量　优质作品陪伴人民共克时艰》，2020 年 2 月 14 日，见 http://yuqing.people.com.cn/n1/2020/0214/c429609-31586500.html。

和生存发展的无限可能。

一、平台型企业：传统出版企业在融合发展中的新角色

所谓平台经济，是指以信息技术和第三方支付为手段，依托某个真实交易场所或者虚拟的交易空间，通过重构产业链、价值链关联等方式促进交易的一种创新型经济发展形式。[①] 平台本身并不生产商品，只是通过双方或多方供求之间的交易收取适当费用或者赚取差价获得收益。在这个意义上，很多出版企业扮演的就是平台企业的角色，即"以图书作为产品的平台经济活动"[②]。

在传统出版模式下，出版企业只生产和加工内容，担任内容提供商的角色。而在新兴出版模式下，传统出版企业可以自己建设或与第三方技术团队合作，打造出各种类型的数字平台，不仅自己生产内容，也自己掌握销售渠道，缩短产业链和降低销售成本，在新兴出版竞争中掌握自己的命运，催化新产品、新业态、新市场，深化融媒体品牌运营。通过深入分析各个平台的创新优势与特点功能，立足"编、印、发"全产业链条，在资源上线、便捷用户等方面协力合作，构建主营业务与融合发展收入的一体化发展新局面。

当前，很多传统出版企业积极寻求转型和跨越式发展，并积极拥抱互联网。当纸质书销售每况愈下时，出版社纷纷转型，向电子书领域进军。但是，令人感到遗憾的是，成效并不显著。很多出版社都只是把纸质书原封不动地照搬到网络平台，却忽视了网络平台的独特性，以及读者在网络平台的阅读习惯的变化。因此，出版社需要首先认清什么是平台、如何构建平台等问题。在建设平台过程中，如何利用自己现有资源、优质内容和专业采编队伍来建设多元生成的知识服务平台。因此，传统出版企业需要多和各大互联

---

① 《迎接"平台经济"新挑战》，2013 年 10 月 15 日，见 http://www.cssn.cn/skyskl/sky-skl_dfwh/201310/t20131026_605520.shtml?COLLCC=3262461440&。

② 王勇安、张雅君：《论出版产业融合发展的战略思维》，《出版发行研究》2016 年第 4 期。

网企业接触和学习，了解当下的平台是如何运营和思考的。出版社只有摸清这些互联网公司底层运行逻辑才能更好地建设成特点鲜明、方向明确、内容优质和用户黏性高的平台型企业。传统出版企业要探索和推进出版业务流程数字化再造，建立选题策划、协同编辑、结构化加工、全媒体资源管理等一体化内容生产平台，推动内容生产向实时生产、数据化生产、用户参与生产转变，实现内容生产模式的升级和创新。

二、建立一体化内容生产平台的要求

既然建设平台化企业已然是大势所趋，那么具体该如何操作呢？尤其是对于出版平台企业来说，稳定优质的内容供给就显得至关重要，而一体化内容生产平台的建造就更是出版产业顺利转型和实现盈利的重要资源。我们认为构建一体化内容生产平台需要做到以下两点要求。

第一，梳理盘活现有内容资源。当前出版社积极转型过程中，盲目跟投各大风头经济形态，甚至很多决策都没有经过认真调研就迫于发展和盈利压力而草草决定，忽视了经济发展的规律和产品运作的特质。到头来是竹篮打水一场空。因此在建构内容生产平台时，要时刻保持理性，认真审视已掌握资源，并仔细盘点现有内容资源的优劣势，挖掘现有内容资源和当下语境、读者需求的融合点。

第二，积极引进新技术，把握未来内容创作的发展方向。内容生产平台除了有良性的运转机制和源源不断的优质内容供给，还需要清楚把握用户对精神内容补给需求的变化。准确来说，用户心理需求的变化才是未来内容创作的方向。因此，只有借助当前的先进技术，诸如算法推荐、大数据技术才能挖掘用户对优质内容的需求方向，并分析出其与当前现有内容资源的匹配度，以及如何顺应潮流变革内容创作视角和运作模式，这些问题的解决都需要借助庞大用户数据分析才能得出科学准确的结论，并成为管理层决策的依据。

三、数字内容生产平台竞争的本质规律是价值取胜

原国家新闻出版广电总局、财政部联合印发的《关于推动传统出版和新兴出版融合发展的指导意见》，针对创新内容生产和服务，提出"将传统出版的专业采编优势、内容资源优势延伸到新兴出版；建立全媒体资源管理等一体化内容生产平台；强化用户理念和体验至上的服务意识等，建设各类数字出版平台，以平台整合优质内容资源，通过出版内容和行业数据跨平台互通共享，就能实现内容创新和技术创新的有机联系，全方位、全时空连接出版物产品生产与阅读活动，满足社会全时空精准阅读的需求"。

按照建构主体的不同，数字出版平台可以分为三大类型：技术提供商构建的数字出版平台、电信运营商构建的数字出版平台和内容提供商构建的数字出版平台。[①] 这三种类型的数字出版平台之间相互竞争，最终是某一个平台胜出还是走向融合现在还难以判断，消费者拥有最终的投票权，竞争的基本规律是价值取胜。哪个平台能够给消费者创造更多的价值，哪个平台就能在激烈的竞争中胜出。

传统"内容出版平台"的融合变革，就是要突出"社交＋内容"的传播方式，把社会关系要素融入传统"内容出版"的结构体系，基于传统出版内容主体构建立体化出版模式。平台融合策略通过把数字阅读平台与社交网络平台融合，充分满足读者的阅读、人际关系拓展、信息搜索、社群传播、内容欣赏、互动交流等多种精神需求。

传统出版企业融合发展还要加强重点平台建设，主要有国家学术论文数字化发布平台、出版产品信息交换平台、国家级出版内容发布投送平台、国家数字出版服务云平台、版权在线交易平台等，这些重点平台可以整合、集约优质内容资源。此外，传统出版企业还要积极推进内容、营销、支付、客服、物流等平台化发展，这样才能进一步做大市场，实现交易的便捷化，降

---

① 参见刘社瑞、程继忠：《数字出版平台多维价值探析》，《湖南社会科学》2013年第2期。

低运营的成本。

四、传统出版融合发展的平台技术路径选择

在出版融合发展的进程中，就目前的情况看，我国传统出版企业探索出了以下几种不同的路径。

第一，技术外包路径。由于出版企业在技术方面存在短板，所以通过向技术公司直接购买产品或者购买问题解决方案就成为众多传统出版企业实现融合发展的第一选择。目前在市场上关于如何进行电子书生产、如何建立数据库都由相应的技术公司给出相应的解决方案，出版企业只对产品或服务进行购买，就可以节约技术研发的高额投入，解决技术人才匮乏的难题，并在短期内看到成效，提高工作的效率。

第二，技术自主研发路径。虽然技术外包模式有成本低、风险小、简单省事等优点，但是也存在一些问题。比如，技术公司一般采取租赁的方式，不愿意提供核心技术；所提供的软件大多是固定的，与出版企业的个性化需求不匹配；放弃技术，仅仅只关注内容，会使出版企业沦为互联网企业的"打工仔"；技术公司只看到了眼前的利益合作，不去开发出版机构的内容优势，技术更新达不到内容及形式的需求；数字出版产品内容外泄和版权的风险；等等。有鉴于此，一些有实力的大型出版企业开始组建自有技术团队，甚至投资成立自己的数字出版公司，独立研发自己专属的技术应用。比如，知识产权出版社全资成立了中献电子技术、中知智慧科技等多家技术公司，开发了"来出书"、"知了网"等数十个平台产品，以及许多自主知识产权的专有技术和软件，带来了非常可观的市场收入。其开发的专有技术有全文检索、跨语言检索技术，高分辨率照相扫描，面向数字出版的机器翻译技术，断版图书电子化和印前处理系统及图像处理技术等。

第三，资本市场并购路径。除了技术外包和技术自主研发两种路径之外，蓬勃发展的资本市场也为出版企业提供了新的发展路径——并购。出版

企业在长期的发展过程中有一定的资本积累，很多出版企业并不缺少发展资本，而是缺少投资的渠道。近年来，随着我国资本市场的改革，很多出版企业也纷纷上市，这也在很大程度上为出版企业的发展带来了更多的资源。面对融合发展中的技术瓶颈，出版企业可以通过资本运用，在市场上购买现成的先进的数字技术、数字化管理等战略资产，以弥补自身转型和融合发展的技术短板，这不失为一条发展的捷径。比如，中南传媒旗下的新媒体公司——天闻数媒科技在发展数字阅读市场的过程中为了解决资金短缺，2011年与华为达成增资重组协议，从而解决了发展过程中的资金和技术难题。再比如，时代出版传媒股份有限公司 2012 年将安徽电子音像出版社更名为"时代新媒体出版社"，并注资 5000 多万元。时代出版传媒股份有限公司还利用上市的优势，进行了 5 亿元的定向增发，并将其中的 1.47 亿元投向数字出版等新兴产业。《国家"十三五"时期文化发展改革规划纲要》提出，要"加快发展数字出版、移动多媒体等新兴产业，推进文化业态创新，推动文化企业兼并重组，促进文化与科技、信息、旅游、体育、金融等产业融合发展"。对于出版企业来说，需要审时度势地对自身的弱点、拟并购对象的优势、融合的可能、文化上的冲突等做出科学的评估，进而做出合理的决策。

第四，中小型出版企业的合作发展路径。如果出版企业既没有充足的资金去建立独立的技术部门，也缺少并购技术公司的资金，更缺乏研发投入和后期营销推广的庞大营运费用，那么合作发展模式就是可选的路径，尤其是对中小型出版社。在具体的合作模式上，有两种方式可供选择。一种是在组织总体层面与优质的科技公司进行合作，出版社提供优质内容资源，科技公司提供强大技术支撑，合作开发数字化产品，然后按照一定的比例进行利润分成。另一种是在具体的项目上寻找不同的合作伙伴，为具体项目中的具体产品找到最合适的技术公司和数字化产品模式。这种在项目上合作的模式可以很快看到成效，可以在最大限度上降低风险，因而受到很多出版企业的青睐。比如北京语言大学出版社的外语类产品和"爱语吧"、"书链"、"沪江"等语言教育线上平台进行合作，推出《剑桥双语分级阅读·小说馆》项目的

APP，《中国文化百题》韩语及英语微课，基于新视线意大利语、俄语等教材研发的线上课程等。

第五节　选题策划融合，生产多样化的产品

在传统出版时代，出版企业和消费者之间的沟通存在很大的障碍，但是在媒体融合时代，出版企业和消费者之间的沟通渠道显然通畅了。用户阅读习惯的改变，迫使出版机构不得不变革相关管理理念。从目前各大出版机构的经营业务来看，买卖纸质书和电子书等传统出版物是业务主体，或者对现有的内容资源进行重新组合捆绑出售，对用户需求变化和市场浮动变化关注度不够。出版企业不仅需要从内容资源出版建构服务模式，更需要关注知识传播过程中人的因素，这将在很大程度上影响知识传播的效率和效果。在出版融合快速发展的当下，出版融合产品为了适应用户需求的不断变化，经营市场也在不断变化。所以出版企业就需要生产多样化的融合产品，赢得良好用户体验，适应市场变化。

一、按照全渠道覆盖的方式实现选题策划融合

在传统出版与现代出版融合发展的过程中，出版物在传播特点、技术支持和承载形式等方面发生着巨大的变化。互联网时代，信息内容过度超载，而出版内容也出现了超碎片化、实时互动和便携式特点。这些新特点的出现是由于通信技术和网络传输技术的升级变革实现的。承载形式也从固定版式的纸质出版物变为字节存储方式的多维可视化内容形式。因此，传统出版企业实现融合发展就必须在选题策划上落实"一次策划、多种内容、复合出版"的目标。首先在组织结构形式上要创新传统的职能制组织架构。传统的职能制组织架构由于其横向联系差、组织目标分割等弊端，难以实现融合发展的

要求。矩阵制组织架构因为其有职能制和项目制两套架构，比较有利于融合多种不同类型的知识和技能，比较有利于项目目标的实现。通过建立矩阵制组织架构，可以将传统编辑部门与数字出版部门纳入同一个项目小组中，有利于共同建设数字产品生产流程。

在进行选题策划时，要按照"全媒体覆盖"要求，同步考虑电子书、数据库等多种渠道，在为数据库组织编写知识条块时，要考虑后续整合出版图书。为了适应数字时代的趋势，可以在建构新的选题策划机制时，制定明确的数字化选题比例，以推动和鼓励出版选题向立体策划发展、内容资源向立体开发发展。

二、引入新兴技术，打造多元化数字产品

在大数据、智能化、移动互联网和云计算等新兴技术驱动下，一切皆入口、一切皆终端，这些变化倒逼传统出版生产流程再造、营销分发和用户使用等模块加速数字化进程，新媒体新业态不断涌现。随着 5G、立体虚拟影像（诸如：AR/VR）等技术的深入运用，必定会对出版业的生产经营产生深远的技术影响。出版融合背景下，融媒体拓展了用户的阅读体验，除了文本，用户还需要图片、音频、视频、动画、AR/VR 等来增强理解，需要线上、线下服务的互动和延伸，有时还需要将双眼解放出来，通过听和体验来获取知识和信息。产品的呈现形式将更加多样、复杂，更具感官冲击力。现代纸质书、电子书、有声读物、AR/VR 出版物等各种融合产品成为用户的最新选择。例如，贵州日报当代融媒体集团与浙江日报报业集团开展的战略合作，引进"天目云"融媒体采编系统，在技术融合方面进行探索，建成了集团数据中心，在信息资源聚合的基础上推动传播技术的创新。他们开始在新闻报道中广泛使用全景 VR、AI、沙画、航拍等多元技术，并且正在探索使用用户画像、场景匹配、个性分析、智能分发、机器人写作等创新技术，并即将引入 5G 传输、人工智能、大数据算法、全息投影、物联网、区块链

等前沿技术。①

随着移动人工智能、算法推荐等新技术带来新一轮的科技革命，国民阅读习惯、企业经营方式等方面已经发生了极大改变，传统出版业积极探索媒体融合，以"互联网思维"转变经营模式，加快互联网新技术的研究与应用，开发潜在目标市场，实现信息精准推送，满足市场多元化需求，开启新的商业盈利模式。例如，菏泽报业传媒集团"牡丹晚报微商城"，利用增强黏性的分销软件销售特产，通过"无线菏泽"开展区域定点推送、数据引流服务。加速传统媒体的数字化全流程再造，实现全媒体、全方面融合，不断创造新的利润增长点。②

三、深入挖掘内容资源，更新产品运作模式

传统出版企业与互联网的深度融合，早已不知不觉地进行了很多年。在这些年出版融合的实践中，的确有相对成熟且有盈利可能的运作模式。盘点归类这些出版企业的运作模式大致分为 5 类产品模式：一是电子书业务。出版数字化已经成为不可逆转的趋势，因此纸质书的电子化也是大势所趋。早期的电子书业务确实是直接把纸质书照搬到网络上，但是随着对电子书市场的深入了解和对读者用户需求变化的把握，电子书由专职人员进行策划和设计，贴合读者阅读习惯。二是数据库业务。该模式是基于出版机构原有内容资源，然后依据跨学科逻辑进行重新组合、分类打包为新的知识板块供读者查阅搜索使用，有助于锁定用户、增强用户的忠诚感。三是平台模式。所谓的平台指的是功能、社交和内容类的聚合平台。在某种意义上，这些平台并不直接生产内容，而是运用数据抓取技术进行内容捕获与分类。近年来出版

---

① 参见邓国超：《"四位一体"实践让融合发展更顺畅》，《中国新闻出版广电报》2019 年 11 月 12 日。

② 参见綦宗金、孔愫愫：《互联网＋背景下新闻出版业融合发展新景观——2017 山东省新闻出版产业发展状况浅析》，《现代视听》2018 年第 11 期。

行业涌现出来的平台主要有三种类型：第一类是技术方建立的平台，如汉王集团的"汉王书城"和苹果公司自主研发的"苹果应用商城"等都是依靠自己的技术研发团队进行的平台搭建；第二类是内容公司组建的平台，比如"中文在线"、"龙源期刊网"等平台的建立就是依靠原有的内容资源；第三类是渠道商建立的平台，诸如通信服务企业建立的"沃阅读"、"移动数字阅读基地"等。四是在线阅读付费模式。由于互联网信息海量且庞杂，该模式可以减少用户用于内容筛选的时间成本与注意力成本。五是多维知识与综合方案服务指引模式。众所周知，互联网时代是一个信息超载的时代，每个人可以随时随地检索自己想要的信息和知识获取。但是，不是每个人都有高效的信息检索能力和获取技巧，于是需要有专业的机构进行大数据信息整合，并依据用户需求提供个性化知识方案。如知乎、得到等 APP 就是一个专业的问题解决类的个性化分发平台。用户通过该平台提问自己的需求问题，由其他用户或者资深研究者有偿地给出解答参考或者是知识服务模板。

为了顺应媒体融合时代的融合出版，从选题到内容制作都应该考虑移动终端、PC 端、AR/VR 载体等媒体的需要，内容制作的融合要重视"一个内容、多种载体、复合出版"的理念，更加重视内容数据开发、产品多维视角的呈现、传播营销的社交化、深挖用户付费潜力、推进纸质内容的数字化、出版物与其他文化创意产业深度互动与合作，衍生出众多可视化形式的文创产品，力争传统出版企业凭借其强大的内容优势升级为优质内容服务提供商。丰富出版内容产品，并利用互联网技术实现内容多样化。例如，备受中小学生喜欢的"小荷听书"教材有声读物平台，在上线没多久就收到了很多用户的反馈，并提出了宝贵的意见。目前，该平台凭借其强大的内容资源和系统化的学科教材读物，已经覆盖了全国 130 多所院校，近 500 万师生。该平台内容包含诵读经典、少儿读物和名家作品等，利用新视听工具满足用户多维阅读需求。[1]

---

[1] 参见杨海波：《互联网时代出版融合方向探析》，《中国出版传媒商报》2019 年 12 月 3 日。

四、从销售知识产品向提供知识服务转型

首先，传统出版企业应该将优质的传统资源进行数字化升级，要牢牢把握内容导向、坚持正确出版方向、判断把好基调格调。在新媒体技术广泛应用的背景下，出版企业需要采取"内容＋科技＋个性化"的定制式服务，以确保传统出版和新兴出版之间能够实现有机融合。例如，安徽科学技术出版社基于大数据监控，充分利用其多年出版生活类知识资源优势，在文字解说之外配以同步视频，并加入中医堂等 APP，帮助用户更好地搜索资讯和获取相关文献，可以说这是一次传统出版物和新媒体平台完美结合的产物，全面增加了内容产品的实用性，延长了产品生命维系周期和附加值。

其次，要利用网络信息技术聚集优质内容资源。互联网经济具有典型的规模经济效应。对于出版行业而言，互联网能为出版企业更全面深入地提供内容聚集。传统出版企业要立足自身的优势，在自己的专业领域进行深耕，可以通过横向延伸、纵向拓展的方式，对世界范围内的内容资源进行整合，打造内容资源库，实现聚合聚能后优质资源的增值升值。[①]

最后，从提供内容向知识服务转型。"本质上，出版社从事获得内容的生意，以不同的方式增加内容的价值，以任何他们能制作的方式销售出去。"[②] 传统的出版企业将自身看作是提供有形出版物的商品生产商，但在本质上，出版行业是"提供问题解决方案的"、关于知识创造和传播的服务行业。从生产有形的出版物向提供知识服务转型，意味着出版企业需要重新审视自身在人类实践活动中的地位和作用，在新的技术条件下重新思考自身的使命和价值创造方式，开发优质的特色产品、积累型和应用型的知识。

---

① 参见张彩红：《着力关键点，推动出版融合向纵深发展——以中原出版传媒集团为例》，《新闻爱好者》2019 年第 11 期。

② ［英］约翰·B.汤普森：《数字时代的图书》，张志强译，译林出版社2014 年版，第326 页。

第六节　加强渠道融合，实现全渠道覆盖

当前，移动互联网时代是不可阻挡的时代潮流。互联网变革着人们获取信息的方式和途径，纸媒被取代已然是大势所趋。渠道是沟通生产企业和产品用户的桥梁，而渠道不畅是影响出版产业稳步发展的最大障碍，更是对传统出版企业致命性的打击和摧毁，所以加强渠道融合，是出版业根治发展痛点最需攻破的难点。

一、建立以用户为中心的全渠道覆盖服务模式

首先，盘活现有渠道资源。有用户在的地方就应该有产品渠道。那么对于出版企业来说，如何才能在渠道融合上找到发展的突破点呢？首先应该让用户有渠道了解企业的产品是什么。因此，渠道上的多元拓展就显得尤为重要。

作为出版企业来说，要明确现有渠道资源的种类和性质，以及它在以往的推广营销中发挥的效能和用途。对于一些出版企业已经建立的实体书店渠道，要进一步升级传统线下书店基本功能属性，拓展延伸书店的非阅读需求，与文创公司合作，全面造就囊括轻吧闲聊、文创品展示与销售、饮品售卖和碎片阅读等集成功能的具有居家生活场景的用户体验场所。而且，还要对以往的渠道使用有具体的效能评估依据，这也是为以后提升渠道覆盖推广能力而考量的决策来源。比如可以定期对现有渠道上的用户开展有奖调查问卷，搜集用户对该渠道上的产品信息是否了解以及了解多少等。这样做一方面是为出版物做了广告营销，另一方面也能直观地了解现有产品的市场知名度和认可度。

其次，熟悉用户注意力，拓展新兴渠道。如今，社交网络发达，人们的大部分注意力都已经从传统媒体中解放出来，向诸如微博、微信和短视频

平台聚集。这些新媒体平台能在短期内创造流量神话。以抖音为例，根据《2019 中国网络视听发展研究报告》显示，中国短视频用户已经达到 6.48 亿人，而用户的使用率也高达 78.2%。此外，以快手为代表的短视频 APP 更是率先下沉到国内三四线城市及偏远乡村地区。

传统出版企业在实现出版融合过程中，对新兴渠道的不重视，就是对自身积极寻求转型所设置的最大阻碍。因此，出版企业应重视新媒体渠道的宣发推广作用。要结合出版物的自身特点和当下语态环境的变化，锁定用户注意力核心区，通过极强的情绪化故事传递，加深读者对出版物的概念化界定，并吸引读者选购。此外，我们必须运用现代通信技术，诸如大数据和算法推荐等检索分类技术来量化分析用户个性化需求，挖掘读者深层次的、潜在的购买力，利用超前虚拟影像技术增加内容可视化。在这个过程中，出版机构已经让用户潜移默化地参与到图书内容的制作中来，形成以用户需求为核心的互动出版的运营模式。

二、线上线下一体化策略

首先，构建网络型多主体互动系统。网络时代出版物的生产、加工与宣发推广等流程已经实现了动态互动和逆流再造。在过去的很长一段时间，各部门按规章办事、各司其职是出版企业常见的经典工作流程。分工明晰确实在过去用户需求相对稳定的时期起到了高效运转的作用，并且也能责任到人。但是随着移动互联网的到来，人们的个性化需求被无限激发，并通过网络聚集，形成长尾效应。

当这种多样化需求作用在出版物制作时，过去传统的出版流程就无法适应当前的出版物发行趋向，响应性的供应链结构更能及时反馈市场趋势变化和用户需求变化，及时调整产品生产策略，这条供应链本身就是直接连接用户需求的渠道。和以往对接渠道是由产品宣发部门对接用户不同，供应链型渠道是由产品生产线所有的工种和部门直接对接用户，并及时把用户想法传递给各部门，各部门可随时做动态调整。虽然，该互动系统会增加项目小组的额外工作量，但也在一定程度上减少了无效工作的投入，这是从源头把控资源投入和高效运转的最佳选择。

其次，同步开展线上线下多维策展。当前是个信息爆炸的时代，几乎没有人愿意花相对长的时间去专注于某一种事物。那么，企业如何在极短时间内让有购买意愿的用户能够对该产品留下深刻印象，并吸收该产品的核心推广概念和性质呢？

先要从策展方面着手开展相关工作。所谓策展是一项包含文创生产、内容传播和营销设计于一体的深耕文化产品打造的领域。策展需要上下游文化公司通力合作、资源共享来完成该项复杂、多维的项目安排。此外，策展打破原有的工作流程和产品制作周期，让营销人员提前参与到产品生产中来，帮助产品设计更加贴近用户使用心理。① 策展活动是一种让用户知道出版产品的手段，但是它更大的价值意义是通过策展活动来挖掘产品本身及周边的潜在商业价值和盈利增长点。也就是我们常说的文创 IP。

我们可以分析《朗读者》这个爆款出版物，来探索出版渠道融合的路径。《朗读者》是央视于 2016 年打造的文化精品类节目，该节目已经成功运作两季，电视收视率高达 1%，节目的相关话题曾一度占据社交网络热搜榜前列。同名书籍上市第一个月便成功销售 60 多万册，而且一直居于网络读书热搜榜的靠前位置。它之所以有如此成功的经营业绩，就在于《朗读者》创作团队从前期策展开始就和多家上下游企业合作，紧紧抓牢线上线下多维互动的主心骨进行策展营销。《朗读者》从前期策划就积极挖掘用户感兴趣的点进行高附加值组合。比如节目灵魂人物董卿颇具个人魅力和影响力，配合读者基础广泛的经典名著和名人效应的支撑，这个节目 IP 属性明显。之后在内容宣发上积极和社交网络融合，带动相关话题讨论，网

---

① 参见汪欣：《多元·跨界·融合——艺术乡村建设新思维》，《中国社会科学报》2019年 11 月 25 日。

友就内容本身开始深度互动和"盖楼",话题阅读量一度高达 14.1 亿左右。线上电商平台更是配合密切,在节目热度还在高位时,极速上线同名书籍。线下更是推出多场读者见面会和分享会,让读者近距离了解《朗读者》的真正内涵和价值所在。同时,各大城市还发起了朗读亭活动,满足了广大人民的朗读需求,引发了全民朗读热潮。这些热门活动的开展很大意义上归功于工作团队精心策划和多维互动并行并举,这可以称得上是出版融合的一个经典案例和榜样操作。

三、以自身优势为核心建构渠道生态圈

线上线下一体化策略,强调出版企业要动态把握线上、线下资源优势,全方位整合现有资源分配,衔接内容制作、产品运营、大数据分析和营销设计等要素,促进出版企业加快构建以自身核心竞争力为特色的内容生产、分发传播的生态系统。在构建符合本企业定位的生态圈时,要充分考虑读者心理和需求变化。例如,早在 2014 年,青岛出版集团就借助自身强大丰富的内容资源,联合本土科技公司共同创建的"青岛微书城"是一个集电子书在线试读、购买、文字内容可视化、内容产品动起来等附加功能于一体的新媒体平台。用户只需要输入所需要的关键性词汇,系统便会自动语义分析,给出适合读者需求的图书清单。

除了线上资源与互联网的深度融合,占领用户竖屏端口,实现流量变现,线下仍有新的商业潜力值得深挖,比如像上文提到的那样,要和文创公司加强合作,努力把线下书店建成具有轻吧闲聊、文创品展示与销售、饮品售卖和碎片阅读等集成功能的居家生活场景的用户体验场所。上文提到的"青岛微书城"和本地咖啡饮品合作,共建品质阅读专区,发展书吧会员,会员可以享受折上折优惠,并有随机赠送文创小礼品活动。

第七节　创新盈利模式，实现可持续发展

出版融合是传统出版业在面对政策改革、市场变化等因素下选择的一条求生之路。当然，这条路走得并不顺畅，很多出版企业在融合发展的时候，都只是追赶潮流，什么流行就做什么，完全不考虑自身实力和专业特色，这也在很大程度上浪费了大量的资本和精力。出版融合项目的建设，不仅需要购买新设备、引进新技术等硬件成本上的持续投入，还需要大量的人力资源投入。许多出版企业在新平台的研发上投入大量人财物，可是由于最终运营不善、资源整合能力不强、平台业务对接不利，导致闲置，融合出版流于纸上谈兵。一些融合产品尽管内容过硬，但盈利模式不清，市场前景不明，营收很难覆盖研发成本。因此，传统出版在融合发展过程中找到一条方向明确，且盈利清晰的商业模式对于融合发展是非常重要的。对于什么是"商业模式"，学界的理解存在分歧，但大都把"价值创造"作为商业模式的核心要素。黄先蓉、王莹把出版融合商业模式定义为出版企业通过向用户提供出版产品或服务以满足用户需求并获取价值收益，由不同要素及其相互关系构成的运行系统。① 他们根据驱动力因素、运营方式、盈利来源等方面的差异，将现有出版融合商业模式分为三种类型：以内容整合为基础的增值内容服务模式、以渠道拓展为依托的社群—社交—电商模式和以资本运作为杠杆的出版金融化模式。

一、内容整合为基础的增值内容服务模式

该模式是指出版企业依托丰富专业的内容资源，从单纯售卖纸质书，向提供知识服务产品转型。运营的方式是将传统的图书产品电子化、有声化、

---

①　参见黄先蓉、王莹：《出版融合商业模式的创新发展探析》，《出版广角》2019 年第 18 期。

视频化，衍生出电子书、音频视频、微应用、APP 等线上资源。盈利的来源是电子书销售、内容订阅、知识付费、VIP 会员制等方式。成功企业实例：社会科学文献出版社凭借丰富的学术资源数据，开发了皮书数据库、京津冀协同发展数据库等十几个数据库产品，实现了面向即时知识服务的热点专题库快速构建，以及面向不同用户需求的专题内容按需定制。

新闻出版企业提供的产品是知识信息，而知识信息可以附着在多种载体上。在过去，由于受介质的限制，人们对于知识信息产品的传递主要依赖视觉，从而创造了庞大的纸质书市场，现在由于信息技术的飞速进步，人们获取信息的方式不再局限于纸质书，而是扩展到包括声音、文字、图形等多种形态。我们这里仅仅以有声书为例展开分析。

出版企业对文字资源的掌握是其进入有声书市场的一张王牌。有声书产品其实是数字阅读的一种呈现形式，它高效实现了用户对碎片化时间的利用程度。另外，有声书的用户基本上以年轻人为主，他们有着极高的消费欲望，非常愿意为有声读物付费，这个行业本身就有着良好的盈利循环基础。因此，各种 FM 相继崛起，诸如荔枝、喜马拉雅、蜻蜓 FM 及懒人听书等。2019 年 1 月 28 日，艾媒咨询发布了《2018—2019 年中国有声书市场专题研究报告》。报告中指出 2018 年有声书市场规模达到了 46.3 亿元，年均复合增长率为 36.4%，并且还预测 2019 年有声书市场规模有望达到 63.6 亿元。有声书市场或许是出版企业转型升级的一次翻盘尝试。传统出版企业完全可以和平台方合作，为 FM 平台源源不断地提供优质内容资源。此外，还可以参与到有声书项目创作中来，从有声读本的选题策划初期，就融入到项目制作中，利用其强大的内容整理能力来帮助有声读本更多地吸引听众的注意。

二、以渠道拓展为依托的社群—社交—电商模式

该模式是出版企业对线上用户社群进行构建和运营，再通过在线知识

服务或电商平台获取收益。运营的方式是与第三方社群平台和电商平台合作以及自运营社群和电商平台，盈利的方式是社群经济、流量变现、电商图书销售。比如，《三联生活周刊》的"读者圈"、微信公众号、官方微博以一贯以来的优质内容分享聚合了大量垂直用户，其以此为基础利用建群宝、群裂变等建群工具，将一群高重合度、高垂直度的知识用户在微信等社群中沉淀，观察、参与、总结用户的话题讨论，逐渐将"同好群"升级为"用户群"。

传统出版企业拳头产品自然是各类图书，但是近些年书店经营不善，关停数量急剧上升，导致出版企业丧失了重要的销售渠道，再加上出版企业和读者沟通不畅，不了解用户的阅读需求变化和阅读习惯的改变，很多书籍出版发行了，销量却非常惨淡。于是，出版企业积极寻求新的销售渠道和快速了解用户需求，便成了亟待解决的难题。

与实体书店形成鲜明对比的是电商平台异常火爆，很多实体店的用户都涌向了网店。相比传统书店，网店有贴心的一对一的客服服务，其超强的配送体系使消费者足不出户便能买到自己心仪的图书。所以，出版企业和电商平台的合作必然是大势所趋。出版企业可以提供精美优质的图书产品，而电商平台有大量的用户群体。此外，电商平台可以通过算法推荐技术对用户进行个性画像分析，了解用户需求，并把用户需求信息传递给出版企业，出版企业按照用户需求进行量化分析，为群体专属定制个性化出版物。

三、以资本运作为杠杆的出版金融化模式

该模式是指出版企业通过对出版产品进行金融化运作，为出版业吸引各种社会资本，提升知识与版权作为核心资产的资本属性，提前获得资金收益。运营的方式是众筹出版和资产交易，盈利的方式是资金募集和融资。比如，腾讯公司员工徐志斌撰写、磨铁图书公司出版的《社交红利》一书是较

早通过众筹方式实现盈利的典型。2013 年 8 月，该书通过众筹网顺利完成预期筹集金额，上线两周即卖出 10 万码洋，一个月内加印 3 次，最终实现了月售 5 万册的佳绩。① 再比如，由故宫出版社自主原创推出的《谜宫·如意琳琅图籍》早在众筹阶段就积攒了不少的人气。2018 年 11 月底，参与本书的众筹人数多达 87674 人。而按照故宫官方的预设，只要众筹人数超过 10 万便可以启动众筹项目。当人数规模超过 20 万，送每位参与人员一份腰牌书签，如果众筹人数在 50 万至 70 万时，便能追加一个隐藏的支线剧情做补充。累计人数在 100 万时，便可附赠隐藏结局。之后每增加 50 万人参与该项目，便会额外附赠隐藏的游戏环节反馈粉丝。然而，不到一天的时间，该书的众筹项目打破了中国出版业众筹金额的最高纪录，两天内，刷新中国游戏众筹业的最高纪录。上线一个月内，问鼎全球出版业众筹项目的最高纪录，累计众筹金额超过千万余元。

除了众筹之外，资本市场日益成为我国出版企业资金募集的重要途径。近年来，随着我国资本市场的改革与发展，实力雄厚的出版传媒集团陆续上市，并运用资本运营手段实现部分或整体资产的金融化，从资本市场上获得大量资金，并依此来扩大企业规模和发展更多出版项目。例如，基于纸质书的出版融合产品挂牌销售的金融化运作模式已见雏形。只要优质的纸质出版可以持续地衍生出知识服务收益，就可以通过资本市场为其定价。先由专业机构对其未来一段时间的收益进行科学评估，再通过第三方交易服务平台进行挂牌招标。出版运营基金经过评估定价后，把这笔可能产生的收益提前支付给出版企业。2017 年 2 月，"中国出版融合内容交易服务平台"在武汉成立，长江少年儿童出版社率先将 58 本图书 4 个月的数字衍生产品收益进行挂牌招标，获得多家基金青睐并最终以 688.91 万元成功交易。②

①　参见杨晓丽、杨秀丽：《众筹模式下的出版产业链重塑》，《新闻与写作》2016 年第 9 期。

②　参见贺子岳、周文斌、刘永坚等：《出版融合背景下现代纸书商业模式创新探索》，《科技与出版》2018 年第 8 期。

第八节　借助资本融合，快速做大做强出版主业

在过去很长一段时间，传统出版企业都是各自独立运营，并且又受到政府政策优待，垄断优势凸显，所以营业收入情况都比较可观。但是随着国家对文化企业监管运营的变革，所有的文化企业都需接受市场化检验，即事业单位向企业单位转型。在事业性质、企业运营的政策鼓舞下，各家传媒机构纷纷加入改革的浪潮，投向市场化的进程当中，从而进入了资本化运营阶段。在资本融合策略方面，一方面，需要借助外部资本快速提升实力，形成资本优势；另一方面，需要重新整合内部资本，合理配置企业内部的各项职能。

一、业内资本的强强联合

虽然出版企业已经完成了"事转企"的改革，但是习惯财政拨款的出版机构还没有完全转变成独立竞争的市场主体。处于改革半途的出版企业没有足够的政府资金支持，又缺乏市场竞争的思维优势，很难独自运作大成本项目，在改革方面可以说是力不从心，甚至是艰难度日。如何才能发挥自身优势，又能减化劣势影响，赢得未来发展主动权？积极寻求与业内资本合作是一种可选的路径。只有积极寻求业内资本的共同支持，才能让资本发挥规模优势，探索未来出版业盈利的新态势。不过在寻求业内资本时，要谨慎选择合作伙伴，清楚认知合作双方的优劣势，以及准确评估各自能够获得的项目收益值。此外，还要明晰这个合作项目双方能承担的风险等级，以及如何推进项目进度。

业内资本合作案例有许多，而且合作成效显著。2014年，"中国数字出版联盟"成立，该联盟是由老牌出版企业商务印书馆和人民出版社等联合多家国内出版企业组建的。成立初期便通过了《中国数字出版联盟章程》等

文件，目的是为加快传统出版业和新兴媒体的融合进程。而在 2016 年，原国家新闻出版广电总局筹建"国家知识资源服务中心"，并先后三批遴选了110 家出版单位进行后续的服务模式项目探索。①

二、跨界资本的多元合作

业内资本的强强联合是谋求发展的一条路径，但是它也有明显的合作劣势。业内资本的参与方都是传统出版企业出身，它们的特长是擅于知识服务和信息传递，而在资本融合和立项方面并不擅长，甚至有专业视野局限。因此，出版业要积极寻求外部资本的注入，才能在项目合作中有更多无限可能，并拓展出版业以外的产业板块营收。现如今，一个优秀成熟运作的企业除了要保证向市场源源不断地输送优质商品外，还要保持企业有持续稳定的资本注入生产管理活动中。产品的好坏决定着一家公司的生存底线，而资本的强大与否决定着公司未来发展的基础。当然，跨界资本的合作也需要注意其资本运作的可操作性，以及跨界企业与出版企业的关联匹配度。

资本融合策略可以通过开展项目合作实现。以优质项目为依托，寻求合作伙伴，在公平互信的基础上，通过资本融合，发挥各自优势，开展全方位合作。既利益共享又风险分担，既强强联合又降低综合成本。目前，各类跨界资本与出版企业常见的合作有影视化改编、有声书阅读、互动读本、IP运作以及网络文学方向。以上这几种合作模式都是日趋成熟，且已经获得丰富收益的项目。以阅文集团为例，它是一家拥有 640 万创作者、200 多种内容品类的互联网出版企业。曾推出《诛仙》、《鬼吹灯》、《琅琊榜》等多部爆款网文小说。再比如，2019 年 7 月 3 日，山西出版传媒集团与中合盛资本签订战略合作协议。这是老牌出版集团转型发展的重要一环，标志着出版文

---

① 参见陈燕、胡建华：《新媒体融合环境下传统出版的发展策略》，《传媒论坛》2018 年第 12 期。

化产业搭上了资本的顺风车，实现"文化＋资本"的新尝试。此次合作能够充分调动出版企业尽快融入市场的积极性，提高文化资本的运作效率，利用资本平台，努力变革出版企业的资本、人才和经营管理模式，探索出版企业未来发展的新高地。

作为国内最早在港股上市的出版企业新华文轩是最早涉足影视行业的出版企业。新华文轩于 2008 年成立了全资控股的北京华影文轩影视文化股份有限公司，截至 2014 年已经投资上亿元。在其雄厚资本实力的支持下，北京华影文轩影视文化股份有限公司已经产生了不少成功的作品，如电影《画皮 II》、谍战剧《渗透》等。江西出版集团公司控股的上市公司中文天地出版传媒集团股份有限公司（股票代码：600373，以下简称中文传媒）是另外一个值得关注的例子。中文传媒 2010 年 12 月借壳上市时，其主营业务就涵盖了影视业务。2013 年，中文传媒提出影视板块"品质提升年"，其全资子公司北京东方全景文化传媒有限公司积极整合资源，强化影视投资，影视剧制作分成收益当年金额达 1321 万元，比 2012 年提升了 1.8 倍。①

目前为止，我们国内绝大部分出版企业都是国有控股。这种体制在过去很长一段时间起到了维护社会稳定、凝聚党群共识和占领舆论制高点的重要作用。不过，随着市场逐渐放开，现有科层式的经营体制束缚着出版业参与市场竞争。因此，改革出版企业体制经营管理问题提上日程。在未来一段时间内，混合体制将成为出版企业的主流。只有国有企业与新兴互联网公司进行融合发展，才能创造新的产品运营模式，进行优势互补和取长补短。此外，借助风投资本和各类文创基金进行上市，融入资本市场，与各大厂牌合作深挖文创内容的高附加值产业链。诸如，从内容策划初期，就致力于其多种呈现形式打造，加速 IP 产业运作能力，尽可能铺设影视化改编、游戏开发和线下网红多种变现渠道。

---

① 参见黄金：《图书与影视的产业融合之道——基于对上市出版集团影视投资策略的分析》，《出版发行研究》2014 年第 8 期。

附　录

本部分以附录的形式选登了习近平总书记关于推动传统媒体与新媒体融合发展的讲话以及中共中央和相关部委发布的关于推动传统出版与新兴出版融合发展的相关文件，便于读者学习和理解。

附录 1
加快推动媒体融合发展　构建全媒体传播格局（节选）①

今天，中央政治局进行第十二次集体学习，内容是全媒体时代和媒体融合发展。……

去年 6 月 15 日，在人民日报创刊 70 周年之际，我发去了贺信，要求人民日报忠实履行党的新闻舆论工作职责使命，不断提升传播力、引导力、影响力、公信力，其中就要求构建全媒体传播格局。现在，人民日报社已经有十多种载体，是影响力最广泛的时期了，从中可以看到科技发展的力量，也可以看出主流媒体回应时代挑战的努力。

……

---

① 这是习近平总书记 2019 年 1 月 25 日在十九届中央政治局第十二次集体学习时的讲话。见《求是》2019 年第 6 期。

伴随着信息社会不断发展，新兴媒体影响越来越大。我国网民达到 8.02 亿，其中手机网民占比 98.3%。新闻客户端和各类社交媒体成为很多干部群众特别是年轻人的第一信息源，而且每个人都可能成为信息源。有人说，以前是"人找信息"，现在是"信息找人"。所以，推动媒体融合发展、建设全媒体就成为我们面临的一项紧迫课题。

我们推动媒体融合发展，是要做大做强主流舆论，巩固全党全国人民团结奋斗的共同思想基础，为实现"两个一百年"奋斗目标、实现中华民族伟大复兴的中国梦提供强大精神力量和舆论支持。

一、深刻认识全媒体时代的挑战和机遇

……全媒体不断发展，出现了全程媒体、全息媒体、全员媒体、全效媒体，信息无处不在、无所不及、无人不用，导致舆论生态、媒体格局、传播方式发生深刻变化，新闻舆论工作面临新的挑战。

……

二、全面把握媒体融合发展的趋势和规律

党的十八大以来，我们坚持导向为魂、移动为先、内容为王、创新为要，在体制机制、政策措施、流程管理、人才技术等方面加快融合步伐，建立融合传播矩阵，打造融合产品，取得了积极成效。我们要立足形势发展，坚定不移推动媒体深度融合。

传统媒体和新兴媒体不是取代关系，而是迭代关系；不是谁主谁次，而是此长彼长；不是谁强谁弱，而是优势互补。从目前情况看，我国媒体融合发展整体优势还没有充分发挥出来。要坚持一体化发展方向，加快从相加阶段迈向相融阶段，通过流程优化、平台再造，实现各种媒介资源、生产要素有效整合，实现信息内容、技术应用、平台终端、管理手段共融互通，催化融合

质变，放大一体效能，打造一批具有强大影响力、竞争力的新型主流媒体。

……

网络空间已经成为人们生产生活的新空间，那就也应该成为我们党凝聚共识的新空间。移动互联网已经成为信息传播主渠道。随着 5G、大数据、云计算、物联网、人工智能等技术不断发展，移动媒体将进入加速发展新阶段。要坚持移动优先策略，建设好自己的移动传播平台，管好用好商业化、社会化的互联网平台，让主流媒体借助移动传播，牢牢占据舆论引导、思想引领、文化传承、服务人民的传播制高点。

……

推动媒体融合发展，要统筹处理好传统媒体和新兴媒体、中央媒体和地方媒体、主流媒体和商业平台、大众化媒体和专业性媒体的关系，不能搞"一刀切"、"一个样"。要形成资源集约、结构合理、差异发展、协同高效的全媒体传播体系。

……

三、推动媒体融合向纵深发展

信息化为我们带来了难得的机遇。我们要运用信息革命成果，加快构建融为一体、合而为一的全媒体传播格局。

……要抓紧做好顶层设计，打造新型传播平台，建成新型主流媒体，扩大主流价值影响力版图，让党的声音传得更开、传得更广、传得更深入。

……

要使全媒体传播在法治轨道上运行，对传统媒体和新兴媒体实行一个标准、一体管理。主流媒体要准确及时发布新闻消息，为其他合规的媒体提供新闻信息来源。要全面提升技术治网能力和水平，规范数据资源利用，防范大数据等新技术带来的风险。

……

附录 2
关于推动传统出版和新兴出版融合发展的指导意见

新广发〔2015〕32 号

各省、自治区、直辖市新闻出版广电局、财政厅（局），新疆生产建设兵团新闻出版局、财务局，解放军总政治部宣传部新闻出版局：

推动传统出版和新兴出版融合发展，把传统出版的影响力向网络空间延伸，是出版业巩固壮大宣传思想文化阵地的迫切需要，是履行文化职责的迫切需要，是自身生存发展的迫切需要。根据中共中央办公厅、国务院办公厅印发的《关于推动传统媒体和新兴媒体融合发展的指导意见》，结合出版业实际情况，现就推动传统出版和新兴出版融合发展，提出如下指导意见：

一、总体要求

1. 指导思想。以邓小平理论、"三个代表"重要思想、科学发展观为指导，深入贯彻落实习近平总书记系列重要讲话精神，贯彻落实中央关于全面深化改革的重大战略部署，坚持以先进技术为支撑、内容建设为根本，充分运用新技术，创新出版方式、提高出版效能，进一步掌握网络空间话语权，进一步提高出版业的影响力传播力和竞争实力，推动出版业更好更快发展。

2. 基本原则。必须始终坚持党管出版，把坚持正确政治方向和出版导向贯穿到出版融合发展的各环节、全过程，自觉体现社会主义核心价值观，始终坚持把社会效益放在首位，努力实现社会效益和经济效益有机统一；坚持正确处理传统出版和新兴出版关系，以传统出版为根基实现并行并重、优势互补、此长彼长；坚持强化互联网思维，积极推进理念观念、管理体制、经营机制、生产方式创新；坚持一体化发展，推动传统出版和新兴出版实现出版资源、生产要素的有效整合；坚持内容为本技术为用、内容为体技术为翼，运用先进技术传播先进文化；坚持重点突破和整体推进相结合，因地制宜、积极探索、差异化发展。

3.工作目标。按照积极推进、科学发展、规范管理、确保导向的要求，立足传统出版，发挥内容优势，运用先进技术，走向网络空间，切实推动传统出版和新兴出版在内容、渠道、平台、经营、管理等方面深度融合，实现出版内容、技术应用、平台终端、人才队伍的共享融通，形成一体化的组织结构、传播体系和管理机制。力争用3—5年的时间，研发和应用一批新技术新产品新业态，确立一批示范单位、示范项目、示范基地（园区），打造一批形态多样、手段先进、市场竞争力强的新型出版机构，建设若干家具有强大实力和传播力公信力影响力的新型出版传媒集团。

二、重点任务

4.创新内容生产和服务。始终坚持贴近需求、质量第一，严格把关、深耕细作，将传统出版的专业采编优势、内容资源优势延伸到新兴出版，更好发挥舆论引导、思想传播和文化传承作用。探索和推进出版业务流程数字化改造，建立选题策划、协同编辑、结构化加工、全媒体资源管理等一体化内容生产平台，推动内容生产向实时生产、数据化生产、用户参与生产转变，实现内容生产模式的升级和创新。顺应互联网传播移动化、社交化、视频化、互动化趋势，综合运用多媒体表现形式，生产满足用户多样化、个性化需求和多终端传播的出版产品。强化用户理念和体验至上的服务意识，既做到按需提供服务、精准推送产品，又做到在互动中服务、在服务中引导，不断增强用户的参与度、关注度和满意度。

5.加强重点平台建设。整合、集约优质内容资源，推动建立国家级出版内容发布投送平台、国家学术论文数字化发布平台、出版产品信息交换平台、国家数字出版服务云平台、版权在线交易平台等聚合精品、覆盖广泛、服务便捷、交易规范的平台及出版资源数据库，推进内容、营销、支付、客服、物流等平台化发展。鼓励平台间开放接口，通过市场化的方式，实现出版内容和行业数据跨平台互通共享。

6.扩展内容传播渠道。各出版发行单位要探索适合自身融合发展的道路，创新传统发行渠道，大力发展电子商务，整合延伸产业链，构建线上线下一体化发展的内容传播体系。进一步加强实体书店建设，努力将实体书店建设成为集阅读学习、展示交流、聚会休闲、创意生活等功能于一体的复合式文化消费场所。支持实体书店与电子商务合作，在区域配送发挥各自优势。探索以用户为中心的全渠道服务模式。进一步开拓农村等出版产品消费市场。利用社交网络平台，建立出版网络社区等传播载体，打通传统出版读者群和新兴出版用户群，着力增强粘性，广泛吸引用户。借力商业网站的微博微信微店等渠道，不断扩大出版产品的用户规模，进一步扩大覆盖面。

7.拓展新技术新业态。运用大数据、云计算、移动互联网、物联网等技术，加强出版内容、产品、用户数据库建设，提高数据采集、存储、管理、分析和运用能力。积极通过多种方式吸收借鉴、善加利用先进的传播技术和渠道，借力推动出版融合发展。充分利用新一代网络的技术优势，加快发展移动阅读、在线教育、知识服务、按需印刷、电子商务等新业态。加强出版大数据分析、结构化加工制作、资源知识化管理、数字版权保护、数字印刷、发布服务以及产品优化工具、跨终端呈现工具等关键性技术的研发和应用实践，着力解决出版融合发展面临的技术短板。建立和完善用户需求、生产需求、技术需求有机衔接的生产技术体系，不断以新技术引领出版融合发展，驱动转型升级。有计划地组织相关标准的制修订工作，完善标准化成果推广机制，加快国际标准关联标识符（ISLI）、中国出版物在线信息交换（CNONIX）等标准的推广和应用。

8.完善经营管理机制。积极适应出版融合发展要求，主动探索出版单位内部组织结构的重构再造，逐步建立顺畅高效、适应市场竞争和一体化发展的内部运行机制。变革和融合传统出版和新兴出版生产经营模式，建立健全一个内容多种创意、一个创意多次开发、一次开发多种产品、一种产品多个形态、一次销售多条渠道、一次投入多次产出、一次产出多次增值的生产经营运行方式，激发出版融合发展的活力和创造力。探索建立首席信息官制度，加强版权、商标、品牌等的保护和多元化、社会化运营，构建融合发展状态下的经营管理模式。

9.发挥市场机制作用。坚持行政推动和发挥市场作用相结合，探索以资本为纽带的出版融合发展之路，支持传统出版单位控股或参股互联网企业、科技企业，支持出版企业尤其是出版传媒集团跨地区、跨行业、跨媒体、跨所有制兼并重组。在网络出版以及对外专项出版领域，探索实行管理股试点。引导社会力量参与融合项目的技术研发和市场开拓，鼓励支持符合条件的出版企业上市融资，促进金融资本、社会资本与出版资源有效对接。增强传统出版单位的市场竞争意识和能力，健全技术创新激励机制和容错、纠错机制，探索建立股权激励机制。

三、政策措施

10.加强相关法律法规修制工作。推动修订《中华人民共和国著作权法》，加快修订出台《网络出版服务管理规定》和《出版物市场管理规定》。制定新闻出版许可证管理办法、新闻采编人员职业资格制度暂行规定和网络连续出版物管理规定等。制定网络出版等新兴出版主体资格和准入条件，制定加强信息网络传播权行政保护指导意见，推动网络使用作品依法依规进行。通过逐步建立以法律法规为主体，以部门规章为配套，以规范性文件为补充的法律法规体系，规范、保障、推动出版融合发展。

11.加大财政政策支持力度。充分发挥财政引导示范和带动作用，着力改善传统出版和新兴出版融合发展环境。加大中央文化产业发展专项资金支持力度，完善和落实项目补助、贷款贴息、保费补贴、绩效奖励等措施，更好地与新闻出版改革发展项目库等进行衔接，实现财政政策、产业政策与企业需求的有机衔接。支持出版企业在项目实施中更多运用金融资本、社会资本，符合条件的可通过"文化金融扶持计划"给予支持。加大国家出版基金对涉及出版融合发展的出版项目支持力度。继续实施新闻出版业转型升级重大项目，探索将传统出版和新兴出版融合发展纳入重大项目支持范围，突出重点、分步实施、逐年推进。

12. 优化出版行政管理。坚持和完善新闻出版主管主办制度，坚持出版特许经营，严格许可证管理。对网上网下、不同出版业态进行科学管理、有效管理，建立统一的导向要求和内容标准，建立出版单位社会效益评价机制。严厉打击各类非法出版物、网上淫秽色情信息，严厉打击出版领域的侵权盗版行为尤其是网上侵权盗版行为，创造良好的版权保护环境。加强质量管理，建立不良产品和企业退出机制。鼓励有条件的地区和出版单位率先发展，支持有先发优势的产业带、产业基地（园区）依托资源条件和产业优势，建设出版融合发展聚集区，扶持创业孵化，培育新的经济增长点。建立国家级出版融合发展研究基地（中心），对融合发展重大项目实施集智攻关。支持行业组织在出版融合发展研究、标准制定、自律维权等方面发挥积极作用。

13. 实施项目带动战略。充分发挥全民阅读、国家古籍整理出版、农家书屋、民文出版、出版发行网络建设、绿色印刷、"丝路书香"、国家数字复合出版、数字版权保护技术研发等项目的带动作用，支持提升出版融合发展的质量和水平。

14. 强化人才队伍建设。制定出版融合发展人才培养规划，支持出版单位与高校、研究机构和创新型企业联合开展出版融合发展人才培养，加大新兴出版内容生产人才、技术研发人才、资本运作人才和经营管理人才培养引进力度，进一步优化人才结构。建立出版融合发展人才资源库。鼓励出版传媒集团设立人才基金，鼓励出版单位加强领军人才和复合型人才队伍建设。建立健全绩效考核体系，创新项目用人机制，探索出版融合发展条件下吸引人才、留住人才、用好人才的有效途径。

四、组织实施

15.统筹推进任务措施落实。各出版行政主管部门、出版单位要将出版融合发展列入行业和单位"十三五"规划等重大产业发展规划，制定实施方案，明确时间表、路线图、任务书，合理设计和规划实施项目，重大项目要按程序报批备案。制定精细化的项目指标，加强跟踪测评和效果评估。建立责任考核机制，一层抓一层，层层抓落实，将出版融合发展任务、重点项目落到实处。

16.进一步加强组织领导。各级出版行政主管部门主要负责同志亲自抓、负总责，会同财政部门结合本地区（部门）实际，切实加强对出版融合发展的组织领导。要形成统一高效的议事决策和协调推动机制，整合各方资源，加强外部协作，强化内部协调，为推动出版融合发展提供有力保障。

国家新闻出版广电总局　中华人民共和国财政部

2015 年 3 月 31 日

附录 3
关于深化新闻出版业数字化转型升级工作的通知

各省、自治区、直辖市新闻出版广电局、财政厅（局），各计划单列市新闻出版广电局、财政厅（局），新疆生产建设兵团新闻出版广电局、财政局，各相关行业机构、行业协会，各新闻出版企业：

自 2014 年国家新闻出版广电总局、财政部联合发布《关于推动新闻出版业数字化转型升级的指导意见》以来，在国家新闻出版广电总局、财政部的统一部署与具体指导下，各地新闻出版广电局、财政厅（局）密切配合，充分发挥财政资金的引导作用，新闻出版行业协会、行业机构加强组织协调，广大新闻出版企业积极参与，技术企业全力支持，实施了一批转型升级项目，新闻出版业数字化转型升级工作已取得较为显著的阶段性成果。

通过实践探索，一批新闻出版企业已形成"制定长远规划、建立专职部门、建设专业队伍、落实重点标准、找准市场需求、实施项目带动"的数字化转型升级工作模式，探索出"标准研制、装备配置、资源建设、产品开发、平台搭建、服务创新"的数字化转型升级路径；一批技术企业紧跟行业发展，不断完善技术工具与系统，并推动相关标准的建立与完善，数字化转型升级技术体系已初步形成；相关行业协会与行业机构加强建设，解决数字化转型升级行业级共性问题的能力不断提升，启动了技术支持服务、内容资源管理、数据共享、知识服务等行业级平台建设。新闻出版业数字化转型升级工作已基本具备进入深化阶段的基础条件。为全面贯彻落实《关于推动新闻出版业数字化转型升级的指导意见》，国家新闻出版广电总局和财政部将继续深入推进新闻出版业数字化转型升级工作，现将深化阶段相关工作安排通知如下。

一、指导思想

深入贯彻党的十八大及十八届三中、四中、五中、六中全会精神和习近平总书记系列重要讲话精神，贯彻落实《国家"十三五"时期文化改革发展规划纲要》、《新闻出版广播影视"十三五"发展规划》、《新闻出版广播影视"十三五"科技发展规划》、《新闻出版业数字出版"十三五"时期发展规划》，全面贯彻落实《关于推动新闻出版业数字化转型升级的指导意见》，继续深入推动新闻出版业数字化转型升级，通过政府引导，以企业为主体，发挥财政资金引导作用和市场机制调节作用，进一步加快文化与科技融合，提高新闻出版业生产力、传播力、影响力，丰富产品形态、提升服务能力，为人民群众与国民经济各领域提供资讯、数据、文献、知识的多层级信息内容服务，推动新闻出版业成为文化产业的中坚和骨干，将文化产业打造成国民经济支柱性产业。

二、目标与原则

（一）主要目标

1. 推动新闻出版企业加快完成数字化转型升级。完成技术装备优化升级、内容资源精细化加工，实现出版流程再造，具备多形态数字内容产品的生产能力；完成数据管理工具与系统的配置，实现资源数据、产品数据、市场数据等相关数据的资产化管理，具备以数据为支撑的运营能力；完成知识服务模式建设，以其引领、兼容其他服务模式建设，满足大众、教育、学术研究领域信息消费市场的用户需求，具备多层级立体化的服务能力。

2. 初步建成支撑新闻出版业数字化转型升级的行业服务体系。加快相应的行业服务机构建设；继续推进数字出版标准化工作，不断完善支持数字化内容生产、传播与服务的标准体系；完成新闻出版业数据体系建设，实现行业数据交换、共享与应用；完成科学、合理的人才培养机制建设，培养一批数字出版专业人才和复合型高端人才。

（二）基本原则

1. 政府引导与市场调节相结合。政府加强宏观指导，重点推进基础建设；坚持市场在资源配置中起决定性作用，鼓励新闻出版企业以用户为导向，充分发挥市场调节作用。

2. 财政投入与社会资本相结合。政府完善投入机制，充分发挥财政资金撬动作用，引导新闻出版企业积极拓展资金来源渠道，吸引社会资本注入，提高市场风险应对能力。

3. 成果推广与持续创新相结合。支持新闻出版企业参照先行企业的转型升级路径，按照转型升级总体部署，深入开展数字化转型升级工作；支持新闻出版企业积极应用新技术，大胆创新，结合自身实际，在丰富产品形态、改进服务模式和深化跨界融合等方面不断开展实践探索。

三、主要任务

全面总结新闻出版业开展数字化转型升级以来取得的各项成果，推广在中央文化企业范围内实施的技术装备改造项目、专业领域内容资源库建设项目、投送平台建设项目的相关成果，以及在全行业范围内实施的 MPR 国家标准应用示范项目、CNONIX 国家标准应用示范项目、知识服务模式试点项目的相关成果；充分运用国家数字复合出版系统工程、数字版权保护技术研发工程、中华字库工程等新闻出版重大科技工程取得的阶段性成果，进一步提升新闻出版业的技术应用水平和能力。重点从以下五个方面继续深化数字化转型升级工作。

1. 优化软硬件装备。新闻出版企业要结合本企业数字化进程、数字出版业务开展的实际情况，搭建硬件环境，采购并不断优化推动数字化转型升级的相关技术装备，包括：资源标识管理及基于 ISLI 国际标准、MPR 国家标准的关联构建工具系统、数字化编辑出版工具系统、数据采集管理与应用工具系统、版权保护工具集、版权资产管理系统、数字印刷与按需印刷支持系统、运营服务支撑系统、知识服务支持工具系统等。加强行业转型升级技术服务机构建设，制定并完善数字化转型升级标准体系，搭建行业级技术服务平台。

2. 开展数据共享与应用。新闻出版企业及相关下游企业，要基于 CNO-NIX 国家标准对现有业务管理、用户管理等相关数据管理系统进行优化和升级改造；要结合所处产业链位置及企业实际情况，与数据应用服务企业开展合作，采购其不同层次、形式多样的数据服务；要以需求为导向，采集市场数据、用户数据，创新数据应用模式，初步实现内容供应的运营模式向数据驱动转变。加强行业级数据管理服务机构建设，建立数据汇聚、共享、交换和应用的科学机制。

3. 探索知识服务模式。新闻出版企业要积极参与知识服务标准规范研制，构建各专业领域知识体系，建设知识资源数据库，开发多层次、多维度、多形态知识服务产品，搭建分领域知识服务平台；鼓励新闻出版企业之间开展合作，建设跨领域知识服务平台，跨领域调取知识资源，开发跨领域知识服务产品；要积极创新知识服务模式，面向不同终端、采取不同方式，实现精准的多形态知识服务供应，以知识服务兼容文献服务等其他服务模式，探索知识服务在专业、大众、教育出版的转型升级进程中的应用模式。加强国家级知识服务机构建设，推动国家知识服务平台及知识资源数据库库群建设。

4.持续开展创新。新闻出版企业要积极实施数字化转型升级创新项目，应用新技术、提出新标准，丰富产品形态、创新服务模式；要加快与广播影视等领域内容供应企业、互联网企业的融合，探索与外部产业跨界融合的新模式。鼓励新闻出版企业联合高校、科研院所、技术企业，分类建设不同研究方向的新闻出版业重点实验室。

5.加快人才培养。新闻出版企业要高度重视人才队伍建设，选派数字出版业务负责人和业务骨干积极参与参与数字出版千人培养计划，通过高校集中学习、新媒体企业实训和走出去交流等环节，培养推动数字化转型升级的高端复合型人才和专门人才；鼓励新闻出版企业和行业社团组织联合研究机构、高等院校、技术企业等创新数字出版人才培养模式，开展专题和专业培训；倡导高等院校加强数字出版及相关专业学科建设，加快培养数字出版基础人才，扩大数字出版人才储备池。

四、保障措施

1.加快标准制定。加快支撑新闻出版业数字化转型升级的国家标准、行业标准和工程标准的制定工作，并继续加强宣贯和培训，指导新闻出版企业开展标准化工作，提高新闻出版企业在数字化转型过程中对国家标准、行业标准和项目标准的采标比例。

2.加强政策扶持。加强对开展数字化转型升级工作的具体指导，通过发布一系列具体指导性文件，做出具体工作部署。充分利用新闻出版改革与发展项目库，优先考虑将深化新闻出版业数字化转型升级项目纳入新闻出版改革与发展项目库，加强对重点项目的组织、管理、协调、支持和服务。

3. 拓宽资金渠道。完善财政投入机制，对符合条件的新闻出版业数字化转型升级重点项目予以扶持。鼓励新闻出版企业运用金融资本、社会资本开展数字化转型升级。

五、分工与要求

1. 推动新闻出版业数字化转型升级工作由新闻出版广电总局、财政部共同组织与推进。新闻出版广电总局负责做出具体工作部署、细化进度安排、完善项目管理规范，指导行业全面推进数字化转型升级各项工作。财政部负责制定落实有关财政支持政策。

2. 各级新闻出版广电行政部门要进一步加强组织管理。各省新闻出版广电局应确定具体部门负责组织、推进本地区相关工作。要切实加强深化阶段的组织管理工作，既要组织好相关项目申报工作，更要加强对项目实施的监督管理。各级新闻出版广电行政部门加强跨地区、跨部门协作，确保各项工作任务的执行和落实。

3. 各相关行业机构、行业协会要进加快支撑行业数字化转型升级的能力建设。中国新闻出版研究院、新闻出版广电总局信息中心、中国音像与数字出版协会及相关行业标准化技术委员会，根据统一部署，负责配合总局及各省新闻出版广电局落实对应的专项任务。要从机构建设、标准规范建设、制度与机制建设、行业基础环境建设、共性技术研发等方面全面推进，加快提升服务水平，提高服务能力。

4. 各新闻出版企业要进一步加大数字化转型升级的投入。各新闻出版企业应当积极推进数字化转型升级工作。要进一步统一思想认识，做好企业发展顶层设计与长远规划，用好财政资金投入、用足扶持政策，同时不断加大企业在人财物方面的投入，全力推进数字化转型升级。各新闻出版企业要及时向所在地新闻出版广电局、财政厅（局）报告工作进展。

国家新闻出版广电总局　财　　政　　部

2017 年 3 月 17 日

参考文献

习近平：《决胜全面建成小康社会　夺取新时代中国特色社会主义伟大胜利——在中国共产党第十九次全国代表大会上的报告》，人民出版社 2017 年版。

曹继东：《中国出版融合发展趋势研究》，中国社会科学出版社 2016 年版。

郭庆光：《传播学教程》（第二版），中国人民大学出版社 2011 年版。

黄金：《媒介融合的动因模式研究》，中国书籍出版社 2011 年版。

罗紫初：《出版学导论》，武汉大学出版社 2014 年版。

聂震宁：《洞察出版——出版理论与实务论稿》，人民出版社 2014 年版。

石磊：《分散与聚合——数字报业研究》，中国社会科学出版社 2010 年版。

师曾志：《现代出版学》，北京大学出版社 2006 年版。

[英]约翰·费瑟：《传递知识——21世纪的出版业》，张志强、张瑶、穆晖译，苏州大学出版社 2007 年版。

王兆鹏：《推进媒体融合的三个着力点》，《中国新闻出版广电报》2017 年 12 月 29 日。

万智、胡娟、李舸：《出版业融合发展的"四轮驱动"——基于出版传媒企业转型融合发展案例分析》，《中国新闻出版广电报》2018 年 1 月 25 日。

甘慧：《浅谈互联网时代传统出版业的进化与变革》，《中国新闻出版广电报》2018 年 4 月 27 日。

李明远：《2017 年数字出版产业总收入突破 7000 亿元》，《中国新闻出版广电报》2018 年 7 月 25 日。

尹琨：《新闻出版产业规模效益稳步提升》，《中国新闻出版广电报》2018 年 7 月 30 日。

韩刚立、陈菁：《传统出版社走出去融合发展路径探析——基于尼山书屋平台的几点思考》，《中国新闻出版广电报》2018 年 9 月 6 日。

李淳宁：《数字时代出版企业融媒体发展的思考》，《中国新闻出版广电报》2018 年 12 月 24 日。

张君成、李婧璇：《出版高质精品　推进深度融合》，《中国新闻出版广电报》2019 年 1 月 2 日。

黄小希、史竞男、王琦：《守正创新　有"融"乃强——党的十八大以来媒体融合发展成就综述》，《人民日报》2019 年 1 月 27 日。

雷跃捷、傅蕾：《从大局看媒体融合发展》，《人民日报》2019 年 3 月 26 日。

孙海悦：《媒体深度融合正处在爬坡过坎关键期》，《中国新闻出版广电报》2019 年 3 月 27 日。

胡怡：《论传统图书出版与新媒体的融合发展》，《中国新闻出版广电报》2019 年 4 月 1 日。

钟轩研：《媒体融合是一场不容回避的自我革命》，《人民日报》2019 年 4 月 3 日。

王金团：《回归价值本质，促进出版业高质量发展》，《中国新闻出版广电报》2019 年 4 月 10 日。

李婧璇：《出版融合转型：六大成果和五大问题》，《中国新闻出版广电报》2019 年 6 月 17 日。

王坤宁：《"传统出版与数字出版融合发展"培训班探讨互联网时代编辑技能提升——用新思维、新技术促进编辑转型》，《中国新闻出版广电报》2019 年 6 月 26 日。

张玉玲：《文化产业迎来加快发展的"黄金期"——国务院关于文化产业发展工作情况的报告解读》，《光明日报》2019 年 6 月 29 日。

张志华：《以互联网思维为本　探索出版融合转型新路径》，《中国新闻出版广电报》2019 年 7 月 2 日。

丰子义：《走出"中国文化　世界生产"之路》，《北京日报》2019年8月5日。

章红雨：《第九届中国数字出版博览会主论坛聚焦"全媒体、高质量、新业态"主题——业界人士共议媒体深度融合发展》，《中国新闻出版广电报》2019年8月23日。

赵强：《中国出版业参与国际竞争，能!》，《中国新闻出版广电报》2019年9月19日。

王永丽：《新时代学术期刊融合纵深发展思考与实践》，《中国新闻出版广电报》2019年11月7日。

邓国超：《"四位一体"实践让融合发展更顺畅》，《中国新闻出版广电报》2019年11月12日。

张君成：《2020北京图书订货会观察：重塑出版形态　注重融合共建》，《中国新闻出版广电报》2020年1月10日。

童之磊、王婷：《传统出版和新兴出版融合发展的新生态》，《中国出版传媒商报》2016年1月12日。

杨海波：《互联网时代出版融合方向探析》，《中国出版传媒商报》2019年12月3日。

张贤明：《技术创新驱动文学出版融合发展》，《中国新闻出版广电报》2019年8月2日。

习近平：《加快推动媒体融合发展　构建全媒体传播格局》，《求是》2019年第6期。

曹继东：《传统出版和新兴出版融合发展模式探析》，《出版科学》2016年第3期。

曹继东：《传统媒体与新媒体的融合路径探析》，《出版广角》2014年第Z2期。

曹继东：《纸媒数字化转型与融合发展的逻辑思辨和现实选择》，《中国出版》2014年第21期。

陈燕、胡建华：《新媒体融合环境下传统出版的发展策略》，《传媒论坛》2018年第12期。

蔡雯：《媒介融合前景下的新闻传播变革——试论"融合新闻"及其挑战》，《国际新闻界》2006 年第 5 期。

　　蔡雯：《媒介融合发展与新闻资源开发》，《西南民族大学学报》（人文社科版）2006 年第 7 期。

　　崔保国：《技术创新与媒介变革》，《当代传播》1999 年第 6 期。

　　丁柏铨：《媒介融合：概念、动因及利弊》，《南京社会科学》2011 年第 11 期。

　　仇文平：《新型数字化出版对传统出版业的冲击以及融合之路探索》，《知识经济》2018 年第 15 期。

　　范军、肖璐：《出版融合背景下传统出版企业人才队伍建设的困境与对策》，《中国出版》2016 年第 23 期。

　　付佳：《打造传统出版业跨界融合发展新模式》，《新闻研究导刊》2018 年第 14 期。

　　甘慧：《浅谈互联网时代传统出版业的进化与变革》，《中国新闻出版广电报》2018 年 4 月 27 日。

　　李淳宁：《数字时代出版企业融媒体发展的思考》，《中国新闻出版广电报》2018 年 12 月 24 日。

　　李雪昆、张博：《探索新时代新闻事业人才培养》，《中国新闻出版广电报》2018 年 11 月 20 日。

　　关欣：《关于我国传统图书出版与新媒体融合发展的思考》，《中国传媒科技》2018 年第 5 期。

　　葛洪波、胡晨光：《基于媒介融合背景下新闻内容制作与传播渠道的创新》，《西部广播电视》2017 年第 8 期。

　　郭栋、施红：《人工智能新时代的数字出版新业态研究》，《科技传播》2018 年第 8 期。

　　郭向晖：《传统出版单位如何推进传统媒体与新媒体融合发展——以人卫社数字出版转型升级实践为例》，《科技与出版》2015 年第 5 期。

　　康倩：《传统出版人向数字出版的跨界与转型》，《西北大学学报》（哲学社会科学版）2017 年第 2 期。

　　李雪芹：《教辅产品数字化，我们能做什么？》，《出版参考》2016 年第 10 期。

李中锋：《以现代出版为载体大力推动中华水文化走出去》，《中国水利》2018年第1期。

梁思雨、丛挺、程海燕：《基于多层级的知识服务融合发展研究》，《中国编辑》2018年第11期。

刘蒙之、刘战伟：《2018传媒业需要什么样的人才？——腾讯新闻发布首份传媒人能力需求报告》，《城市党报研究》2018年第3期。

刘蒙之、刘战伟：《推动传统出版和新兴出版融合发展的顶层思考》，《出版广角》2016年第12期。

刘岩：《数字出版如何与传统出版完美融合》，《传播力研究》2018年第8期。

刘燕：《互联网与中小型出版社的融合与发展》，《新闻传播》2018年第23期。

刘茜、任佩瑜：《模块化价值创新：媒介融合背景下传媒整合战略研究》，《现代传播（中国传媒大学学报）》2013年第1期。

刘美玲：《媒介融合时代电视媒体的转型之路》，《新闻研究导刊》2017年第3期。

柳斌杰：《加快传统出版与数字出版的融合发展》，《现代出版》2011年第4期。

柳亚敏：《传统媒体"互联网＋"要强化五个理念》，《中国新闻出版广电报》2018年5月9日。

陆芳：《科技报刊与新媒体技术融合发展探讨》，《科技传播》2018年第4期。

陆先高：《以技术驱动融媒体内容创新——光明日报报业集团的实践与探索》，《传媒》2018年第1期。

林穗芳：《明确"出版"概念 加强出版学研究》，《出版发行研究》1990年第6期。

莫林虎、周晟璐：《善用财政支持手段促进出版融合发展》，《中国出版》2015年第20期。

潘志娟：《数字化浪潮下传统教育出版的出路探微——以译林出版社为例》，《出版广角》2018年第22期。

慎海雄：《学习实践论：时政评论选》，《内蒙古宣传思想文化工作》2018年第3期。

宋建武：《人工智能与知识服务的个人化》，《新阅读》2018 年第 3 期。

宋涛：《对传统出版和数字出版业融合发展的思考》，《科技资讯》2018 年第 14 期。

孙赫男：《人工智能技术与学术和专业出版的融合发展》，《出版广角》2018 年第 7 期。

王蕊、汪平松、李宗伦：《人工智能浪潮下出版新生态及融合再造研究》，《中国编辑》2018 年第 8 期。

王雪岭：《对传统出版与数字出版业融合发展的思考》，《新西部》（理论版）2014 年第 8 期。

王珊珊：《内容融合：新媒体时代下媒介融合的必经之路——以湖北日报集团为例》，《新闻研究导刊》2018 年第 13 期。

汪曙华、曾绚琦：《媒介融合的产业趋势与出版业的发展机遇》，《现代出版》2014 年第 5 期。

吴耀根：《数字出版的知识服务专业化路径探讨》，《编辑学刊》2018 年第 6 期。

吴尚之：《积极推进传统出版与新兴媒体融合发展　实现中国出版业繁荣发展的新未来》，《中国出版》2014 年第 17 期。

吴赟、闫薇：《出版概念的生成、演进、挑战与再认知：基于概念史视角的考论》，《中国编辑》2018 年第 10 期。

肖叶飞：《传媒产业融合与政府规制改革》，《国际新闻界》2011 年第 12 期。

夏德元：《互联网思维与传统出版媒体融合的路径选择》，《编辑学刊》2015 年第 6 期。

谢志斌：《媒体融合时代纸质出版未来发展路径分析》，《现代经济信息》2018 年第 5 期。

徐丽芳：《数字出版：概念与形态》，《中国编辑研究》2007 年第 1 期。

徐宪江：《"互联网＋出版"的融合发展路径探讨》，《新媒体研究》2016 年第 21 期。

徐蕾、常晓洲、姚雯雯：《媒介融合背景下〈人民日报〉数字化转型研究》，《新闻爱好者》2018 年第 1 期。

薛铭洁：《推进传统出版与新兴出版融合发展》，《传播与版权》2018 年第 3 期。

薛赛男：《媒介融合视角下传统媒体微信运营策略探析——以〈南都娱乐周刊〉微信公众号为例》，《中国报业》2017 年第 14 期。

辛文婷、李宥儒：《媒介融合语境下的出版传播》，《青年记者》2010 年第 35 期。

闫翔、彭天赦：《融合出版的五个落地场景》，《科技与出版》2018 年第 6 期。

阳继波：《关于推动传统出版和新兴出版融合发展的思考》，《传播力研究》2018 年第 26 期。

杨西京：《如何推进传统出版与新媒体融合发展》，《科技与出版》2014 年第 11 期。

张波：《试论传统出版与新兴出版融合发展五种常态》，《中国出版》2015 年第 20 期。

张彩红：《创新路径走出高品质"融出版"之路》，《中国新闻出版广电报》2018 年 10 月 16 日。

张桂梅：《推进传统出版与新兴出版融合发展》，《内蒙古教育》（职教版）2016 年第 12 期。

张力平：《新环境下传统出版与互联网融合的趋势及思路》，《传播力研究》2018 年第 26 期。

张耀铭：《学术期刊与新媒体融合的关键与进路》，《济南大学学报》（社会科学版）2018 年第 3 期。

赵杰：《浅探传统出版与新兴出版的融合发展》，《传播力研究》2018 年第 10 期。

郑润萍：《新闻出版与广播电视产业融合的方式探究》，《西部广播电视》2018 年第 13 期。

朱松林：《用户观念推动传统出版与新兴媒体融合：前提和路径》，《编辑之友》2015 年第 6 期。

朱丽霞：《图书出版媒介融合的内涵及发展模式构建》，《出版广角》2017 年第 15 期。

白立华、刘永坚、施其明：《传统出版企业多维运营体系探析》，《出版参考》2018 年第 1 期。

贺子岳、孙治鑫：《基于融合出版流程的出版社组织创新研究》，《出版科学》2019 年第 2 期。

刘永坚等：《论现代纸书革命》，《科技与出版》2018 年第 8 期。

任翔：《出版业的下一波颠覆浪潮——2017 年欧美数字出版的发展与创新》，《出版广角》2018 年第 2 期。

宋海波：《试论信息化背景下出版融合的演进路径》，《新闻爱好者》2019 年第 8 期。

宋永刚：《推进出版融合深度发展的关键点和着力点》，《中国出版》2018 年第 18 期。

王晓东：《宁夏出版企业数字化转型的困境及发展对策》，《传媒论坛》2018 年第 6 期。

王欣、李秀杰、黑龙：《媒介融合背景下数字出版产业运营策略探析》，《北方经贸》2019 年第 8 期。

王鑫、赵毅、赵树金：《"金字塔"式深度出版融合发展的实践探索——以辽宁出版集团为个案考察》，《出版发行研究》2018 年第 12 期。

王垚：《数字出版生态体系的构成与完善——2018 年我国数字出版盘点》，《出版广角》2019 年第 3 期。

王勇安、张雅君：《论出版产业融合发展的战略思维》，《出版发行研究》2016 年第 4 期。

徐晨岷：《以技术赋能促进融合教育出版》，《科技与出版》2019 年第 1 期。

徐晨霞、张洪忠：《出版融合视域下出版业的战略取向和顶层设计》，《出版广角》2019 年第 18 期。

张海生、吴朝平：《人工智能与出版融合发展：内在机理、现实问题与路径选择》，《中国科技期刊研究》2019 年第 3 期。

周宗敏：《人类命运共同体理念的形成、实践与时代价值》，《学习时报》2019 年 3 月 29 日。

宋吉述等：《K12 出版融合未来"攻坚"向何方?》，《中国出版传媒商报》2019 年 7 月 16 日。

包卉:《融合出版背景下的图书编辑理念创新发展》,《传媒论坛》2019 年第 14 期。

陈丹、朱椰琳:《数字经济视域下出版融合发展的启示与思考》,《出版广角》2019 年第 18 期。

陈光耀:《以"四个延伸"推动全媒体时代的主题出版融合发展》,《中国编辑》2019 年第 11 期。

代义国:《"互联网+"出版的融合路径探析》,《新闻研究导刊》2019 年第 14 期。

董晗、光奎:《融合出版背景下图书编辑的应对策略》,《科技经济导刊》2019 年第 26 期。

董理:《新媒体融合背景下编辑的提升与思考》,《新华书目报》2019 年 8 月 22 日。

范军、肖璐:《出版融合背景下传统出版企业人才队伍建设的困境与对策》,《中国出版》2016 年第 23 期。

傅大伟:《精耕细作:明天出版社融合发展的理念与路径》,《中华读书报》2019 年 10 月 16 日。

郭全中:《我国出版业融合发展新进展——以出版类上市公司为例》,《出版广角》2019 年第 16 期。

韩亚楠:《科技出版融合发展的要点与途径浅析》,《科技与出版》2019 年第 7 期。

黄大灿:《出版融合要发挥好新媒体矩阵作用》,《中国出版传媒商报》2019 年 8 月 6 日。

黄先蓉、王莹:《出版融合商业模式的创新发展探析》,《出版广角》2019 年第 18 期。

季巍巍:《出版融合视角下学术期刊出版适宜举措探析》,《科技传播》2019 年第 20 期。

姜钰:《构建融合出版新生态》,《中国新闻出版广电报》2019 年 11 月 1 日。

蒋芳、赵鹏:《传统出版与数字出版的融合发展路径探析》,《合肥学院学报》(综合版)2019 年第 4 期。

金强：《关注产业转型　研促融合发展——"第十四届海峡两岸华文出版与文化创意学术论坛"综述》，《出版参考》2019年第10期。

李晓鹂：《浅析5G时代数字出版的展望——以人工智能与教育出版融合为例》，《新闻研究导刊》2019年第13期。

李昕、陈炜曦：《探析出版融合创新的"课＋书"模式》，《科技与出版》2019年第8期。

李依伦：《"网红经济"与出版融合发展模式探析》，《出版广角》2019年第17期。

李永强：《出版企业媒体融合困境及突围策略》，《中国出版》2019年第10期。

李臻：《从知识付费到知识服务——试论数字出版与知识付费平台融合共生》，《中国报业》2019年第14期。

梁辰：《基于媒介融合时代分析传统出版行业的转型之路》，《中国集体经济》2019年第22期。

梁徐静：《现代学术期刊出版融合的创新分析》，《新闻知识》2019年第8期。

林佳红：《不断开拓出版融合发展之路》，《国际出版周报》2019年10月14日。

刘洪：《新时代下主题出版的融合创新》，《出版广角》2019年第16期。

刘玲武、唐哲瑶：《对媒体融合环境中数字出版人才培养的思考》，《出版与印刷》2019年第3期。

刘平：《人工智能与学术出版融合发展的机遇、挑战与应对》，《贵州社会科学》2019年第8期。

刘旺、雷鸣：《出版融合呼唤产品经理——产品经理的职能、胜任力分析及核心能力构建》，《出版广角》2019年第16期。

刘烨：《图书出版媒介融合出现的原因及发展模式构建》，《黑龙江科学》2019年第15期。

刘允杰：《刍议5G时代出版业的发展趋势及思路》，《中国传媒科技》2019年第7期。

毛文思：《对5G时代下出版业融合发展路径的几点思考》，《出版广角》2019年第17期。

茅院生：《出版产业转型：融合、技术及管理》，《国际出版周报》2019年10

月 14 日。

孟耀：《学术期刊媒介融合深化发展问题探究》，《中国传媒科技》2019 年第 8 期。

彭种玉：《新媒体背景下出版工作融合发展的创新与探索》，《采写编》2019 年第 5 期。

强紫芳：《中国秦腔文化融合出版探索》，《传媒论坛》2019 年第 18 期。

乔伟利：《人工智能与图书出版融合发展研究》，《新闻研究导刊》2019 年第 13 期。

秦捷：《传统出版与新兴出版的深度融合发展之路》，《新闻研究导刊》2019 年第 18 期。

任彦：《面向融合出版的内容资源资产化管理探索》，《出版参考》2019 年第 7 期。

沙莹：《出版融合唯有破才可立》，《电脑知识与技术》2019 年第 22 期。

宋海波：《试论信息化背景下出版融合的演进路径》，《新闻爱好者》2019 年第 8 期。

宋丽萍：《从"中国好书"的 AR 技术应用看传统出版的数字化转型》，《科技传播》2019 年第 19 期。

宋爽：《媒体融合视阈下学术期刊数字出版研究》，《赤峰学院学报》（自然科学版)2019 年第 9 期。

孙袁华：《论深化融合出版进程中的组织结构创新》，《中国出版》2018 年第 23 期。

谈鲲：《传统出版与新兴出版深度融合发展之路》，《新媒体研究》2019 年第 14 期。

唐伶俐、可天浩、刘永坚：《连接赋能、价值共创与资本驱动——出版融合生态重构的关键》，《出版广角》2019 年第 18 期。

万晓文：《媒体融合发展背景下我国新闻出版行业发展研究》，《知识经济》2019 年第 22 期。

王爱荣：《媒介融合背景下的文化创意产业者素养提升——以现代出版图书编

辑为例》，《科技传播》2019 年第 16 期。

王丹妮：《"互联网 +"背景下传统出版与新媒体融合研究》，《中国传媒科技》2019 年第 7 期。

王鹤远：《媒体融合时代期刊出版策略创新》，《采写编》2019 年第 4 期。

王欢妮：《新中国成立 70 年来我国出版产业政策的发展与变迁》，《编辑之友》2019 年第 9 期。

王辉：《新媒体时代传统图书出版行业融合发展举措》，《传媒》2019 年第 16 期。

王瑞瑞、张波：《媒介融合视域下高校出版专业就业现状与人才培养研究——以北京印刷学院为例》，《中国大学生就业》2019 年第 13 期。

王晓东：《宁夏出版企业数字化转型的困境及发展对策》，《传媒论坛》2018 年第 6 期。

王星：《内容 + 服务：开拓教育出版融合发展之路》，《中国新闻出版广电报》2019 年 11 月 1 日。

王雪凝：《传统出版单位推动媒体融合纵深发展的思考》，《中国出版》2019 年第 13 期。

王宜：《新环境中健康类图书的多媒体融合出版》，《电脑知识与技术》2019 年第 19 期。

魏如萍：《融合出版背景下科技编辑应具备的基本素养》，《传播力研究》2019 年第 20 期。

伍戈：《融媒体时代出版媒介融合发展的多元路径选择》，《新闻前哨》2019 年第 10 期。

谢婷：《传统图书出版与新媒体融合的思路探索》，《科教文汇（下旬刊）》2019 年第 11 期。

邢洁：《浅谈幼儿助学读物出版的融合发展》，《出版参考》2019 年第 8 期。

徐建琴：《出版融合背景下科技编辑的角色转型》，《传播与版权》2019 年第 10 期。

徐青：《网络融合趋势下编辑出版人才培养的创新路径》，《西部广播电视》2019 年第 19 期。

薛芳:《浅析传统出版的知识服务模式创新、融合模式创新》,《传播力研究》2019 年第 19 期。

阎伟萍:《融合出版与优秀编辑成长》,《采写编》2019 年第 4 期。

杨鸿瑞、万岩:《以智能化引领出版融合新生态》,《出版广角》2019 年第 16 期。

杨玲:《经济效应视角下传统出版业融合演进分析》,《中国出版》2019 年第 16 期。

杨柳:《传统出版与数字出版的深度融合发展探析》,《科技传播》2019 年第 15 期。

杨荣、杜艳平、唐贾军:《图书出版媒介融合运营模式研究——基于 15 家图书出版集团的观察》,《出版科学》2019 年第 4 期。

杨卫兵:《科技出版融合发展的组织模式和生产流程的再造》,《传媒论坛》2019 年第 13 期。

杨扬、张虹:《媒介融合与内容拓维:融媒时代西方出版业的创新实践》,《科技与出版》2019 年第 9 期。

杨阳:《盲人阅读融合出版与传播平台》,《新阅读》2019 年第 7 期。

游俊、胡小洋:《融合与创新:漫谈文化出版和传播》,《黄冈师范学院学报》2019 年第 6 期。

岳鸿雁、何映霏:《数字阅读背景下出版社融合阅读产品建设分析》,《科技与出版》2019 年第 9 期。

张聪聪:《搭建创新平台促进出版融合——人民卫生出版社第二届创新发展大会在京召开》,《科技与出版》2019 年第 10 期。

张彩红:《着力关键点,推动出版融合向纵深发展——以中原出版传媒集团为例》,《新闻爱好者》2019 年第 11 期。

张俊:《传播偏向性视角中的出版融合发展》,《中国编辑》2019 年第 7 期。

张伟、柳晨、秦茂盛:《出版融合发展中编辑能力的重构与提升——以西安交通大学出版社编辑人员培养为例》,《出版广角》2019 年第 15 期。

张忠月:《新时代数字出版发展的特点与展望》,《出版广角》2019 年第 13 期。

赵锋:《以融合出版为抓手,构建教育出版生态圈》,《出版参考》2019 年第 8 期。

赵世蕾：《媒体融合背景下的中国出版传媒业发展探析》，《传播力研究》2019年第30期。

赵婷婷：《出版社如何发力融合发展》，《传播与版权》2019年第7期。

郑秋瑛：《数字化技术和互联网思维下的"融合出版"发展路径》，《传播力研究》2019年第28期。

中国数字出版产业年度报告课题组：《迈向纵深融合发展的中国数字出版——2018—2019中国数字出版产业年度报告（摘要）》，《出版发行研究》2019年第8期。

周飞：《浅谈人工智能与图书出版的融合发展》，《传播力研究》2019年第20期。

周金辉、淡智慧：《立体化打造原创融合出版产品的探索与实践——以"中华治水故事"MPR出版物项目为例》，《出版参考》2019年第10期。

周蔚华、彭莹：《2018年北京出版媒体融合发展报告》，《中国出版》2019年第18期。

周哲：《业财融合视角下出版企业内控体系的构建》，《中国集体经济》2019年第29期。

朱玲：《融合出版背景下图书编辑思维创新发展问题研究》，《传播力研究》2019年第28期。

朱文清：《融媒时代科技出版转型之路》，《中国新闻出版广电报》2019年7月25日。

朱晓瑜：《数字出版时代的融与变》，《新闻研究导刊》2019年第16期。

邹梦娜：《试论基于数字化技术和互联网思维的融合出版》，《新闻传播》2019年第14期。

陈驹：《论我国图书出版的媒介融合——以畅销书为例》，兰州大学硕士学位论文，2008年。

郭慧：《内容价值增值视阈下的出版媒介融合研究》，武汉理工大学硕士学位论文，2008年。

贺钊：《媒介融合背景下新闻内容制作与传播渠道创新》，西北大学硕士学位论文，2015年。

吕进：《媒介融合和消费文化前景下的图书出版业研究——以文学图书为例》，

陕西师范大学硕士学位论文，2010 年。

张晗：《文化科技融合背景下的中国出版产业数字化转型研究》，武汉大学博士学位论文，2013 年。

张轶楠：《凤凰卫视电视新闻节目报道的全媒体应用研究》，东北师范大学硕士学位论文，2016 年。

臧义乐：《传统出版与现代出版融合路径与对策研究》，北京印刷学院硕士学位论文，2019 年。

陈浩文：《再论"媒介融合"》，2007 年 4 月 6 日，见 http://media.people.com.cn/GB/40628/5575331.html。

Ithiel de Sola Pool，*Technologies of Freedom*，Cambridge：Harvard University Press，1983.

H.Jenkins，*Convergence Culture:Where Old and New Media Collide*，New York：New York University Press，2006.

R.Fidler，*Mediamorphosis:Understanding New Media*，London:Pine Forge Press，1997.

Nicholas Negroponte，*The Architecture Machine:Toward a More Human Environment*，Cambridge:The MIT Press，1973.

S. Murray，"Media Convergence's Third Wave: Content Streaming，Convergence"，*The Journal of Research into New Media Technologies*，Vol.9，No.1，2003.

后　记

近年来，伴随着技术进步和互联网的发展，以数字出版为核心的新兴出版业态发展迅猛。电子书出版、数字报纸、数字期刊、互联网出版、网络地图、数字音乐、网络游戏、数据库出版、手机出版等新兴出版业态成为出版业的重要组成部分，传统出版业态在新技术的冲击下发生一系列变化，总的趋势是向着融合化方向发展。

结合融合发展的实际，党中央适时出台推动传统媒体和现代媒体融合发展的指导意见，习近平总书记就推动媒体融合发展也发表重要讲话。如今，传统出版与新兴出版的融合发展已在出版业界达成共识并积极推进，经过实践和探索，不少出版企业已经拥有一些融合发展的"点"的方面的成果，取得了可喜的进步。但是，在持续推动融合发展"由点及面"的理论和实践方面，不论是对成功经验的总结，还是对融合发展中出现问题的梳理，理论上的归纳和总结提升都不够充分，也不够及时。未来实践中不同类型的出版企业怎样实现融合发展？融合发展的具体路径有哪些？政府部门、出版行业、出版企业应该采取怎样的对策？诸如此类的问题都是值得从理论层面进行梳理、总结和探讨的热点问题，也是本书研究的目的和意义所在。

出版业融合发展是我国出版业走向现代化、实现产业形态高级化的必由之路，传统出版与新兴出版融合发展是实现出版业转型与素质升级的重要方式。立足我国出版业发展的实际，研究传统出版业融合发展的路径，分析融合发展的内在机制和规律是构建产业转型升级理论体系的重要组成部分，具有较高的理论价值。

推动出版业深度融合和高质量发展，是需要从理论层面展开研究的重大的理论问题，也是生动鲜活的出版业融合发展的实践提出的现实课题。《传统出版融合发展的路径与对策研究》一书是北京市社会科学基金项目、北京市教育委员会社科计划重点项目"传统出版与现代出版融合发展的路径与对策研究"（项目编号：SZ20180015008）的研究成果，本书基于我国出版业转型升级背景和出版业融合发展的实践，以出版业融合发展规律为研究主题，在对融合发展相关理论成果进行梳理、归纳、总结的基础上，运用规范的研究方法，深入分析传统出版与新兴出版融合发展的背景、意义、实现方式和路径，总结分析融合发展过程中出现的问题，通过对国内外出版社、期刊杂志社、报社等不同类型出版企业融合发展案例的分析研究，总结已经取得的成功经验和好的做法，探讨传统出版和新兴出版融合发展的内在机制，提出推动传统出版与新兴出版融合发展的对策和政策建议。本书各部分内容的撰写分工为：王关义教授负责课题总体研究架构的设计，承担绪论、附录、后记的写作和选定，并对各章书稿内容进行审阅且提出修改意见；谢巍副教授承担第二章传统出版融合发展的路径分析的研究与写作；高海涛副教授承担第四章推动传统出版融合发展的对策研究与写作；何志勇副教授承担第三章传统出版融合发展案例及启示的研究与写作；衣凤鹏博士承担第一章传统出版融合发展意义及相关研究分析的研究与写作。

为了使本书研究的理论成果能够与出版融合的实践紧密结合，课题组先后深入不同所有制、不同类型的出版企业调研，走访陕西师范大学出版总社、陕西飞扬书业有限责任公司、甘肃读者出版集团等出版企业，开展出版融合实践方面的调研和交流，与长期奋战在出版实践一线的企业家、出版专家座谈、交流融合发展过程中的成功做法和出现的问题，同时也选取了国内外部分出版企业推动传统出版融合比较成功的典型案例，力争把实践中推动传统出版与新兴出版融合发展好的做法和探索总结升华为融合发展的理论或规律，以供出版界同仁交流分享经验、共同探讨解决问题克服困难的方策，推动传统出版融合更好更快地发展。课题组特别邀请陕西师范大学出版总社社长刘东风、读者出版集团总编马永强、社会科学文献出版社社长谢寿光等著名出版家介绍三家企业推动融合发展的经验和具体做法，以示启发，所选取或转载的其他出版企业融合发展的案例也尽可能征得作者或报刊的同意，英国出版案例是我的研究生秦璇在英国留学期间收集资料撰写的硕士毕业论文的组成部分。需要说明的是，所选取的个别案例来自报刊等报道，在书中相关位置逐一注明资料出处并特致谢意，这些单位对推动出版融合发展的有益探索和实践为本书提供了丰富鲜活的素材。

对于课题研究形成的关于传统出版融合发展的路径、模式等成果，在总结提炼基础上形成的论文稿先后在上海交通大学、武汉大学、湖南大学举办的国际学术研讨会上演讲交流，感谢大会主办方上海交通大学媒体与设计学院李本乾院长、武汉大学信息管理学院方卿院长、湖南大学新闻传播与影视艺术学院彭祝斌院长的邀请并提供高水平学术交流平台，以使成果大范围传播和扩散。

在课题调研和本书出版过程中，陕西飞扬书业有限责任公司杨贵董事长、杨鸣远总经理，陕西师范大学南长森教授，兰州文理学院梁宝毓教授等专家学者给予课题组无私的帮助和支持，人民出版社原社长、著名出版家黄书元编审，中国新闻出版研究院魏玉山院长，中国新闻出版传媒集团马国仓董事长，北京师范大学出版集团吕建生总经理，中国建筑出版社原社长沈元勤编审等在百忙之中听取课题组的研究工作汇报并对研究工作给予专业咨询和指导，谨向他们致谢。

本书在编写和出版过程中，参考了国内外学术界不少学者和专家的研究成果，得到了同行专家、同事的关心和支持，他们对本书的修改完善提出了极富启发性的意见和建议。在此一并致谢。

　　限于课题组成员水平以及掌握的资料，书中不足之处恳请各位专家和读者批评指正，衷心希望本书的出版能够为持续推动中国传统出版与新兴出版融合发展进而促进出版业高质量发展发挥作用。

王关义

2020 年 3 月于北京

责任编辑：刘江波　邓浩迪

图书在版编目（CIP）数据

传统出版融合发展的路径与对策研究／王关义　著．—北京：
　人民出版社，2020.5
ISBN 978－7－01－022371－1

I.①传…　II.①王…　III.①出版业－产业融合－产业发展－研究－中国
　IV.① G239.2

中国版本图书馆 CIP 数据核字（2020）第 135360 号

传统出版融合发展的路径与对策研究

CHUANTONG CHUBAN RONGHE FAZHAN DE LUJING YU DUICE YANJIU

王关义　等　著

人民出版社 出版发行
（100706　北京市东城区隆福寺街 99 号）

中煤（北京）印务有限公司印刷　新华书店经销

2020 年 5 月第 1 版　2020 年 5 月北京第 1 次印刷
开本：710 毫米 ×1000 毫米 1/16　印张：15
字数：210 千字

ISBN 978－7－01－022371－1　定价：45.00 元

邮购地址 100706　北京市东城区隆福寺街 99 号
人民东方图书销售中心　电话（010）65250042　65289539